雷锋

雷锋传

殷允岭 著

中国青年出版社

（京）新登字 083 号

图书在版编目（CIP）数据

雷锋传/殷允岭著. —2 版. —北京：中国青年出版社，2012.4
ISBN 978-7-5153-0639-1

Ⅰ.①雷… Ⅱ.①殷… Ⅲ.①雷锋（1940~1962）—传记
Ⅳ.①K825.2

中国版本图书馆 CIP 数据核字（2012）第 042089 号

原版责任编辑：庄志霞
本版责任编辑：王钦仁

出版发行：中国青年出版社
社　　址：北京东四 12 条 21 号
邮　　编：100708
网　　址：www.cyp.com.cn
编辑电话：010-57350507
门市电话：010-57350370
印　　刷：三河市世纪兴源印刷有限公司
经　　销：新华书店

开　　本：660 × 970　1/16
印　　张：22
插　　页：6
字　　数：311 千字
版　　次：2012 年 4 月北京第 2 版
印　　次：2012 年 11 月河北第 3 次印刷
印　　数：7001-10000 册
定　　价：38.00 元

本图书如有印装质量问题，请凭购书发票与质检部联系调换
联系电话：010-57350337

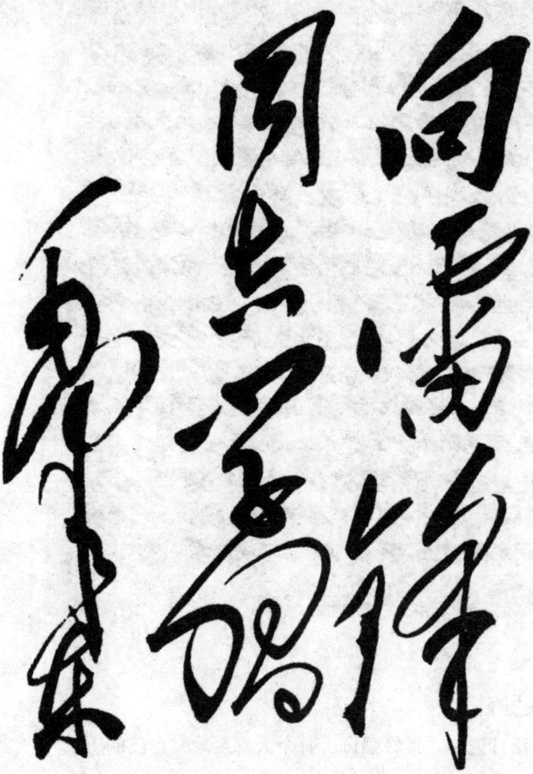

领袖与普通一兵

这是领袖对普通一兵的最高褒奖。它言简意赅，含意深刻：学雷锋不是学他哪一两件先进事迹，也不只是学他的某一方面的优点，而是要学他的好思想、好作风、好品德；学习他长期一贯地做好事，而不做坏事；学习他一切从人民的利益出发，全心全意为人民服务的精神。

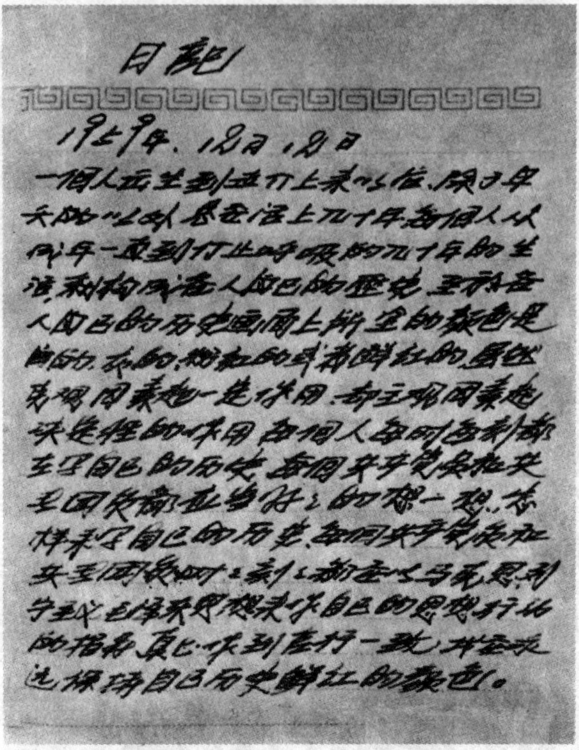

生命的足迹

摘自《雷锋日记》。雷锋强调，每个人都要珍惜自己的历史。“一个人出生到世界上来以后，除了早夭的以外，总要活上几十年。每个人从成年一直到停止呼吸的几十年的生活，就构成各人自己的历史。至于各人自己的历史画面上所涂的颜色，是白的、灰的、粉红的或者是鲜红的，虽然客观因素起一定作用，却主观因素起决定性的作用。每个人每时每刻都在写自己的历史。每个共产党员和共青团员都应当好好的想一想，怎样来写自己的历史。每个共产党员和共青团员时时刻刻都要以马克思列宁主义毛泽东思想来作自己的思想行动的指导，真正作到言行一致。我要永远保持自己历史鲜红的颜色。”

道德楷模

雷锋（1940—1962），是实践社会主义、共产主义思想的道德楷模。雷锋精神是中华民族传统美德的一种积淀，是一种随着时代进步而不断发展的与时俱进的精神。我们所倡导的雷锋精神，是雷锋那种服务人民、助人为乐的奉献精神，那种干一行爱一行、专一行精一行的敬业精神，那种锐意进取、自强不息的创新精神，那种艰苦奋斗、勤俭节约的创业精神。其实质和核心是全心全意为人民服务，为了人民的事业无私奉献。

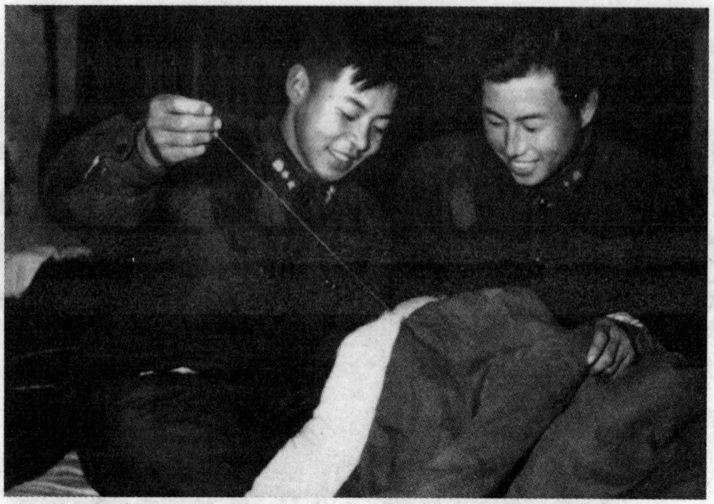

奉献精神

雷锋在日记中写道："人的生命是有限的，可是，为人民服务是无限的，我要把有限的生命，投入到无限的为人民服务之中去……"在雷锋身上体现出服务人民、助人为乐的奉献精神。图为雷锋在帮助战友缝被子。

敬业精神

雷锋非常敬业，他干一行爱一行，专一行精一行，在工作中善于发扬"挤"和"钻"的钉子精神，刻苦学习，钻研技术。雷锋在日记中写道："有些人说工作忙、没有时间学习。我认为问题不在工作忙，而在于你愿不愿意学习，会不会挤时间。要学习的时间是有的，问题是我们善不善于挤，愿不愿意钻。一块好好的木板，上面一个眼也没有，但钉子为什么能钉进去呢？这就是靠压力硬挤进去的，硬钻进去的。由此看来，钉子有两个好处：一个是挤劲，一个是钻劲，我们在学习上，也要提倡这种'钉子'精神，善于挤和善于钻。"

创新精神

雷锋先后当过拖拉机手、推土机手和汽车兵。他是干一行爱一行，专一行精一行，靠的是什么?是一种刻苦学习、勤于钻研的精神，是锐意进取、自强不息的创新精神。无论是当拖拉机手、推土机手还是汽车兵，他都是勤于学习，认真钻研，善于创新。他非常注重看书学习，努力改造世界观，是理论联系实际的榜样。

创业精神

雷锋的一生，是艰苦奋斗、勤俭节约的一生。工作上高标准、生活上低要求，是雷锋的行为准则。表现在工作上，是吃苦、耐劳、勤奋；表现在生活上，是勤俭、节约、朴素。雷锋在工作上处处为国家着想，事事精打细算，非常注意节约，避免浪费。这种艰苦奋斗、勤俭节约的创业精神在今天仍然具有现实意义。图为雷锋和战友们一起把洒在车上的水泥扫进袋里。

目录

引　子

湘江歌咏

雷锋的名字犹如春天的响雷，在整个世界轰鸣了三十余载，人们像听罢雷声仰首望天，同时想到由于云块的摩擦而生发了雷动一样，也要探究这位雷锋生成的因由。既然天上的云霞来自于大地的江河湖海，雷声亦起源于大地，那么这位名满乾坤的雷锋，岂不正若沃野上长出的花草竹树、厚土中生出的黄金美玉一样，因浸润汲取了大地灵气，才成为了世人景仰之人杰的吗？

雷锋生身于湖南，中国大地灵光灵气聚焦的地方。古时的君王将相、文人志士如星汉灿烂、汇成银河自不必说，世人皆知的是这里升起过一颗照亮了世界的太阳——毛泽东。翻开中国的近代史，人们便会发现，湖南这块中国革命重大策源地的夺目光彩：这里曾发生过改写中国历史的湖南农民运动、秋收起义、湘南暴动、平江起义、创建革命根据地，以及红军长征等动地惊天的事件；诞生了毛泽东、刘少奇、任弼时、彭德怀、贺龙、罗荣桓、林伯渠、李立三、粟裕、陶铸、徐特立、滕代远、蔡和森、何叔衡、向警予、邓中夏、郭亮、夏明翰等老一辈无产阶级革命家……

名垂青史的革命者生身于这块丰厚的沃土，数不胜数，留下了许许多多的革命遗址和遗迹。仅经中央批准、省政府公布为省级重点文物保护单位的革命纪念地就有五十二处。有待于批准为“省级保护”的、在全国有较大影响的纪念地还有十余处，已建立的各种纪念馆二十多个。它们都记录了这块土地上诞生的英雄豪杰、开国元勋的光辉业绩，告诉正生活着的当代人一个历史事实：我们所依靠的共和国正是生长于这块土地上的毛泽东和他的乡亲将帅们带领中国人民创建的。毛泽东做了共产党中央的主席，刘少奇则做了国家主席。两个主席的家乡皆在湖南，不能不令人为之称奇!

但是，马克思主义的“唯物论”告诉人们：人，首先是一个物质的人。物质变了精神，人才成其为一个精神意义上的人。湖南的“三湘四水”之中，定然蕴藏着世上稀有又含量丰富的养人育才的珍奇物质，再有了日精月华之倾注，才产生了伟人，而且生生不息，一直延续到了共和国成立。

“毛泽东时代出英雄。”

出生于湖南省新化县的罗盛教，是一位抗美援朝的志愿军战士，他砸开冰凌，在水中救出朝鲜儿童，二十岁的他却长眠于朝鲜。他的遗体同他的乡亲——毛泽东的儿子毛岸英共同安葬在“三千里江山”。

中国不少的人都读过金敬迈的《欧阳海之歌》，烙印于脑中的，是一幅铁骨铮铮的封面铜像：这位出身于湖南桂阳凤凰村一户贫苦农民之家的全副戎装的战士以力顶千钧之势，欲推开一匹驮载着钢铁炮架的黑色战马。他的两脚立于铁轨之间，巨大的、喷云吐雾地嘶吼着的一列火车劈面冲来！这位英雄也是一位生活在这块红土地上的普通人，却也因汲取了神奇的地力而成了千万人景仰的英雄!

略去大串的英模人物，我该提起本书的主人公雷锋了！他是灿烂银河中的一颗耀眼星星，却因了质量与运行轨道的不同而放射着异彩，并且照耀了我们脚下的这片神奇的大地……

第一章

苦海余生

雷锋，原名雷正兴，乳名庚伢子，一九四〇年十二月十八日出生于湖南省望城县安庆乡（今雷锋镇）简家塘村的一户贫苦农民的家庭里。这一年是农历的“庚辰”年，取乳名为“庚伢子”，是随本乡之礼俗。

望城县，濒临洞庭湖平原，居湘中东北，跨湘江尾间。东与长沙县、长沙市郊区毗连，南与湘潭县相接，西与宁乡县交界，北与汨罗市、湘阴、益阳等县为邻。湘江自南入境，纵贯南北而下洞庭湖，支流呈叶脉状向东西两侧展开，斜穿全县，正所谓“峰峦飞翠绕，潇湘万顷波”，湖光山色，流绿飞红。

望城县历为长沙郡、长沙国、长沙县辖境。一九五一年九月十一日，经中华人民共和国政务院批准，将长沙县湘江以西的全部、湘江以东一部分建置新县，因当时县机关驻于岳麓山北的望城坡，故名望城县……

据《望城县志》载：雷锋的家乡属“白箬区”管辖。白箬区处县境南部及西南部，东抵长沙市西郊，南接坪塘、莲花区。西与西南界宁乡县夏铎铺、花明楼区。北邻高塘岭区，东境市郊“飞地”东方红农场，界于天顶乡和雷锋乡之间。一九九一年，白箬区所辖雷锋乡改称“雷锋镇”，镇委驻黄花塘……

至于雷锋故居，《县志》亦有详载：雷锋故居位于今雷锋镇雷锋村（简家塘）。故居原为唐四滚子庄屋，因雷家祖辈佃种唐家田地而居于此。庄屋原有两进共十二间房，三面环山，四边有塘，从塘基出进。自一九四〇年十二月十八日到一九五六年十一月止，雷锋在此生活了十六年。

一九五八年，故居因年久失修被拆，后由雷锋堂叔雷明义在原址重建了三间茅屋。进入九十年代，故居墙面出现裂缝，渗漏严重。一九九三年重新修复，现为泥砖竹木结构，茅草盖顶。正房有雷锋祖上三代用过的两张竹床、一只大柜、一张书桌及几条凳子，破旧不堪。雷锋祖父、父亲、兄长、三弟和母亲皆死于此房中……

为雷家留下房产的人便是雷锋的祖父——雷新庭。这位老佃农佃种唐家地主的两担田地(约合十亩)，“二五”开租。他是一个苦命人，中年丧妻，留下年幼的一儿二女，无力抚养，只得将两个女儿都送给邻舍做了童养媳。但是，据湖南“雷锋馆”老馆长——雷氏家族变迁的主要见证人雷孟宣介绍，这位智商很高的农民却找机会上了一年私塾，又加上坚韧的自学精神和极高的悟性，而在人们的心中形成了知书达理的印象。他高高的身材，白净的皮肤，双目有神而举止大方。他读过《三字经》、《百家姓》以及《治家格言》等书，言语之间，不乏书卷之气。

这位被传统文化熏陶过的忠厚人正直、善良，与人为善。他的人生信条是：“不以恶小而为之，不以善小而不为。”他举止谨慎，“闲非口不开，忍气免伤财”。他教育下辈人尊敬长者，自己又十分爱护少小婴幼。做人他堪称典范。善良人汲取了知识的营养，便将善良的所为赋予了理性色彩。对于下辈、平辈，甚至长辈人的教育，他是通过讲故事的方式进行的，使人听懂了其中的道理，又避免了好为人师的厌嫌。他刻苦自励，勤俭节约，惜时如金，谦和谨慎。便是插种一方水稻，也要株正距匀，横平竖直。

他坚信依靠自己的勤劳与节俭，可以使自己的家庭发达起来，一滴汗水，便会有一粒粮食的收获。对于苦雨般繁密的祸难的来临，他具有超凡的忍耐力和充满着“时来运转”的希望，而告诫他人所用的言语，是警句，是锦言，颇多乡俗韵味：“稻怕胎里旱，人怕老了穷。”不要“今朝有酒今朝醉，明日拮据明日忧”。

基于这种棋弈风格的人生设计，他为自己不满十岁的独子雷明亮，讨来一个年仅六七岁的小女孩做童养媳(雷锋的母亲雷一嫂)。他尽心尽意,甚至踌躇满志地养起了他们,将心血和汗水注入山坳中的水田,产出一担担白米,一半儿交给唐家,一半儿吃穿用度。

他给独生子取名雷明亮，代表这位江畔农人积极进取的光明意识。

雷明亮生于一九〇七年,是一个身材高于雷锋,行动轻捷,头脑聪明,做事有规矩,言语有分寸,多方面保留了其父遗传基因的好后生。虽然他的父亲知道“书中自有黄金屋,书中自有颜如玉”的道理,却仍然无力供他读书,只凭自己自学的那点墨水,间歇地浇灌一星半点。看到儿子吸收畅顺,举一反三,心中在感叹之余,也产生了些许宽慰。

一九二〇年,年仅十三岁的雷明亮收拾了个光头净面,与那青梅竹马、耳鬓厮磨、与自己共苦共乐、亲如兄妹的童养媳妇——张圆满圆了房。

这时的张圆满年仅十岁,却是小大人似的聪明。湘中的乡俗造就了许许多多的童养媳:不只穷人的女儿送给富户、穷户之间,邻里、亲戚之间,多有此举。男尊女卑的旧传统把女儿看成“赔钱货”,巴不得把这张嘴推给别家。别家又怕家中穷困,儿子日后难能讨妻,便无奈收来喂养。而白米喂大的媳妇是牢不可破的婚姻。张圆满五岁入雷家,与长自己三岁的雷明亮一起生活劳作,拔草、拾柴,穷小妹傍着穷哥哥。在这样的乡俗里,或男或女都对此般关系耳濡目染,明白极早。十岁左右的聪明人儿,已生出半羞半喜的情怀。况是明亮长了三岁,圆满成熟甚早,那种在今人看来不成婚姻的圆房,当时却有着花好月圆的甜蜜。

苦命的张圆满生于一九一〇年,家住长沙县霞凝港一个富有诗意村名的穷家里。其父是一个手艺极好的铁匠,名叫张春华,与乡亲亲情纯厚,乐于助人,而家中却极其贫困。到了灾荒年景生下圆满小女时,竟然无力抚养她。

在这个八口之家里,添上这个女儿便是在小小的粮囤下又捅了一个洞。为她取名“圆满”,并不是美好意义上的圆满,而属人多为患的“足够”之意。人的口是无底洞,张铁匠没有那么多的米或米糠填满这些无底洞。在圆满出生之前,贫穷的、具有浓烈封建意识的张铁匠已将圆满的姐姐——一个“赔钱货”送进设于长沙的外国人办的“育婴堂”中。在这个有着美好名称的育婴堂中,常常有小小的尸体在夜间被丢入湘江。往那里送孩子的父母们无一不知这种秘密。但是,他们仍把孩子狠心地丢在那儿,就像闭上眼把亲生骨肉丢入湘江。在育婴堂中,这些皮包骨头的孩子尚有九死一生的希望,在穷家,他们则笃定要被饿死,甚至累及父母兄妹。

贫穷逼得父母不再顾及骨肉之情,送去一个孩子就是扔掉一个包袱。

在小圆满出生仅几天就被送进了长沙育婴堂,张铁匠获得了些许的轻松,从此再没问过这个孩儿的生死。无数的疾病灾难,长久的饥渴暑寒,都没能夺去她的生命,她顽强地活了下来。当时的育婴堂有一条规矩:那就是只收留五岁以下的孩子,一满五岁的,家人就要领回去。如果家人不再认领,育婴堂也不会再留,可以任人抱养。男孩子还是多有主顾,女孩子则无人理睬。张铁匠的家境一年不如一年,明知女儿满了五岁,却无力认领。

假如小圆满最后流落街头,冻饿而死,我们可以推测,今日的雷锋便无从谈起。因为无论具有多么美好的蓝天、绿水、艳阳、青山,而只要缺少“雷一嫂”这个金玉母体,伟大的雷锋便不会诞生,就像不可缺少那位名叫雷明亮的青年男子一样!

但是,救星在此时闪现:一位女佣,本县坪山河边村的杨一娭毅然决然地表示,要以自己微薄的育婴堂佣金养活这个小圆满。

杨一娭要养这个小女孩出于她巨大的同情心,亦是被这个聪明、漂亮、坚强、懂事的小女孩深深吸引:她的乖巧、伶俐、泪眼和甜嘴儿都在使杨一娭欲罢不能。她有儿有女,米柴有数、朝不保夕。她知道自己不能长久地养活圆满,但她决心为圆满找一条生路。

在杨一娭家中,小圆满受到了与杨一娭儿女同样的待遇:一样的糙米饭,一样的粗布衣,便是一碗野菜汤也要分匀,一只田鸡也要同吃。这是小圆满的一段幸福日子,以至在她去了雷家做童养媳,逐渐长大并与雷明亮圆房之后,她知道的娘家便是河边村的杨一娭家。

送到雷家的时日恰在圆满将满六岁之时，应当说明的是，杨一嫔为自己的爱女找了一个好人家。知书达理的雷新庭把自己的两个女儿送给邻人当童养媳，首先体验了其中的苦处，也因此加倍地体恤家中的小圆满，用以善换善的心境盼望别人善待自己的女儿。小小的明亮更是看懂、听懂了这些。

小明亮会砍柴的时候，小圆满也随之拔野菜。小明亮会插秧了，她则一把把递上稻秧，还在长高的苗中拔去杂草。吃饭一张桌，歇息一间房，洗碗洗衣的活计早早学会了，仔细地做来，很讨公爹欢喜。但是，小圆满常常想念杨一嫔，愈近懂事的年龄想念愈切，她把她当做了亲娘，杨一嫔有时去看她，她却不能常去远远的河边村，因为她已经成了别家的小媳妇，出门是讲究规矩的。

稍稍懂事的时日，她得知了自己的身世和亲父亲母的所在。她在想见亲父母的同时也在怨恨着他们。这种矛盾心理使她非常痛苦，小小的人儿，竟也有了幽幽惆怅。不知从何人那里，她学会了一支流传于望城附近的《打铁歌》，时时唱来，寄托着无可名状的幽怨：

张打铁，李打铁，
打把剪刀给姐姐。
姐姐留我歇，
我不歇，
我要回家学打铁……

她要回家学打铁，她想家，想自己的生身父母。但是，那时候她不可能去那个好听的“霞凝港”，父母已把她忘掉了，她只有唱这支歌的份儿。她把这支歌唱得十分动情，雷明亮学会了它。再后来，同她长得极其相像的、她的儿子庚伢子也学会了它，并且在天顶乡向家冲小学里演节目时唱过它，这是后话。

在她教会她的小丈夫雷明亮唱这支歌之后，调皮的却又渐谙世故的小丈夫却要戏一戏他的小媳妇，高声地唱起一支放牛山歌：

你打山歌我冇来，
我在洞庭湖里驾竹排。
一只鲤鱼跳排上，
捏它的尾，
卡它的腮，
看它下回丫腮不丫腮？

这是一首能够逗笑人的歌，小圆满的笑声回荡在蛇形山和大塘的水上，久久不散。有这样的笑声人就长得快了，喝凉水也长，吃米糠也长：她十岁，他十三岁，结婚的大红喜字贴满了土墙。

结婚之后就是大人了，尽管小两口脸上稚气未退。有心胸的雷明亮却要做一个合格的丈夫！砍柴打草，扯犁牵牛，侍弄得几亩水田平平展展。农闲时期，他挑起一支扁担，做起了“河西”米生意。湘江以西的白米挑到江东长沙，不过三十里旱路，价格却能涨出一倍，有足力的青壮都不辞这份辛苦。尽管尚未长成真正大丈夫的雷明亮常常累得腰酸腿痛，却因有小媳妇的抚慰而不肯歇息半晌。

小圆满的成长则是神奇的，“女大十八变，越变越好看”。她出落成一个体态丰润、唇红齿白、眉清目秀、贤淑文静的大妹子。她开始操持一家人的生活，收干晒湿，破补烂缝。心灵者手巧，她的针线活计使方圆左近的人称羡不已：做衣、织布、捻线、纺棉无所不精。湖南出“湘绣”，已有千年历史，名扬世界。她学会了绣花、绣鞋、绣枕、绣衣、绣床单被罩，绣出个云白日艳，绣出个龙凤合鸣。在丈夫挑担卖米之时，她也提篮小卖：糯米糕，糯米团儿。生活贫寒，但夫妻恩爱苦觉甜！

此时的小圆满已变成了受人尊重的“雷一嫂”。“一”者，“大”也！雷新庭排行为大，堪称为“一”，雷明亮又为长子，仍是“一”字，按此地风俗称圆满为“一嫂”，是郑重其事之举。被人称嫂的她更加持重了，温柔中透出娴静与宽厚，人人羡慕明亮讨了一个好媳妇。

一九二六年到一九二七年湖南农民运动，给这个祥和农家带来了新变化。那是农民运动的高潮时期，与他们土地连边的那位高额亮眼的同乡毛泽东的话语极具诱惑力量，不由你不随他拼命。勤劳的雷明亮勇敢起来，参加了梭镖队，手持红缨长枪，威风凛凛地打起了土豪。雷一嫂眼看着丈夫的威武之气开颜畅笑，因为她的丈夫在“造反”不久就当上了自卫队长。

那是她家扬眉吐气的一段时日，梭标的闪光、口号的雄壮和锣鼓的响亮，伴随着落魄的地主游乡。虽然游乡的地主中没有恶贯满盈的“唐四滚子”——他已携全家逃往长沙城里的巢穴，但他不敢出城收租便使雷家做了一场美丽无比的“有地农户”的梦。

轰轰烈烈的农民革命运动开展起来，湖南成了运动的中心。几千年封建地主阶级的特权被打破，“农民协会” 成了乡村的唯一权力机构。在这样的时辰，从韶山升起的太阳毛泽东对着中国发话：“一切权力归农会。”农会有权力，有武装，自卫队队长的威风与风光，比之若干年后他儿子雷锋的形象有过之而无不及!

在这样的盛景里，夫妻俩常唱一支当时普遍流行于长沙、望城的新民歌——《叫你狗命归西天》：

你有手，我有手，
何解我种田你张口？
我有口，你有口，
何解我吃菜蔸你吃肉？
你有脚，我有脚，
何解我抬轿子你来坐？
你是人，我是人，
不公平的世道人吃人。
你有权，我有拳，
叫你狗命归西天!

雷一嫂的独唱该是那一首《共产不共不自由》：

共产不共不自由，
山歌不唱不风流。
共起产来郎先去呀！
唱起山歌妹带头，
好比湘江大水流！

国民党反动派和官僚资产阶级的武装镇压开始了。他们咒骂农民运动为“痞子运动”——所有造反的农民都成了富人眼中的地痞流氓。敌人的力量是强大的，大革命失败了，雷明亮成了被追捕的“痞首”。地主阶级回来了，唐四滚子回来了，他们像电影中的得势地主一样对村民讲话：从今以后，穷的还是穷的，富的还是富的，男的还是男的，女的还是女的……

雷明亮必须逃走，逃到了乱人成海的长沙市内。几经辗转，他找到了一份差事：到“仁和福”油盐号做了伙计。这是一份辛苦的工作，扛盐袋，抬油桶，一身盐，满脸油，装船卸车，买里卖外。他几乎受不住，但仍是受下来，因为他没有退路，他只有勤手勤脚，快眼灵耳地干得更好些，才能保住这一家人赖以活命的苦差。

果然是人喜勤快人，“仁和福”老板偷眼观察了这个“伙计”许久，突然对他宣布：要他不再做出力的外差，而委他“站店”之重任。站店便是站柜台，收银卖货。这等角色的难处，便是一个出力的粗人从精神到做派都要变成一个场面人，更难之处便是要担当者时时入戏——满腹的忧愁仍要满面春风，百般的劳累仍要脑灵口甜。他要讲长沙市一千家号子的盐此处最白，一万家号子的油此店最纯，价格最低。把观者拉成买者，把看客聊成顾客，手上作势称出高秤，口中算术报出钱额，不差不错，只赚不蚀……

好在这一切雷明亮全都会做，会演。又由于有着与生俱来的优良品质，他深得客人喜爱，从不出半点麻烦。有这样的好伙计店主要发财的，“仁和福”因有“仁伙计”而买卖兴隆，财源茂盛。

用今天的眼光来看，那位店主该是一位小小的伯乐，他认识这匹千里马，并让这匹千里马跑上了大道——因为他在经过更长时日的观察、考验之后，竟宣布任命这位既聪明又忠厚、既勤快又稳重的伙计做了“先生”，给了他优厚得多的薪金和待遇。

据雷锋的本家、邻居兼亲戚、今日的湖南雷锋馆退休老馆长雷孟宣介绍：他的这位因祸得福的年轻的族人穿上了长衫，脚着洋鞋洋袜，不再穿乡下人的草鞋。他的美丽、年轻的妻子雷一嫂也穿上了“长褂子”——旗袍，丰满的体态，饱满的圆脸，满身光鲜。有这样的好打扮、好气质是令人艳羡的，唐四滚子家的七少爷，那个常住城里的花花公子便是在这样的时候看上了她，记住了她，并在此后某年某月某日强占了她的，这是后话。

如果说因“农民运动”雷家过了一段轰轰烈烈、扬眉吐气的日月的话，那么这一家在雷明亮做了“先生”之后的生活则呈现出稳定、宽绰、不缺油盐柴米、不愁穿着用度的景象。这是一段因偶然因素而出现的小小幸运，它是沙滩上的楼阁，它是昙花一现，与雷明亮夫妇日后走向苦之深渊的结果形成强烈的反差。

“福兮祸所伏。”一九三八年，日寇进攻长沙。溃退的国军为给日军留一座废城，放大火烧了长沙。“仁和福”的主人——那位“伯乐”以生意为本，在冲天大火中，委派他的“先生”到湘江码头照看货物。溃败中的国军强拉挑夫，并不顾忌雷明亮已做了先生。雷明亮与之讲理，却遭到了溃兵们的痛打，打他的理由十分充足：从他的穿着和言语上看出他是大汉奸。

他受了内伤，大量地吐血、便血。“仁和福”油盐号的老板便不再收留，请他回简家塘的家中医伤善养。

为了给丈夫治病，雷一嫂费尽心机，受尽辛苦。她毫不犹豫地卖掉了所有的粮食衣物，买来中药西药。当苦心用尽不见好转之时，她跑到庙中，磕头烧香，祈求菩萨保佑。

事实证明，苍天或菩萨都不保佑穷人，只有穷人才会怜惜穷人：有人送乌鸡，有人送偏方，有人踏遍青山，采来治内伤的草药。凡跌打硬伤，皆是来如洪水，去如抽丝，雷明亮的内伤经数年才见好转，而此时雷家已穷得家徒四壁，房顶露天。雷一嫂再也没有曾经有过的丰润，她变得面目憔悴，愁眉不展。一九三三年生下的头生大儿——再伢子像一棵瘦弱的黄豆芽一样，三根筋挑着一颗脑袋，没有了玩耍的力气。但是，他要种田去，跟随着同样瘦黄的妈妈，递稻秧，拔水草，一身水，满脸泥。砍柴砍不动，野菜总要拔。夏天的烈日，蚊虫的蜇咬，冬天的冷冰，红泥沾脚，令他流不尽眼泪，令爹妈心碎却又无奈眼前。

雷新庭已成为步履蹒跚的老人，岁月的风霜蚀却了他的精气神、他的文绉绉。他只能形同一座黄土的泥雕，坐在房前的太阳地里打草鞋，编筐篓，思忧愁。对于儿子、儿媳、孙子的怜爱与怜悯，已不能从他麻木的表情中有点滴泄露，他把这些深藏于干枯的心中，时不时发一回长长的叹息：他的理想破灭了，并且看不到儿孙能够实现它，发自内心的悲哀丝毫不亚于儿子的内伤。

雷明亮大多数的时日是躺在床上，一只破柜、一张破桌和一堆破烂伴随着他。但是，他知道天气的任何变化：因为刮风时会有灰土从破窗侵入，下雨时会有浊水自屋顶滴漏。一些零星的室内活计他咬牙去干，喘息中常吐出发黑的血痰。在真正的农忙日里，他拄着一根竹竿，摇摇晃晃地来到禾场上，看着那堆连草带穗的稻子，估算一下交罢租子的所余。然后以缓慢的动作，收拾些零零碎碎。也许是苍天保佑，也许是中草药的神奇，他竟慢慢地好了起来。

身体一好，精神便爽，他又在梦中编织美丽的花环。他没有忘记油盐号中曾有的风光，没有忘记曾有的长衫，他重新走入城市，去找那个载负他理想的"仁和福"。"人面不知何处去，桃花依旧笑春风"，时过境迁，"仁和福"已经成了去时的凤凰。

所幸有人还记得这位"仁和福"先生，热心地介绍他进了另一家店铺——"利生"油盐号。在这所小得多也冷僻得多的店中，他需要从头做起：扫地、打水、开门、上板、购货、送货，一身灰土，满脸油泥。他的力气已大不如前，举动也不似以前的矫捷。他干得越是卖力，越令店主有着"找不到痒处"的感觉。他在繁重的劳动中常常走神：想着穷家的穷途难路，想起农民自卫队长的威风凛凛——“仁和福”先生的派派场场，他时忧时喜，令店主疑心顿生。

山难改，性难移。困顿没能掩盖住他的英雄气，那曾经有过的威武与精气竟在不经意中显露，与他的处境形成强烈的反差。仆人露出“先生”或造反者的眼神，是主人警惕百倍的。即便付出更大量的辛勤也难以补偿，因为他会往坏处去想，想你是共产党，是暗探，是不安分守己的人。养虎为患不如放虎归山。“利生”店的老板客客气气地辞退了他，他又回到了落叶遍地的简家塘村，时间是一九四一年。

在他于“利生”店受苦之时，他的第二个儿子降生了——以今天的评价，应该说是诞生了：因为他的二儿子后来成长为一个伟大的共产主义战士，一个世人皆知的人物。他诞生于一九四〇年十二月十八日，恰逢农历的“庚辰”年，通文墨的雷新庭便为新生的孙子取名“庚伢子”。

此时的雷新庭已经大病卧床，求治无门，行将就木。但是，他耗尽了最后的精气神，为之取了这个很有文化意蕴的名字。自从他的二孙子降生人世，这位半截入土的老人忽然精神一振：他预感到这是一个不同凡响的孩子，从他亮晶晶的大眼睛里，从他隆起的鼻梁和丰隆的额头上，从他饱满而白白净净的圆脸上，他看出了一股才气，一道灵光，一派福气。这种灵光和福气笼罩着他，竟使他活到了第二年——一九四一年的冬季，他的“庚伢子”满一岁的时辰。

据雷锋馆老馆长雷孟宣介绍，这位老人生命的最后熄灭来自于逼租逼债。他的债主不是一个人：有催收租谷的，有放高利贷的。正值有钱人杀猪宰羊，燃放鞭炮过大年时。这种威逼、威压和威吓，使老人的精神遭受了最后的重击。他是一位临死不糊涂的人，他一定明白自己的身后：病弱的儿子、做童养媳的女儿、可怜的大孙子、襁褓之中嗷嗷待哺的二孙子。他不过六十岁，却满腹心事地死去，满怀仇恨地死去了！

这是霉运的开端，是在雷家厄运的长索上绾上了第一个解不开的死结，继之而来的便是更黑暗的死亡的深井。雷明亮又劳种田园了，疲累之时，咯血、便血不止。他的山田水地的租谷交过，已经养不活剩下的四口人，要生存，就必须谋一条求生之路，同他一起抬起一顶轿子的年轻后生名叫彭德茂。

从雷家北行，翻过一架小山，再走二里弯道便是彭家：两间坐落在半山腰的小屋，面对一汪清水的池塘，山林的绿影映在塘里，流云在林空慢跑。非常好的景致，非常好的去处，但是，彭家的日子同雷家一样艰辛。

彭德茂，一九一六年生人，比雷明亮小九岁，但心眼儿并不比他少。农民运动时，这位少壮的小伙子就成了一员骁将——梭镖队的队员。打土豪，分田地，闹了个如火如荼。大革命失败后，他只好做长工，拉黄包车，抬轿子为生。“人在穷时惜穷人”，彭生性耿直义勇，乐于助人，具有“路见不平，拔刀相助”的勇武性格。一九四九年，在长沙解放之前，他秘密加入了中国共产党；建国初期，又成了清匪反霸的猛将；土改时担任了安庆乡农民协会主席，后又任该乡乡长；对亲侄儿般的雷锋提携、培养、疼爱、关怀，这是后话。

虎落平阳被犬欺。就是这位后来成功成名的英雄，当年也不得不伙同原来的梭标队队长，贫病交加的雷明亮，去为达官贵人、富商大贾抬轿子。他们是一对情投意合的好搭档，还能与今日常看的戏剧《抬花轿》里的景儿相仿——颠几颠，颤几颤，颤得乘轿客官舒服得要死。

依旧在那座山坡的宅前，映满竹树的塘边，八十二岁的彭德茂同作者侃侃而谈。通过他的叙述我才得知，当年的雷明亮在“利生”店被辞退的直接原因，是在拖板车时被轧伤了脚——如同在“仁和福”被溃兵打伤了一样，在不能出力时被炒鱿鱼的。

从长沙到宁乡的长宁公路上，汽车、马车、黄包车、轿子连成了串。彭德茂和雷明亮的轿子掺杂其间，抬地主、抬资本家、抬商人、保长和汉奸。晴天一顶草帽，雨天草帽一顶。为了走路轻省，不能穿蓑衣，穿草鞋。下雨、下雪天，要穿上钉了铁钉的破胶鞋，以防滑倒摔了主顾。

只要有主顾，他们就顾不上吃喝，买一把豌豆，一路走，一路嚼。渴了就喝稻田沟和池塘中的水。有钱人脾气大，稍不如意就会吹胡子瞪眼,大声呵叱,心也黑得发臭,一个小钱也要争破脸皮。码头上的打手头子刘振清,是闻名乡里的恶霸,戴着墨镜、礼帽,每日里横行霸道。那一次他要坐雷彭两人的轿子,却不给钱,两位造过反的轿夫据理力争,却换来一顿痛打。

在时辰不济的年月里,你不敢轻易反抗;他们可以抓你,甚至杀你。倘若逞一时英雄,一家老小便会遭殃。但是,雷彭两人仍作过特殊条件下的反抗:那一年天寒地冻,望城坡下了雪雨。长宁公路被汽车轧出了一条条深沟。人走上去磕磕绊绊,擦擦滑滑。他们抬上了一位皮袍富客,走在轿子后面的雷明亮视力不佳,摔了筋斗,乘客自轿上栽下,被尖利的冰凌割破了皮袍。面对着暴跳如雷的乘客,雷明亮目瞪口呆,不知如何是好。彭大炮附在他耳边低语一句,两人抬起空轿,拔腿便跑,一气上了山坡,钻了林子。

那几日,他们不敢再上路抬轿,唯恐被皮袍客捉住。但是,他们没赔那件皮袍,逃跑是一次巨大的成功。从春到秋,从冬到夏,两人抬过了千百个人,极度的劳累中,雷明亮一次次吐出鲜血,令"彭大炮"欷歔不已,却又无可奈何!

家中的粗细活计都留给了雷一嫂,有牛使牛,没牛的使犊儿,再伢子成了拉犁的牛犊,砍柴的樵夫。小小的庚伢子像一只瘦猫一样,跟在妈妈的身后,拔草看谷。穷人的孩子,小命贱得很,却懂事极早。你种田,他抬轿,一家人半饥半饱的生活就这样聊以维持,今年巴望明年好!

但是,厄运的长索打成的死结不一而足,它在等待着倒运的大气候:一九四四年,日寇攻入了长沙,见人就杀,见房就烧。住在长沙市郊以及长宁公路两旁的百姓都开始"逃反",纷纷躲进偏远的山中。雷家也加入了"逃反"的队伍,逃到了一个叫做宁家冲的山沟里。

在宁家冲的山沟,一家人餐风宿露,获得了暂时的安全。但是,在举目无亲,"逃反"人多成灾的情况下,困扰他一家、也是困扰许多人家的问题便是饥荒。没有谁能顾得了别人,饥饿像日寇一样凶恶,逼人死命。

雷明亮要回家看一看,一是想寻找点糠菜粮渣救活家人,二是牵念着两间茅屋是否还在,他还有一个梦想:如有万一的机会,他还想找"彭大炮"一起去抬轿。一个挣扎在死亡线上肩负一家人性命的家主彼时的心情,是远离那个时代的今人难能理解的。

雷一嫂不许他回去,情愿一家饿死,也不自投虎口。小小的雷正德及更小的庚伢子也以不同的方式——抱腿搂腰强留他,但是,他像一个踏探雷区的勇士一样,义无反顾地走出了宁家冲山沟。

他肩扛一支青竹做就、油光闪亮的既可挑担又可防身的扁担,从蛇形山的绿林中走出来。他看见了他的穷家,怀着一种酸楚的心情奔向它。在最初的感觉中,他可能有惊鸟归巢的快意;他将能带回充饥的食物、御寒的衣物。他并不知道两只真正的恶狼,日本国的兽兵,已经发现了他,端着明晃晃的刺刀向他包抄过来。

两个日兵以刺刀相逼,令其跟随他们前往长沙去"苦力的干活"。雷明亮在日兵拖拽他的时候,奋力挣扎。自然,他不是壮如野狼的日兵的对手。他们把他平摔在地上,用枪托、青竹扁担像打击一只沙袋那样打他,直打得他口喷鲜血,昏死地上,这是一九四四年秋天。

终于有人将他抬回家中,雷一嫂也闻讯赶到,与两个孩子哭作一团。那时候,黄瘦憔悴的雷一嫂又怀上了第三个孩子,精神与肉体的致命摧残已使她举步维艰。她到"朗公庙"烧香,拜菩萨。山穷水尽中的苦人们,几乎都把求生的希望寄托于神灵的保佑,然而神灵从来不保佑穷人!

雷明亮的病情不见好转,剧烈的咳嗽后便是喷涌出口的鲜血。他想活,一切能治病的草药、植物和动物骨肉,他都大汗淋漓地强吞下去。他以一种十分留恋的眼神看着自己的妻儿,看着窗外乌桕树颤抖的绿叶,从来不说一句泄气的话。这种以坚强的毅力所支撑的责任心,使他生命的终点延续到一九四五年春天。

这是一桩人见人悲的惨事:两个小燕似的孩子围着哭号无泪的妈妈,悲声震天。虽然包括雷一嫂在内的雷氏家庭、雷家的亲邻都知道受了致命伤的雷明亮必死无疑,但到这一天果然来临了,仍使人悲恸欲绝。他仅有三十八岁的年纪,他曾经有过的体面、聪明、威武的形象还印在人们的心头,与而后的伤病、憔悴、惨死形成了巨大的反差。而且,他是死于日本兽兵之手,人们在痛哭他时也同时想到了遇难的千万乡邻,因而形成悲怆的共鸣。

因为是悲惨地死去,雷一嫂便怀着补偿丈夫的心情,谋求一种较为体面的安葬:她想打一口棺材,但没有钱,没有可以卖出的家产。在那种人人自危、朝不保夕的日月里,没有人借得起这笔钱。雷一嫂只好将几亩赖以活命的佃田转佃出手,凑出钱来,买一口她看着像模像样的棺材,埋葬了她的雷哥哥。

男人是天,女人是地。雷家的天塌了,另一根擎起雷家之天的柱子还没能竖起——他叫再伢子,生于一九三三年,父亲死时,他刚满十二岁。所有的雷家人和远亲近邻都记得:再伢子的模样像父亲一样精明,像母亲一样漂亮。三岁懂事,五岁拔草,七岁插秧,十岁打柴,穷人的孩子早当家啊! 作为雷家的头生大儿子,从祖父、爸妈到亲人,都十分地疼爱着他。夏天,他牵着那头与他同样瘦的老牛上山坡的时候,曾听过非常好听的山歌,但他几乎没有唱出它的气力,或者说,他要省出哪怕一丝一毫的气力去砍柴,去割草。他在寂静的山林里同老牛说话,同鸟儿对望,小额头锁上疙瘩。夜间,他瞪着漆黑的屋顶,在妈妈一声接一声的叹息里竟会无眠。他常将忧郁的目光越过妈妈的头顶,越过蛇形山的山林探望及远,有那么一个早上,他终于以小大人的姿态,以一种与十二岁不相像的大人口吻告诉妈妈:"妈, 我长大了, 找点事我做吧!"

她扑上儿子的肩头,放声大哭。一切的心灵的震动、感动与激动都蕴涵在哭声里:她的小小的、乖乖的儿子成熟得这样快了! 黄豆芽似的躯体里,竟有着如此大的志气了! 此时此刻,她的心中充盈了几年中从未有过的壮气,她的头生大儿子,这个乳名再伢子的雷正德,想要顶起雷家塌下来的天了! 她甚至产生了骄傲,却又凄声地告诉儿子:"再伢子,你不能出外做事情。你太小,太瘦,妈妈不放心……"

但是,她的心否定了她的口:她必须叫儿子出去,找一条生路,哪怕是去要饭,也不要饿死在简家塘的茅屋中。她还有一个已经五岁的二儿子,乳名叫做庚伢子的好孩子,他不哭不闹忍饥受冻,像一个小大人一样哄着妈妈,顺着妈妈,并像他的哥哥曾经做过的那样,会替插秧的妈妈递稻苗了!她不能饿死他,还有那腹中即要降生的不知是男是女的又一个……

于是,她托人把大名"雷正德"的大儿子送到四百里之外的津市,到远房亲戚经营的新胜机械厂做一名童工。小小的儿子临行之前,娘儿仨哭号一团,千叮咛,万嘱咐,都不能尽母亲心意。千应诺,万保证,心中无底。四百多里的路程,靠一位亲戚带路,一步步量过去。当再伢子走过一道山梁,身影在妈妈的眼中消逝的时候,她心中猛然产生了一种生离死别的预感,以至想追上去唤回儿子。

雷正德甩着两条瘦腿,在路上步行几日,终于来到了从未到过的津市。新胜机械厂的主人是一个姓钟的资本家,只知赚钱,不惜人命。厂中机械破旧不堪,生产条件十分恶劣,更无安全可言。远房的小亲戚来了,看到的不是笑脸,得到的不是照应,而是分派大人活计,拿的是童工薪水。

在这个人地两生的工厂中,十二岁的雷正德两腿打战,每天干活十几小时。工头打,师傅骂,活儿脏且累,痛苦无人言,只在歇工后的夜间才敢无声地哭泣。他想家,想妈妈和小弟弟,想那口亮晶晶的简家塘。他宁愿砍柴、放牛、插秧、挨饿,也不愿在这里。但是,他咬着牙坚持下去,他的妈妈对他寄予无限的希望,他要干好,混出个人样子来,为弟弟找一条出路。

家中没有任何音讯。他并不知道,他的妈妈为自己又生下了第二个小弟弟,名字取金满——她渴望这个三儿子有福,为她绝望的穷家带来满堂金玉。他不知道可怜的妈妈在生产之后的第二天,就带着同样可怜的二弟下了稻田。他在想:妈妈会来看他的,今天不来,就是明天,后天……

他一天天地瘦下去了,皮包骨头,眼睛深陷,没有了说话的力气。繁重的体力劳动使他时时感到饿,又顿顿吃不饱,什么远亲,什么近邻？在这个厂里，姓钟的是主，童工是奴，吃一个铜板是他的，省一个铜板也是他的，在这样一个个铜板的算计中黑了良心，六亲不认！

体力、精力的透支，加上思家情绪时时折磨着这个小小的躯体，他突然觉得十分乏力，头晕目眩，精神恍惚，双脚浮肿。接着，他开始剧烈地咳嗽，浑身颠颤，两眼冒花，脸憋得发青发紫。有经验的老师傅告诉他，他得了“童子痨”，这是一种穷人的病症，没有人能治好这种病，早一月晚一日只是时间问题。但是，十二岁的雷正德并不懂他已到身死临危的地步，他要挣钱养妈妈，还要给弟弟买米团儿，过年时还会买上大大的一块肉。他继续晕晕乎乎、摇摇晃晃地干着，只在梦中与妈妈、弟弟相见。

雷一嫂已失去过去的圆润和丰满，公爹、丈夫的死已压得她抬不起头，儿子金满的降生，又在她窘迫的日月里雪上加霜。五岁的庚伢子已能记住小金满当时的样子：干瘦如柴，哭声嘶哑，小小的脸腮瘪下去，额上满是老太婆似的褶皱，每当妈妈去干活，他便在家看弟弟，赶走过饿猫，也赶走过吱吱叫的老鼠。当插秧需要庚伢子递秧、割禾需要他拾穗的时候，金满便被反锁在屋里，并不顾忌饿猫或饿鼠对新生儿可能带来的伤害。穷人的孩子，原本和猫崽儿一般，不值钱的。

由于埋葬丈夫转佃出了田地，野菜、米糠已成了娘儿仨的主食。远在四百里之外的头生大儿子使她牵心挂肠，多小的人儿啊！多重的活？吃什么？睡何处？万一有病有灾，谁会照看他？繁乱的思绪缠绕于心，黑夜白天，梦里醒来，她感到了真正的孤独无助，更相信了公公常吟的俗语：“穷在闹市无人问，富在深山有远亲。”她成了没娘家的人了，好心的，亲如生母的杨一娭比她更加贫困，她不能报养身的大恩，亦不能再加连累，她突然想到了她的生身之地——那个有着美丽名字的村子：霞凝港。

早在初明世事的年纪，她便记住了这个村名，还知道村子里有一个张铁匠是她的生父，而铁匠的媳妇便是她的生身母亲。在育婴堂中，在杨一娭家里，她听到过无数人对于她生身父母的议论：他们骂张铁匠一家狠心,能忍心丢掉一朵花似的亲女儿。而且在育婴堂不再养育她的时候拒绝认领,女儿长大了亦不相认……

在开初的时日里,她对霞凝港的双亲产生了强烈的怨恨。久之,便因无记忆而毫无感情可言。她的感情倾斜至杨一嫔的身上,重若山峦。这种心理定式稳固于懂事后的二十多年, 但在接连生下三个孩子,又遭受过无数的艰难之后, 她突然理解了一句俗语:“当家才知柴米贵,养儿才知报娘恩。”

父母那边不时的传信、问候,更是强烈地扰乱了她的心。父母已无颜踏入“雷区”,只有尴尬,没有胆量。

雷一嫂终于支持不住了, 她要去霞凝港的父母面前当一回小圆满。她的归顺并不是感情的驱使,而是出自贫困已极的无奈。大儿子他乡做工不知死活的现实,令她理解了父母。

她是抱着襁褓中的金满, 手携着五岁的庚伢子一步步走向娘家的。这是一条难走的路,似曾相识的山林和池塘,不知属于哪一家地主拥有。孩子饿了,沿途讨一点冷饭;渴了,喝几口塘水;实在走不动了,便在乌桕树的荫凉下歇一歇。鼓励庚伢子的故事便是到外祖母家吃白米,吃猪肉。

娘儿仨终于到了那个依山傍塘的茅舍,她怯怯地走去,首先看到的是一炉红火、一只风匣、一大一小的两只铁锤敲出个火花灿烂。

满面黑灰的老妇人告诉她还没做饭——她把她娘儿仨错当成了讨饭人。倏忽间却圆睁了双眼,盯紧了讨饭人的脸:她有着与女儿同样敏感的直觉,她从这娘儿仨的脸上看出了自己的影子,她真正地惊惶起来,停止了抽动风匣,她的丈夫、儿子也分明地感觉到了,皆以同样惊惶的眼神探问着、尴尬着、猜疑着。

他们终于证实讨饭的妇女就是他们的亲女儿,被遗弃多年的小圆满,她带了两个癞猫似的孩子回娘门了。一家人,确切地说是“两家人”痛痛快快地哭起来……

雷一嫂讲起了她的童年、青年和今日之遭遇,令父母兄长欷歔不已。她和她的孩子果然吃上了大碗的白米饭,第二天,第三天……一家人随着米缸里米的减少而变幻着眼神，另一种情绪的尴尬，又重新回到两家人的脸上，以致连自恃有理、具有几分讨债心理的雷一嫂也有了明显的感觉：他们仍在怕她，怕她带过来的三张口，怕她久住而不去……

雷一嫂要知趣地、伤心地告辞了。她的父母、她的兄长谁也没有挽留她。她抱起金满，拉起了庚伢子走在了回简家塘的山路上，泪水打湿了她的衣襟。她在心中痛苦地默吟：今生今世再不会回到霞凝港。

据熟知雷家详情的雷孟宣老馆长告诉笔者，在雷一嫂辞别霞凝港之前，她的铁匠父亲并未忘记为她捎带一份厚礼：他补偿了所欠的陪嫁，送给女儿一对精心打造的、可安装于扁担两端既能钩挂水桶，又可钩挂竹筐的铁钩。雷一嫂收下了它，却未舍得将之安装扁担，而是交给了用得起铁钩的人家，换来了两升救命米。

初夏五月，在湘江西畔寂静的山林里，八十二岁的彭德茂老人老泪纵横，回忆着五十年前雷正德悲惨的遭遇。山风吹过绿竹，在新屋的瓦檐上呜呜作响，声似啼哭。天上的流云在屋前塘中印下断断续续的影子，如一页页书文翻过——

得了肺病、极度虚弱的小正德在飞转的机器旁干活，已经很难支持十几个钟头。但是，无论是资本家还是工头，都在耐心等待着他最后倒下。终于有一个晚上，晕昏的他扑倒在机器上，连胳膊带手都轧进钢铁的齿轮，他大叫一声，疼昏过去。幸亏工友停机迅速，才没有废掉那只胳膊，但活儿却不能再干。不能干活的童工便似机器废弃的铁屑，必须扫地出门。

“我要回家，我要妈妈……”流淌着鲜血的再伢子凄厉地惨叫着。资本家挥了挥手，大发了慈悲：“他愿意回家，就叫他回家吧！”

他抱着伤胳膊，哭叫着走向他出生的地方——简家塘。在沿路乞讨的七天七夜里，白天的梦是白米，夜间的梦是鲜血、白骨、老板的怒斥和工头的打骂。他不停地咳嗽，头拱在红泥地上。当他瘫倒在路旁时，野狗曾把他当做了一具死尸。他进了自己的家门，连庚伢子都没能认出他,反而吓得连声叫妈。

认出儿子并哭出声来的是雷一嫂,她在一刹那间便明白了一切,搂住了儿子大哭不止。彭德茂描述这一情形的话语如是说:“……他满脸满身都是灰土,骨瘦如柴,如木人儿一般,胳膊和手用破布包着、吊着,发出了腥臭气。雷一嫂解开了破布,却揭不下来,连手带胳膊都已血肉模糊,已经生了蛆虫,白白地乱拱乱动……”娘儿仨哭成一团。庚伢子的美梦被彻底打破了:在此之前,妈妈用来哄他的话从来都是“等你哥挣钱来……等你哥买糖来……”如今,他终于盼来了哥哥,认出了哥哥,惊惶与失望使他大哭了一个晚上。

家中已负债累累,吃食无度,哪有钱为儿子治病!她只有一个办法,到寺庙中拜佛,祈求神灵的保佑。神灵不保佑穷人,亦不保佑雷家的任何一位。雷正德的手伤不见愈合,肺病又越来越重,开始大口大口地吐血。雷一嫂已经明白了一切:他的爸爸临死前就是这个样子,草药偏方都治不了这样的病,没有人能帮得起她,而且,她是一个断了娘家道路的人了……

一九四六年的春天来临了,雷明亮的坟上长出了茂密的青草。他死去了刚刚一年,在他的坟侧却又要挖下一个新坑,他的头生大儿子雷正德刚刚死去,乡邻们抬着一个薄板匣子装殓了他。一山的哭声,满路的哭声。几把铁锹筑起了又一个坟头,雷一嫂疯人一样扑倒在新坟上,又滚爬到老坟上,一把一把拽扯着青青的坟草。六岁的庚伢子,一岁的小金满嘶哑的哭声在众人的耳边久久不散。

然而,厄运仍没有过去,死神在蛇形山、简家塘,在雷家的两间破屋内外幽幽徘徊。幼小的三伢子金满又得了病,高烧不止,又加腹泻。但只要有一时的清醒,便要哭饿,一口口咂吸着妈妈干瘪的乳房,咂出血来。他快满两岁了,不单站不起,连坐也坐不住,细长的脖子已挑不起一颗脑袋。

没钱治病,没饭喂养,没奶滋养。只知命苦,只知求神的雷一嫂又去拜神,并在自家立起的“符”前烧燃了高香。她已经失去了任何主见,家中也再无人给她以主见,六岁的庚伢子是她唯一能够说话的人,她叫庚伢子和她一起磕头,庚伢子却不磕。小小的瘦孩儿,却有了一份不信神的执拗,这使她大惑不解,无可奈何。

在无边的黑暗中,在麻木的混沌中,她已经失去了冷热的感觉,失去了时间的概念。六岁的二儿子不时被好心的邻人、亲人领去喝一口稀粥,她抱着已不会哭、不会动的小儿子,天长日久地呆痴着,只凭着对于神灵的一份幻想,等待着奇迹的出现。但是,没有任何奇迹出现:小金满死在了她的怀中,冷酷无情、冷静如冰的死神,接连在雷家厄运的长索上,打上了一个个死结。

人们在她面前哭泣,说出了痛心的同情的话。许多的人端来米汤和茶水,劝她轻啜一口,保住自己的性命。命苦的人们告诉她:一切都是天命,冥冥之中的那位主管人命的神仙,手捧着一本账簿,来讨前世欠下的孽债。而那位黑脸的五殿阎君,则有一本白纸黑字的"生死簿",该死的人不会留住……

此时的她已经听不见这一切,她的思绪掠过了蛇形山上的竹树,已融入天上的白云。曾经在这样的蓝天白云下,她与她的明亮哥一个砍柴,一个挖菜地穷快活过。也就在那样的花季,她永生不忘地记住了她唱出的一支歌,歌的名字叫做《庄子鼓盆》,是一首流传于长沙、望城一带的祭典歌儿:

妻死我必埋,
我死妻必嫁。
田被别人耕,
马被别人跨。
妻被别人恋,
子被别人打。
倘若我先死,
一场大笑话。

他是无心地唱出了它,她却不许他再唱。只听一遍的歌儿她却一字不落地记住，并且深深地理解了它。她是一个早熟的姑娘，“我死妻必嫁”的句子割裂了她的心，“子被别人打”的惨景她竟有了逼真的想象。从一九四五年春天到一九四六年春天，她接连失去了三位最最亲近的人，留在她身边的，就只有这个也有着亮晶晶大眼睛的庚伢子了。这是十亩地里的一棵金玉之苗，是唯一的可能续下雷家香烟的传人，她要把他托在掌心，含在口中，把他养大成人，赎还丢掉雷明亮两个儿子性命的罪过。

她坚强地站立起来，像鲁迅笔下的失去儿子之后的祥林嫂那样，手持了长长的一支竹杖，领起了六岁的二儿子向村外走去。从她臂弯中挎着的竹篮里，人们可以看到两只粗陶的大碗，从而才能猜得她要去讨饭了。谁都不可能不钦佩她勇敢的举动，因为在饥饿面前，这是穷苦百姓的必由之路。

在长沙、望城一带讨饭与在北方有着很大的不同。北方村、寨皆具规模，有着户连户、门挨门的方便。南方多山，百姓依山造屋，一家一户相去甚远。像雷一嫂那样的弱妇人带着仅仅六岁的孩子行乞，一天赶不了多少门头，因而所得甚微。后来，她带着庚伢子跨过了湘江，到长沙城里行乞。

对于那段讨饭的历史，后来成为光荣的解放军战士的雷锋曾有“日记”回忆，时间是一九六〇年十一月十五日：

> ……在今晚演出的评剧《血泪仇》里，看到了像王东才、小贵芳他们遭到了阶级敌人的迫害，甚至被强奸逼死的惨景，不禁引起我无限辛酸的回忆。我出身在一个很贫穷的农民家庭，我父亲靠给地主当佃户来维持一家半饱的生活，终年辛勤的劳动，到了新年初一，全家五口人，有米不到半升，哥哥只好领着我出去送财神，讨点饭回来吃……
>
> 抗日战争时期，我父亲被那毒辣残酷的日本鬼子打死，全家无法生活，哥哥只好到一个小小的机械厂当徒工，妈妈抱我那三岁的小弟弟，带着我去讨吃……

从这篇日记可以看出，早在雷正德未死之前，妈妈就已经带着雷锋讨饭了。不过，他讲他的小弟弟死时是三岁，似与雷孟宣和彭德茂所言两岁有别。经过询问，方知雷锋所言的“三岁”是虚岁。

日记的下半篇如是写道：

> 一九四六年春天，我哥哥在工厂左手指被机器轧断，脑袋被撞破，鲜血染红了里外的衣裳。厂主哪管这些，把我哥开除，无钱治，不久就死去了。我那幼小的弟弟受不住那种生活的折磨，同年冬天被活活饿死。我妈妈被无耻的地主强奸后，被赶出来，我可怜的妈啊，被迫自杀……

父亲和一兄一弟的死因正如所述，但母被强奸则是发生在一段时间之后，彭德茂、雷孟宣的叙述非常详细：

雷一嫂是个心灵手巧的女人，年轻时方圆村里都知道她的美丽和聪慧。她会做衣服，打草鞋、纺线、织布样样拿得起，放得下，尤其刺绣名声最高。湖南出湘绣，名扬海外，已有千年历史。雷一嫂专心学巧，很得色、形要领。但是，人穷到那样的份儿上，又加上祸患连连，早没了刺绣的本钱，亲邻甚至连她自己，早就忘记了她是一位善绣的湘女。

老地主唐四滚子却没有忘，雷家祖辈做他家的佃户，他了解雷家，就像知悉自己家中的牛马。也就在雷一嫂的两个儿子先后死去不久，唐四滚子的一个女儿要出嫁。那女儿长得丑，绰号叫“丑八怪”。嫁出这样的女儿需要极多的嫁妆、嫁衣。唐家已打造了不少的细木家具，还需要心灵手巧的雷一嫂去为她刺绣被面儿、床罩、绣鞋、嫁衣、龙凤枕头，等等。东家召唤她不得不去，且也是一次挣口饭吃的机会。

因为要做的活儿很多，所以需要较长的时日，唐四滚子命她住到唐家大院去。雷一嫂什么也未多想，只向老地主提出：“我的孩子怎么办？”唐四滚子爽快地答道：“叫他跟着去就是！”于是庚伢子也跟过去吃饭，善良而单纯的湘绣女只知自己交了好运。

那一年，雷一嫂刚刚三十七岁。久空的肠胃一旦有了白米充盈，她就像一棵得了水浇的花草一样，立时变得鲜亮耀目——她的天生丽质仍没有毁掉，就像蒙尘的珍珠一旦拂去尘土，就会放射出熠熠的光彩一样。她愁眉不展、忧郁满面反倒形成了冷艳的凄美。美丽的嫁衣、锦缎拥入怀中，映照得她像似花丛中的玉雕。

发现了她惊人的美丽和魅力的不是老地主唐四滚子，而是他的七少爷。他是一位久住长沙市里的花花公子，衣冠楚楚，挺胸凸肚。他厌倦了长沙城里如云的美女，却看上了风韵犹存、气质不凡的雷一嫂。至于这位七少爷是在怎样的情况下，怎样强奸了雷一嫂，谁也未有详细资料。珍藏于军事博物馆中《雷锋日记》的“秘密卷”里，有一节根梢兼备的叙述，是从可怜的生活写起：

……我哥哥常带着我出去要饭，看到富人就央求他们，老爷太太请给点吃的。要是碰上有钱人家做喜事，就去讨点剩饭剩菜吃。看到桌上有掉的饭菜，也用手捡了起来装在一个要饭的破布兜里，留着下顿吃。要是离家近一点，就送回家去给小弟弟吃。

我妈怕养不活我那幼小的弟弟，想把他卖给有钱的人家……

在前一节的《日记》中，他没有写到妈妈想卖弟弟的一节，这可能是“秘密卷”的“秘密”之一。描述生活的部分，也是比较详细：

……只好把睡的床都抬出去卖了，在地上砌几块土砖，取下房门板，搭着睡觉。

我们住着一间破草房子，屋顶漏着天，后墙倒塌。要是天下雨，外面下大的，屋里就下小的。我妈怕雨淋湿了我的脑袋，拿着一个破脸盆罩在我的头上。又怕冻着我，拿着破烂麻袋披在我的背上。冬天我们住着这间破房子，冻得没法，只好拿几捆稻草堵住风口，冷得实在不行了，全家人紧紧地挤在一起，又拿上几捆稻草盖上……

下面是妈妈被强奸的记述,引人注意的笔触是在雷一嫂的死后:

……可恨的谭(系“唐”的笔误)地主逼迫我妈到他家做女工,被他强奸以后,又把我妈赶出去。我妈(被)逼得上天无路,入地无门,在一九四六(“一九四七”的笔误)年八月十五日晚上自杀。我妈死后,狗地主还骂我妈是破鞋,不要臭了地方,叫狗腿子把我妈丢在了江里……

“叫狗腿子把我妈丢在了江里”一句,查无实据。应该是“要叫狗腿子把我妈丢在江里”,因为前几句的文字,甚至日期都出现过笔误。简家塘距离湘江二十里路程,如有此事,雷孟宣、雷锋的三叔雷明义、老乡长彭德茂等与之亲近的人不会不知。再则,强奸雷一嫂的人也不是老地主,系七少爷。可能当时的雷锋太小,别人又不愿对他讲此惨事,令他一直误会而又不好证实! 这总不是一件能够随便谈论的事情。

至于她被强奸后的死,彭德茂、雷孟宣的叙述是这样的:因为雷一嫂是在唐家住了较长的日子, 所以无法知道七少爷何时强奸了她,只知道她在临死之前,回到她自家的破烂茅屋里“住了三夜”。在回家的三天三夜里,她不吃不喝,啼哭不止,悲痛的程度,几乎超过了丧夫失子。

雷锋的六叔奶奶和九叔奶奶(雷一嫂的六婶和九婶)想探得她的心事,她不愿说出来,但还是半吐半露了真情。更使她的婶婆惊惶不已的是,她吐露了已经“怀孕”的消息。

在此之前,所有宣传雷锋的资料中,人们不曾见到过这一消息的蛛丝马迹。当采访中探问此事时,发现这在当地已不成什么秘密。事实上它没有秘而不宣的必要——《白毛女》中的喜儿被黄世仁强奸,不但怀孕而且生下了那个孽子,这丝毫也未影响喜儿的冰清玉洁。而且,惟其她被强奸致孕, 才能令人理解她为何舍得抛下雷家金贵的一子、她的心头肉庚伢子而悬梁自尽!

雷锋的六叔奶奶和九叔奶奶曾经苦苦劝说她：恶人必有恶报，告诉她，她是无辜的、清白的，告诉她不能丢下不满七岁的庚伢子……但是，一朵洁白的莲花，容不得溅上半点污泥。她是一块无瑕的美玉，宁为玉碎不为瓦全。

她选择的死日是一九四七年，农历的八月十五日——中秋节这一天。这一天的晚上皎洁的满月爬上了东山，像她的乳名一样，圆圆满满。有钱的人家灯红酒绿，杯盏交错，喜庆团圆。刘家祠堂门口正上演着皮影戏，可怜的不懂事的庚伢子也随了人们去瞧热闹，简家塘边的两间茅屋中，只留下了雷一嫂面对如霜的月辉。

据知情人介绍，雷一嫂在自缢之前还到刘家祠堂的皮影戏场去过，有人看见她眼神凄凄地东张西望，人们沉浸在皮影戏的欢乐中，并未对她多加注意。

根据事后人们的推断：雷一嫂在那样的时候一定无心去看热闹儿，而是在寻找自己的孩子，想最后地再看他一眼。人在临死之前，一定会思绪极多。她也一定会明白，在她死之后，她的庚伢子便会成为没妈的孤儿，心中定有断肠的苦痛。没有人知道她当时是不是看到了庚伢子，不管是看到或看不到，她都要赶着这个庚伢子没在她眼前的时辰去死。

雷一嫂从戏场回来就去找了她的六婶——雷锋的六叔奶奶。她眼神幽幽，声儿苦苦地告诉老人家：她晚上要去串一个门儿，要老人家“好好地照顾庚伢子……”

那便是她临死前最后的话了，也是一种最后的拜托和乞求。可惜的是，那位老人没能破解它，她只当这位孤苦、痛苦的侄媳要在这样的夜晚，去找一个能够一吐心中苦水的人聊一聊，那句“好好地照顾庚伢子”的话，只是指定于那一个晚上的拜托，她没有想到她会在那一天的晚上去死。

戏散的时候，六婶去她房前看过，她没有回，只有庚伢子站门边，等着妈妈。她把庚伢子带回了家中，过后又去雷一嫂门前：门仍是关闭着，没有动静。她一夜无眠，数次探望，直到天明，仍未见回。她开始惊慌，与她的家人开始到处找寻雷一嫂，并追问庚伢子：他的妈妈昨晚给他说没说过什么话？

雷锋六叔奶奶的儿子、雷锋的堂三叔雷明义所述及回忆文章是这样记载的：

> ……有钱的人家正过中秋节，雷一嫂独自坐在窗前。小雷锋偎向她，唤她去看皮影戏，看到她的眼睛很红，脸上挂着泪珠。她一把搂过了雷锋，哽咽着说："亲儿子，你还这么小，要是没有了妈妈，可怎么活呀？"
>
> 小小的儿子回答她："妈，你别哭，等我长大了养活你……"
>
> 听了这句话，她哭得更加厉害。后来，她端来了一盆清水，为小儿子洗净了手和脸儿，又在自己身上脱下了一件夹衣，说："庚伢子，穿上这件衣裳，少挨些蚊子咬……快去看戏吧！看完戏就到叔娭毑（注：'娭毑'是湖南对祖母称呼的方言，'叔娭毑'便是'叔伯奶奶'）家去睡觉，妈妈晚上出去有事，明天回来……"
>
> 小小的庚伢子并不知道这是亲妈临死之前的话。他是个听话的孩子，便哭着去看戏了。一看戏也就忘了这不知名目的委屈，也随着剧中的皮影人儿笑。散戏回家的时候，他又想起了妈妈，但没能见到妈妈，便跟着娭毑去睡觉。第二天，在众人的追问下，他讲出了妈妈嘱咐的情形，大家便径直去了他家的屋子。从窗子往里看，黑糊糊看不见任何东西。门锁已经不见，门闩却闩得紧紧。他高声地叫妈妈，小拳头敲打着门板，仍不见开。雷明义使劲地撞开了那扇破门，看见雷一嫂吊在了房梁上，早死了多时。小雷锋扑上去，抱住了妈妈的腿，一个劲儿地哭喊着孩子话："妈妈，妈妈，你怎么了？你怎么了？……"

一九九六年五月的一个傍晚，我在雷明义家中采访时，七十岁的雷明义老人打开了雷锋故居的房门——经过他修缮数次的小屋的门，我看到了那张破床、那只木柜和那架屋梁。当年雷一嫂上吊用的那根绳子还吊在梁上,强拧曲凸,像一条挣扎着的长蛇。那是一架十分低矮的屋梁,斜担于两个墙角,将本来方形的房顶分割成两个相等的三角。整个的房间黑洞洞的,有一种阴气很重的感觉,太阳已经落下了西山。

我们在那所故居前留影,谁也不愿讲一句话。屋后的蛇形山上,竹树的影子已经模糊,有微小的南风穿流其间,隐约如人的絮语。

第二章

长夜待晓

雷一嫂自杀了,庚伢子的哭声如利刀割锯着亲邻们的心肠,人群爆发了悲恸的合哭。雷一嫂被停放于那张破床上,黑亮的眉、睫、秀发下,一张惨白如玉的脸仍然美丽。

六叔娭毑哭得死去活来,九叔娭毑一家来助丧事,六叔祖父成了丧主,雷明义在哭嫂的同时也在东奔西忙,为亲邻发送丧帖。丧帖要首送娘家,坪山河边村的杨一娭已经成为雷一嫂心目中的亲妈。河边村接到了丧帖,庚伢子心目中的亲舅舅——杨一娭的儿子奔丧而来,哭叫着亲姐姐,抱起了他的小外甥庚伢子。

这位舅舅和雷一嫂最近的本家六叔娭毑一家凑了些钱,埋葬了这位苦命的湘绣女。她为人绣下了无数衣衫鞋帽,装殓时却未能穿着哪怕一件!在雷新庭、雷明亮、雷正德和小金满长满青草的坟茔旁,又筑起了一座红土的新坟。雷家厄运的长索上,接连不断地打上了五个死结,唯一的活着的传人——那个瘦弱的、漂亮、聪明、懂事的小庚伢子,已经哭肿了眼睛,哭哑了嗓子。

所有雷家的亲近、邻人在闻听一嫂自缢、直至埋葬她的时候,无不在心中萦绕着一个问题:可怜的小庚伢子将怎样活下去?这个苦难灾噩不断的家庭中的唯一幸存者,往后的日子是否平安?雷家的穷亲戚穷朋友没有一家能够养起这个庚伢子,人们只能眼看着他哭,并且依稀记起了:他的祖父雷新庭死时,是儿子、媳妇、孙子哭;雷明亮死时,是寡母、孤儿哭;哥哥死、弟弟死时,是他们娘儿俩哭;如今妈妈死去,只剩了他小小的、瘦瘦的一个哭,哭得人人落泪。

没娘的孩子天照应，亲人接连死去，疾病却不沾冻饿中的庚伢子的身，这在某种程度上宽慰了大家的心。最后挺身而出，愿意一碗稀粥分两碗、养活这个小瘦伢儿的是他的六叔祖父一家。他的这种举动，在那样的年代里无异于舍身救孤：他是把生存的机会和条件分匀于别人，自己的家人就多出了几分饿死的危险。

当时的六叔祖父的家境并不比庚伢子家好出多少，全家八口人，依靠佃种唐四滚子的五亩田，还罢租债，所剩无几。叔祖父除了耕种水田之外，好在还有一身绝好的手艺，演唱皮影戏。每年禾镰上壁的农闲季节，他便挑担外出，寻一打谷的场地，敲起他的铜锣。

"皮影戏"，也叫"影戏"、"灯影戏"。用灯光照射兽皮或纸板做成的人物剪影以表演故事的戏剧。剧目、唱腔多同地方戏曲互相影响，由艺人一边操纵，一边演唱，并配以乐音。六叔祖父收养了庚伢子之后，每逢外出唱皮影戏时，一定要带上这位可怜而可爱的本家小孙子。庚伢子却也是机灵可爱的角色，看罢几场戏后，竟能唱出几段，且不怯人众之场。七八岁的小孩为皮影戏剧伴唱，十分惹人喜爱，祖父、祖母便更加喜欢。

如果庚伢子只会唱戏，那还不算十分的机灵。熟悉这个小人精的亲邻们回忆：他在家中也非常勤快，且有"眼神儿"——别人看不到的，他看到了，别人想要做的小事，他总先干一步。说话好听，做事干净。他知道自己在家中的地位，虽不卑不亢，却也知老知少，凡事有个小小的思量。

重活儿干不得，在妈妈、哥哥那儿学来的拔猪草、放水牛、拾柴火、捡稻穗、递秧苗等活计，可是道道有门。干活早，吃饭迟。

痛苦中想妈妈、想哥哥的时候不少。一旦玩耍起来，那机灵、调皮，甚至淘气的小性子就暴露无遗了。你不让他动哪样东西，他明着不动，待到无人时就要研究一番，看为什么不能动，如果动出了小问题，他常常掩盖得很好。

三叔雷明义在塘中打鱼，他站在岸上看，手却伸进鱼篓，用一条细细的柳枝穿起一串鱼儿，夹在胳肢窝里走掉。谁也不会怀疑一个光着身子的小孩会偷走鱼，他却与小小的伙伴们聚在一起，用喷香的香樟树枝熏烧活鲜的鱼儿，只有贪馋的孩子们才知道有多么的好吃。

小小的恶作剧也时有发生，几个孩儿咕唧一阵，在人们必行的地方挖一个坑，尿上尿，用小树枝架平，撒上泥土拍实，人踩上去便陷，尿水溅起好高，兴奋的、胜利的他们逃得比兔子还快。受捉弄的大人们并不生气，皇帝老子也有他的儿时！

在一连串的“孩子气”中，小雷锋却拥有了可贵的、分辨是非的本领：在庚伢子自家的茅屋中，他的可怜的妈妈曾长期供奉着朗公庙上求来避邪驱鬼的“桃符”。小庚伢子竟抓起了那只“桃符”，那么用力地、狠狠地扔入了简家塘中。

所有的人都曾经为之惊讶：他只是一个七岁的孩子，竟敢于冒犯神灵。他们家一连串的祸难未使他害怕，却激起他造反的一掷！他的祖父、叔叔以及三婶无不以为他长大会有出息，他们倾尽全力，甚至拼着饿死自己而养活庚伢子的决心更加坚定！

三婶颇动感情地说：他从小就是一个自觉节俭的好孩子，不丢一粒米、一棵菜。与叔祖父一起唱皮影戏，有人看他年小，顺手给少许零钱，从来都是“交公”。但若在年节亲邻给点“压岁钱”，他则有另一原则——攒够褂钱买褂，攒够鞋钱买鞋。他的储钱场所使你难以发现：在房墙上挖一小洞，钱放进去，再用泥灰抹平，天衣无缝。该拿出时和盘托出，给人一个惊喜。十几年后，他在抚顺储蓄所中存钱与和盘托出后的效应惊动万人，谁说不是从墙洞存钱发展而来呢？

在疼爱庚伢子的亲戚中，应当首推他的姑母：便是当年祖父雷新庭送与别人做童养媳的一个。姑母老实、勤劳，却很穷。姑父也算农户中的手艺人，会打“推子”。“推子”是以竹子做成圆形的箍子，用黏土和泥打入箍内，再以木板包严泥块，木板上装钉木齿，使之像一盘石磨一样，推起来便可磨掉谷子的壳皮。此活计又苦又累，谁家要做“推子”，他便挑起工具到谁家门，一路上大声吆喝：“谁做推子啰——谁做推子啰——”口干舌燥，筋疲力尽，难挣几个小钱，与铁匠张春华、皮影戏玩主六叔祖父一样，挣一碗饭吃而已。

小小的庚伢子常常去看姑母姑父，一进家门便扑入姑母怀中痛哭，姑母亦哭。哭穷死的哥哥、侄子和屈死的嫂子，哭可怜的庚伢子。去一回哭一回，心中郁结的思念、委屈一齐随泪水流出。十几年后，有一支悲怆的歌子传唱于整个中国，令无数的歌唱者、闻听者泪流满面：

旧社会好凄惨，
雷锋流落在深山。
风里来雨里去，
无依无靠孤单单……
野菜野果充饥寒，
树皮树叶做衣衫。
满身脓疮痛难忍，
七岁的孩子谁可怜？

赶上吃饭的机会，姑母才能留侄儿吃一顿饭，赶不上饭时，便吞咽姑母塞给的地瓜、萝卜、山果。姑母的儿孙也在饥饿中，多出这样一张饿口，众人的眼神便更复杂，因为粮食就是命。端起碗还在抽泣的庚伢子一看见这样的景象，感觉到这样的氛围，饭就难以下咽了——他是有自尊心的人，虽然他还年幼，但去姑母家的次数少了下来。拖起一支竹耙去耙柴草，坐在父母兄弟的坟前哭，躲到荒野的林中哭，回家后双眼红红，甜口儿称呼婑驰一家，越发令人心酸，大家越发知道他是一个有心胸的好孩子，也就越发地疼爱他。

能遭天磨是铁汉，庚伢子在苦水的浸泡中好像长得很快。他继承了父母优秀的禀赋：会唱民歌、山歌。特别是对了心事的歌谣，听一遍就会了，还要教他的小伙伴：

豆芽菜，绿豆根，
外婆出来带外孙。
舅舅出来抽板凳，

舅妈出来鼓眼睛。
装碗饭，冷冰冰，
抽出筷子水淋淋。
打烂舅妈的碗，
踢烂舅妈的门，
再世不踋舅舅的门。

这是一首儿歌，流行于望城、长沙。庚伢子在演唱它时并未对号入座：他没有见过他的亲舅妈，也无缘领受“水淋淋”的筷子。不过，在他唱过那支儿歌之后，却真的是“再世不踋舅舅的门”，甚至亲姑母的门了。

在这样的酸酸辣辣中成长，使他平添了正常的儿童所没有的见识。他明显地早熟，爱思索，爱探究，反应敏捷而行为深沉。在孩子的群体中，比他大的喜爱他，比他小的佩服他、羡慕他，他很快便成了那个群体的“领袖”。

随着年龄的增大，“领袖”不再与他的伙伴挖坑陷人或偷鱼野餐，他们要干大人才干的事，为爸妈分忧解难。在一个晚上的秘密会议之后，这些小伢子忽然在第二天与太阳一同起身，扛上了扁担，握起了利斧，要到近处的山丘上砍柴！脸上还装扮了大人神气。

砍柴不是演戏，需要真力气，还需要经验，第一次的收获是满手的血泡，满腿的擦刮伤痕。这是探险的开端，是走向进步的雄壮一举，孩子们的疲累、兴奋和骄傲从此开始：一而再，再而三。担不动就抬回来，软溜溜的竹扁担颠颤着，歌声和笑声由远及近，引发了一家家的欢笑：跟着好伢子学好事，所有的人家都喜欢自己的孩子跟上庚伢子的队伍，就像当年的梭镖队队员跟上雷明亮雷队长。

砍柴是能砍出瘾来的，地上的矮树不愿下斧，但学猴儿一般，攀到树顶，学鸟儿唧唧喳喳。上边的挥斧砍落树枝，下头的拾成一堆，捆成一捆。是孩子就要玩耍，穷伢子也有穷欢乐：每当歇息之时，他们便要玩一种叫做“打杈”的游戏——栽上一根柴，叫做“一根葱”，栽上两棵柴，叫做“两棵菜”，栽上三棵柴时，叫做“三杈架”。“打杈”者要远离相当的距离用柴刀打倒栽着的柴，既要有准头，又要有力度。庚伢子是玩这种游戏的高手，每回游戏，都会赢得很多的柴。有时候不用动柴刀，一捆柴就抬回家中，娭毑欢喜不尽。

凡有人群的地方，就会发生乐事或不快事，孩子也一样。小小的群体若生纠纷，庚伢子是一个小小的和事老。有一次因为一个孩子头上的“旋儿”多了一个，另一个孩子就嘲笑他，两人打起来。庚伢子很快又找到了另一个头上有两个“旋儿”的孩子，笑着劝解道：“他头上也有两‘旋儿’，不是个儿最高吗？多一个‘旋儿’不压人呢！”

不过，如果遇到以大欺小、以强凌弱的事件，庚伢子便会坚决干涉，当面指责欺人的强者，倘若强者不服继续逞强，庚伢子就站在弱者的一方参战。他是摔跤的好手，虽力小，却灵活，总能战而胜之，使强者服输。

近处可砍的柴不多了，这支小队伍便要远征，要到宁家冲的大地主“徐满料子”的山上去砍。徐家的山多、柴多，虽多走好远的路，这在山里的穷孩子身上算不了什么。但是，据说“徐满料子”的婆娘非常凶恶，看见谁砍她山上的柴，她就砍谁的手。庚伢子不太相信她真会砍人，坚持要去，一干人便尾随去。

果然是山宽柴丰，一眨眼工夫，他们就满载而归了。一次、两次、三次都很顺利。后来小有麻烦，砍柴的队伍便在山头上布哨，一见徐家大院人出来，便学鸟叫、狗咬，队员们会很快地撤走。

这样的战斗进行了许多回，胜利了许多回，大有“过五关斩六将”的豪迈。但是，终有那么一天，他们“败走了麦城”，留下了一段血淋淋的故事。

那一天，放哨的小伢子堵住了徐家大院的门察看动静，因为这样比山上看他家更加清楚。谁也没料到，凶恶的母老虎——“徐满料子”的老婆从山外归来，正好堵住出口。庚伢子并不认识哪一个是母老虎，而母老虎也像一个狼外婆那样低头走着，咯吱吱咬着牙齿。她一直走到了庚伢子面前，突然伸出手捉住了他，声嘶力竭地大骂：“你们这些穷小子,敢偷老娘的柴,我可抓住你了!”

那恶婆子膘肥体壮,八岁的小庚伢子在她手中左右翻滚,却难脱身。如果庚伢子像一般的孩子那样,既被捉住,便哭哭啼啼地求饶,恶婆子也许会打他一顿了之。但是,她遇到的是梭镖队队长的儿子庚伢子,便遭受到了从未有过的顶撞:“山里的柴是吃露水长的,为什么砍不得?”

这是一句无法反驳的话,母老虎被呛了个瞠目结舌。她的柴被砍了,又受到了一个乳臭未干的穷伢子的诘难而无话可答,心中便生起了又嫉又气的怒火。她伸手去夺柴刀,却又遇到了顽强的抵抗。她恼羞成怒,把庚伢子拖倒在地,夺过了那把柴刀,并在他瘦瘦的小手上连砍了三刀。

所有的砍柴队员以及庚伢子自己——不能相信那样瘦的小手上会流出那么多的血,它汩汩不断,仿佛流淌不尽。如果是有娘的孩子,遇到这样的灾祸将会怎样地惊天动地?但是,庚伢子只能在小伙伴的呵护下回到娭毑身边,换来老人家几滴无能无奈的眼泪,和一块破衣襟的包扎。

他的小伙伴依照家长的指点,上山为他寻来了草药敷伤,仍未免伤口感染,溃烂流脓。各种草药用遍,他的手上留下了发亮的疤痕。

这样的疤痕留在手上,不如说留在了小庚伢子的心上——因为他是一个有心人,有志人。这种血的教训没能使他见刀心悸,见柴思伤,却激起了他报复的欲念。如果他是一个心胸狭隘的伢子,他的报复大概只会局限于宁家冲柴山、“徐满料子”的老婆。但是,他的心胸不囿于此,他要向着权势——甚至神权发起挑战。

在长沙、望城、宁乡一带,各村都有为神权专辟的“庄地菩萨”地。这样的地无人敢种,只任着竹木杂树茂盛地长着,无人敢动。简家塘、黄花塘等村专辟的“菩萨地”在黄花滩,树木交错杂生,阴风习习,令人望而生畏。庚伢子要砍“菩萨地”的柴。

一开始,许多受家长迷信思想影响大的孩子畏畏缩缩,不敢响应。他单枪匹马闯入绿林,大捆的柴来自于片刻工夫。于是小伙伴们惊叹、羡慕，而且悔及自己的胆小了。小队伍的初试是小心的，小胜即喜。然又得寸进尺，越砍越大胆，什么菩萨惩罚、大祸临头的警告，都没有大捆的木柴来得实在。

疯砍“菩萨地”木柴有人惊诧，却无人制止，因为还有另一种更为玄妙的说法：砍柴者会有大祸，目击者也不吉祥。倘若目击者再喊“不许砍柴”之类的话，大祸即迁至喊话人。这几乎是一种毫无道理的说法，但愈是毫无道理愈能显示神权的深不可测。因此，当这群小小的造反队伍在“菩萨地”砍伐之际，却从未受过任何阻挡。即便是“徐满料子”老婆一类人物，也只是包藏着祸心，静等着“菩萨”惩罚他们。

他们没有受到任何惩罚，连父母的训斥、阻拦也没有受到，甚至受到了无言的赞许：因为祸难尚是虚无缥缈的，饥饿穷困则在眼前。穷人无一不是“医得眼前疮，剜却心头肉”，饥饿比任何灾害更直接逼人至死。庚伢子的六叔祖父、娭毑对于他的贡献是又欣慰而又心疼，每到傍晚歇息，娭毑便要拿起那一双瘦小的手儿，为其拔去柴刺，涂抹擦伤。柴刺亦会穿透草鞋扎入脚板，有些甚至会折断在肉里，钢针拔不出来，只好任着伤处发炎流脓，他却从未叫过一声疼。

不久，庚伢子的日子起了微妙的变化：老得太快的六叔祖父已经不能串乡演唱皮影戏，这无疑在艰窘的日月里雪上加霜。娭毑有了一场病，不再能里里外外，粗细全揽。家中又添了人，多了口，禾镰上壁之季，一家人面对一锅稀粥，难灌满辘辘饥肠。在有意无意中，聪敏的庚伢子耳听、眼见了那种似曾相识、撕心裂肺的东西，他开始打算自己的另一种生路。

不管六叔祖父和娭毑多么不舍得，多么触景伤情，难能放手，庚伢子都决计要走了，去奔一条使雷家的老幼都觉尴尬的无奈路——到世代欺压雷家、并且使他妈妈受辱致死的唐家去放猪，兼做零碎杂役。

珍藏于国家军事博物馆的《雷锋日记》有这段生活的描述，它大概因了以上所述的不忍而归入了“秘密卷”中。这段文字的写作时间是一九六〇年十一月五日，标题是《于沈阳师范学院报告提纲》。提纲分一、二、三、四、五条罗列，前四省略，始录自五：

……剩下了孤孤单单的我,只好给地主家放猪(还是李老大爷给地主说好话才收下了我)。我和猪睡在一起,偷吃猪食。他每天只允许称给我四两喂猪的糙米给我自己煮着吃。他家过年吃鱼吃肉,我吃狗剩下的饭。八月十五日晚,要我到张家酒店打酒(六里),我在回来的路上忙跑,碰了一个石头,摔倒在地,把酒打翻了一多半,回来被唐七少爷打了几个大耳光,还挨了一脚尖,把我踢倒在地,碰得我鼻子鲜血直流。当晚我没吃饭,饿得没法,我到屋后菜园子里挖了几个地瓜吃了。

第二天唐七少爷知道了,他用长骨刺刺我的嘴巴,刺我的手,刺得我嘴巴直流血,现在我嘴上还有一伤疤。有一次,我把唐七少爷的儿子一块糖用手碰掉在地,还被七少爷狠狠地打了一顿,用绳子捆着手,把我按在地上。七少爷的老婆还脱下鞋子打我的嘴巴。

一九四八年九月,有一天他家一只狗吃了我做的饭,我打了狗几拳,唐三老爷骂我"打狗欺主",他用菜刀狠狠地割我的手,并把我赶出去。从此我又流浪到柳塘湾村, 给人家砍柴维持生活……

自那以后,庚伢子又回到了六叔祖父的家中。那是一段更加困苦、难以为继的日子,他的痛苦的回归,其心灵的折磨程度不会亚于投奔仇敌唐地主家——当然,这是另一种折磨,它来自对老人一家依赖的不忍和不得已。当然,庚伢子所长成的雷锋,在他仅二十二年的短暂一生里,从来都没有忘记六叔祖父、六叔娭毑以及三叔、三婶对他的厚爱。广大对雷锋生平的研究者亦对"六叔祖父"当年忘我的、舍身救孤的义举给以极高的评价。但是,困苦就是困苦,饥馑之年,他们又一次接纳了这个无望的孤儿,其心地多么的善良啊!

雷孟宣老馆长的回忆文章《仇恨的刀痕,腰上的伤疤》叙述:

……一九四九年春，雷锋为了减轻叔祖母的负担，又一次离家出外讨饭，过着流浪的生活。他白天挨门乞讨，晚上就露宿在别人家的屋檐下、台阶边。由于蚊虫叮咬，满身起了红疙瘩，奇痒难忍。梦中用脏手抓破，结果红肿发炎，流脓流血，腰上凸起了一个大包，走路时腰伸不直，晚上痛得不能入睡。

一天黄昏，雷锋来到了一个破庙时，想起当年妈妈曾为一家人求神护佑的情况，然而，神不显灵，爸爸死，哥哥弟弟也死了，妈妈也悬梁自尽了，自己被折磨得人不像人，鬼不像鬼，不知能活到哪一天。躺在破庙的破门板上，看着苍凉的天空，看着熹微的星光照出的神像的影子，泪水如泉涌流，神啊神，你是决不保佑穷人的啊！

由于疮痛难忍，雷锋只好再次赶往叔娭毑家。好不容易回到家中，已经不成人形。娭毑也把他抱在怀里，哭得眼泪汪汪："伢子，看你瘦成这个样子，我真心疼。以后一家一起饿死，也不许你再出门要饭了……"

他向娭毑谈起了疮的疼痛，娭毑掀开他的衣服一看，大吃了一惊，说："这是背花疮！可了不得，如果搞不好，就会丢命！"

一家人围拢来，为他打水洗澡，然后把那颗疮中的脓水彻底地挤了出来，又请来了邻居谢医生，开了中药煎服。老人家上了山，为他挖回了十几种土药，用砂锅熬煮了，内服外洗，每日四次。每次清理干净了疮，就在桐子树上摘下叶子，开水烫熟后贴上疮口。叔娭毑也就这样整整护理了他一个多月，那疮才慢慢地好了起来，背花疮的大洞也慢慢长合了，可是留下了一个永远也难褪掉的疤痕……

这样的险事发生在一九四九年春夏，仅在此之后的一两个月的时间，解放军的冲锋号便在蛇形山、简家塘的上空嘹亮地震响了，这也不能不使人后怕：倘若当时的雷锋不往叔娭毑的家中急奔，而因"背花疮"的恶化躺倒在破庙的檐下，那么这个"瘦得人不人鬼不鬼的"不满九岁的孩子还能爬起来吗？会有人给一个爬不起来的孩子那样辛苦地治疮吗？

好在这一切都有了，简家塘方圆的青山绿水，被解放军的战旗映照得鲜鲜亮亮！长宁公路上，解放军的队伍像绿色的湘江之水，其势汹涌，长流不尽。马队、车队、大炮队威武雄壮。又有战歌齐鸣，排山倒海，地动山摇。大群的乡亲簇拥在公路两旁，茶水站、慰问棚，如雨后春笋，应景而生，好不热闹！

庚伢子和他的砍柴队员们有了精神，每日里跑上跑下，端茶送水，敲锣打鼓。每当队伍在当地宿营，他又像小大人似的，为部队扫院子，打草铺，收拾房子。在这样的时刻里，他的精神食粮与物质食粮同样得到了满足供应：解放军打开了地主的仓门，把雪白的大米分到锅清灶冷的穷人家中，滋养得穷伢子欢蹦乱跳不觉疲累。

小小的庚伢子的脸上泛出了红亮亮的颜色，洋溢着爸爸特有过的精气和妈妈曾有过的俊气。他还从父母身上秉承了聪明和灵秀，宿营军人无不喜爱这个活泼的“小鬼”。

这个“小鬼”是把他们当做亲人和救星看待的，他同他们拉话，打趣，有问必答，有求必应。在一次接待一个连部住宿之时，他结识了那个比他大不了几岁的小通信员，在顺畅、自然的交流之后，他抖了胆子，敢于去摆弄那支连长的手枪。在摆弄真枪也不过瘾的时候，他产生了一个更大胆的奇想，想通过通信员的通融，找连长申请参军。

谁知小通信员不愿为之说情：他以为庚伢子太小，他会碰钉子，更要惹笑话。庚伢子总也想不明白的是：打水、送茶、摆地图、擦手枪的活儿并不比砍柴困难多少，而温口善面的小叔叔为什么不敢为他找连长呢！他决心自己去找连长缠一缠，磨一磨。

他把这个机会选在部队开拔之前、彭德茂大叔代表农会前来送行的时候。他深深地知道，爸爸的这位故知是心疼自己、向着自己的。他勇敢地走到了连长面前，朗声说道：“连长叔叔，我要跟你当兵！带我走吧！”

连长和所有的人都在大笑，笑得他莫名其妙，连长笑着问他：“你为什么要当兵？”

他立刻流出了眼泪，说：“给我枪，给我妈报仇……”

连长不再笑，所有的人也都不再笑。彭德茂叹出了一口长气，说：“这是苦水里泡出的一棵苗啊！”

小通信员突然插话：“连长，带上他吧！生活由我来照顾……”

连长沉默了，他拉过了庚伢子的手，听彭德茂讲着他苦难的家史。他的眼中也开始盈满泪水，一字一顿地告诉眼前的伢子：“都是苦出身啊！你的仇，我们会替你去报。你太小，前方正在打仗。在本地党组织的领导下，你可以参加征粮支前、清匪反霸的斗争……”

庚伢子问：“本地也有共产党吗？”

连长指了指他的彭大叔，他惊讶地瞪大了眼睛。他不可能知道，这位同爸爸一块儿扛梭镖、一块儿抬轿子的人在长沙解放前夕，秘密地加入了共产党，为解放军对长沙及望城的作战提供了有用的情报。现在，这位最亲近的人——共产党员就在自己的面前，他扑向大叔的怀抱，闹着要参加共产党。

彭大叔耐心地劝导他，告诉他可以参加儿童团，扛红缨枪！像他大革命时期的爸爸一样。他真正地高兴起来，答应先参加儿童团，一等长大，就要参加解放军，扛机关枪。连长郑重地答应了他，并给了他一支钢笔做纪念，告诉他学习文化的重要。

这是他有生以来的第一次要求参军，虽没能成功，却积累了经验，积蓄了参军的愿望。十年之后，他在鞍山钢铁厂要求参军的韧劲儿、执著劲儿，不能不说是因这种积蓄的丰厚而产生的爆发。

庚伢子扛上了梭镖，红缨飞舞，银光闪烁。他们站岗放哨，侦察巡逻，饱满的精气神，激越的奋斗情，使庚伢子威风凛凛，比他的爸爸雷明亮毫不逊色。他的小伙伴们羡慕地围绕着他，纷纷效仿他参加儿童团，基础力量正是他的砍柴队伍。

庚伢子口舌巧、嗓音好，大人孩子都爱听他唱民歌，唱那时的革命歌。他爱唱，并且教会了全体儿童团员的，便是那首《苦伢子，苦妹子》：

苦伢子,苦妹子,
苦苦哭哭的伢妹子。
饿肚子,绞肠子,
瘦得像根柴棍子。
地主老子,
吃肉吞鸡子,
剥削穷人子,
仓里屯谷子。
天皇老子,
地皇老子,
你们瞎了眼珠子!
穷人有胆子,
叫你老爷子,
尝尝杀猪的刀把子!

这是一首振奋人心的歌,儿童团的伢子、妹子带着热烈的情绪演唱,越唱越有劲儿。

儿童团不是光喊喊口号唱唱歌的组织, 它的活动有着现实的意义。当时,“河西”地区的阶级斗争十分复杂,地主、恶霸、土匪、特务勾结在一起,在农村中组织了假农会,和共产党的农村政权分庭抗礼,破坏清匪反霸斗争。儿童团的任务之一就是监视假农会的行动,跟踪、侦察他们。

有一天,庚伢子装作挖菜铲草,下了塘,偷听塘边的一个过去的伪保长和一个恶霸地主邓某某的密议。正所谓“路上说话,草里有人”,两个坏蛋没有发现一个小小的孩子从塘下接近了自己,仍在热烈讨论一个行动计划,一个武装暴乱的阴谋:恶霸地主要和伪保长联合行动,组织一帮人,六条枪,搞一次对民兵队的伏击……

至于什么时间,在哪里设伏,俩坏蛋未作定议。彭德茂等农会领导人听到了报告,立即布置了儿童团,更严密、巧妙地监视这干人的活动。在假农会的隔壁院子里，有一个庚伢子的要好的小伙伴，庚伢子便在那里整天与小伙伴玩耍，又发现邓地主领着一个当过伪警察局局长的家伙进了假农会的院子。他机敏地溜到那所房子的窗后，耳贴着窗棂偷听着他们的谈话。

那帮人杀气腾腾，咬牙切齿，密谋在那天晚上杀害安庆乡民兵队长，夺取民兵队的枪支和梭镖，举行反革命武装暴乱。这是一个吓死人的阴谋，它的计划的周密和火力的布置，可以使民兵队员无一幸免。

庚伢子急速报告了彭德茂及民兵队长，使他们有时间联合了邻乡的革命武装，以绝对优势的兵力、火力围剿了假农会，活捉他们并缴获了全部枪支弹药。

正是这场漂亮的围歼战，一举摧垮了假农会，并将阶级敌人的骨干分子邓恶霸等几个首恶执行了枪决。真正的农民协会中的广大贫苦农民欢欣鼓舞，他们选举了共产党员彭德茂为农会主席。

斗争地主的群众运动展开了，一如一九二六年到一九二七年农民运动的轰轰烈烈。贫农扬眉吐气，地主、恶霸受到了应有的清算。厄运的长索，开始绕向这些富豪之家，结成一个又一个的死结。庚伢子被提拔为儿童团团长，举手投足都酷肖他的父亲。六叔祖父与娭毑看着孙子的威武形象，欢喜、辛酸的眼泪一起涌出了眼眶！

斗争恶霸地主的大会召开了，庚伢子手执红缨长枪，登上了大会的高台。他的眉毛高高扬起，双目炯炯生光。高挺的鼻下方，双唇有力地紧抿着。他的头发又黑又亮，一绺“刘海儿”耷在额上，显得既英武又秀气。

被斗的地主、恶霸被成串地押上台，口号声、喊杀声犹如山崩地裂。受尽压迫剥削、奴役之苦的农民纷纷跳上会台，一桩桩、一件件地揭露着吃人者的罪行，台下的哭声，汇成滔滔江水汹涌澎湃。

在这样的时刻里，庚伢子的眼睛一刻也没有离开“徐满料子”的老婆，没有离开她的那只曾经捉刀的手。他想起了自己的爷爷的死，爸妈兄弟的惨死，再也按捺不住心中的悲痛，哇的一声哭叫起来，几步冲到了那恶婆子的面前，伸出了被砍的手，晃动着明晃晃的伤疤尖声叫道：

“地主婆！你认识这些疤吗？你还敢不敢……再砍它三刀？”

恶婆子颤抖了一下，双眼盯看着那只伤手，盯看着庚伢子手中闪亮的梭镖。“戳死她！戳死她！”愤怒的儿童团员——砍柴队员尖声叫喊，“徐满料子”的恶婆子吓瘫在地。种瓜得瓜，种豆得豆，用柴刀砍一个孤儿的母老虎也有今日，这是历史的必然，倘若雷家惨死的五口人地下有知，该会出一口怎样舒心的长气！

“打倒地主！”

“打倒恶霸！”

“血债要用血来还！”

那不可一世的唐四滚子吃了人民专政的枪弹！

“共产党万岁！”

庚伢子溅泪高呼！

惊天动地，山呼海啸。在那些电影上屡屡出现、不成稀奇的口号声响起的时候，观众的理解是否有了庚伢子等人的深刻？一些人倒了下去，撬动历史杠杆的人们在革命，正是这种革命改变了穷苦人的命运，让厄运的长索转而捆向地主、恶霸，一个翻身儿童的爱憎基础在此时奠定，永生不变！

激烈的斗争之后，便是分田分地、分房、分粮。好一派欢乐，好一派热闹。彭德茂担任了安庆乡第一任乡长，捏锄把、抬轿子的大汉开始掌管了印把子。这位好心肠的彭乡长得权之日没有忘记他的小侄子——儿童团团长庚伢子。他为了照顾这个孤儿，分给他六百斤谷子的“斗争果实”，并分给他二亩四分稻地。这些水田交给他的三叔雷明义耕种。

面对着倒映出青山绿树的水田，庚伢子双眼流泪。所有的亲邻、同伴都在向他表示祝贺，他的眼光越过蛇形山的上空，回忆着酸心的过往，展望着美好的明天。他开始唱起一首《百子歌》，无限的情怀，都含蕴于歌中：

地主出门坐轿子，
带着狗腿子，

手拿算盘子，
逼着农民交租子。
毛主席救了穷伢子，
打倒了地主狗腿子，
挖掉穷根子，
分田、分地、分房子，
跟着毛主席一辈子，
永远过上好日子，
……

从那时起，他就下定了决心，要"跟着毛主席一辈子"，这个决心鼓舞他奋斗了短暂而灿烂的一生。

十四年后，人们怀着悲痛的心情纪念这位伟大的战士，并且以歌叙述他的《日夜盼晴天》的心情：

牛角山啊压不住阶级仇，
湘江水啊洗不尽民族冤。
小雷锋咬紧牙关不流泪，
日日夜夜盼呀盼晴天。
看吧！东方升起红太阳，
劳动人民得解放。
雷锋从此翻了身……

第三章

学子抒怀

一九五〇年仲夏，多雨的湘江之畔一派绿意，山上的野花与塘中的莲花争芳斗妍，楚楚如湘绣的美丽。晨雾散尽的时候，每一口水塘中都有了一颗太阳，照着塘边的家家户户。

简家塘的塘面很大，映出的太阳也就更亮。塘边走着两个地方官儿——一个是安庆乡乡长彭德茂，一个是儿童团团长庚伢子！这是后来的雷锋历史上又一关键的时刻：这位共产党的乡长不是带着故友的儿子去赶集或是去开斗争会，他要送他到刘家祠堂小学(回龙塘小学)去读书，从而使属龙的庚伢子在“回龙塘”中翻转泳潜，如龙入海。

庚伢子的启蒙老师李扬益在回忆文章《实现夙愿进学堂，雷正兴是好少年》中描写了雷锋入学时的情形：

……我们正在张罗着学生报到的时候，听到一声沙哑的招呼：“李老师，辛苦了！报名的学生还真不少啊！”我抬头一看，原来是彭德茂乡长，便连忙招呼：“哟！是彭乡长呀！您这么早送谁来读书呀？”

“这个庚伢子不满七岁就成了孤儿，真是苦水里泡大的，我们研究了一下，决定免费送他读书，这伢子就交给你啦！”“好！”我忙回答，只见在彭乡长身旁，站着一个矮小的男孩，穿着朴素而洁净，圆圆的脸儿上，荡漾着喜悦的神色。浓黑的眉毛下，一对有神的大眼睛不停地东瞧瞧，西看看，显得格外机灵。

我看着他可爱的模样，禁不住和他絮叨起来：“叫什么名字？”

"雷正兴!"我连忙拿起笔来,在报到册上写下他的名字。

"几岁了?"

"快十岁了!"

"想上学吗?"

"老师!我想上学,想读书!"

接着我又向他提出了几个问题,他都回答得很好,最后我说:"好!从今天起,你就是学生了,希望你好好学习。"

彭乡长抚摩着他的头说:"庚伢子,过去,穷人家的孩子要进学堂是不可能的,现在你可要发奋读书,学习本领,为建设新国家出力。"

……

学校里正式开学的那天,雷锋起了个大早,背着小书包,第一个来到了学校。

"李老师!"他很有礼貌地叫道。

"啊!雷正兴,你怎么来得这么早?快点进来呀!"

"老师,我今天特意早来,请您教我写:毛主席万岁!"

从这段回忆文章中,我们得知雷锋入学之初的思想状况。这个小小的有心人儿,他过上吃饱穿暖并能上学的好日子之后,知道最该感谢、最该永世不忘的救星便是他的乡亲毛主席,他要学写的第一句话就是"毛主席万岁"!可见这种思想的扎根有多么的早!

从这篇回忆文章中,我们还得知"庚伢子"的乳名改成了"雷正兴"的学名,而为其改名的人就是那位送他上学的安庆乡第一任共产党的乡长——彭德茂。这位自始至终关心着苦伢子的人,为侄子取名叫"正兴",心底又对他怀有多大的期望呢?

据李扬益而后的叙述使我们得知:雷正兴是一个品学兼优的好学生,在一九五一年美帝国主义发动侵朝战争,党中央号召"抗美援朝"、"有钱出钱,有力出力"之时,学校里召开了大会动员捐献,雷正兴立即站起来发言:"……我只有叔叔给我的两角压岁钱,我不买糖果,也不买玩具，现在拿出来支援朝鲜，打倒美帝国主义！”

钱只有两角，话只有几句，但是，他是一个父母双亡、依靠叔婶驰生活的穷孩子。两角钱是他所有的钱，就像一个亿万富翁倾其所有！十年之后，他做工在鞍钢、参军在抚顺部队的时候，又有过许多次的倾其所有：为公社，为灾区，为了困难的工友、战友家庭。那时的出手虽比这阔绰得多，大气得多，但谁能不承认，此时与彼时的举动本是一脉相承，一念相牵呢？雨露滋润，幼树正在长成大树，小龙正在长成大龙，这是一飞冲天之前重要的准备阶段。

他曾经是一个孤苦无助的孩子，从骨子里理解援助的珍贵。就像一个溺水者遇到一根稻草也可增加一分求生的力量一样，在他力量还小的时候，他却愿意时时给人一些小小的帮助。

李扬益老师回忆说：回龙塘小学的校址就在黄花塘岭下、黄花塘粮仓的道旁。送粮的农民要拉着车子奋力爬山，十分艰难。每到下课的时间，雷正兴总是守候道旁，一见有车上坡，立即随后助推。一辆上坡，再推第二辆，直至上课预备铃响。在学校里，他爱干抹桌、擦凳、扫地、挑水的活计，不是热一阵冷一阵，而是持之以恒。有人担心，雷正兴的学习成绩会因此而受影响，但是据这位连续三年任其班主任的老师说：他的总成绩都是优秀，语文、算术、音乐成绩尤佳！

有一次李老师问他：课外的活动那样多，你怎样完成了课外作业？又怎样帮忙做好家务？这位小先进分子马上举了一个生动的例子加以解释：“家务劳动没有准时，有一天中午，家里突然来了好几位客，并带来了几头小猪崽。人要开餐，猪要吃潲，如果早先灶弯里无柴，火就烧不起来，婶驰就要着急，所以这些都要提前做好……中午耽误的作业只好下午补齐。”

看来，雷正兴除去学校中的学习、值日、做好事以外，还主动帮助叔婶驰做家务，一个小小的孩子能够这样地追求完善，真不是件容易事情。

李扬益老师是自豪的，他做了一个伟大的共产主义战士的启蒙老师。他曾经手把手教会“一、二、三”的那个伢子成了毛主席号召全国人民学习的榜样，他曾于万端感慨中赋诗一首，以表情怀。诗名叫做《今朝我又学雷锋》：

昔日雷锋向我学，
今朝我又学雷锋。
英雄自古无先后，
青史流芳记德功。
滚滚春秋鬓发白，
浍浍桃李花果红。
回头展望堪欣慰，
一代新人树好风。

这是雷正兴的“学之初”阶段。三年级的时候，他曾转到上车庙小学。不久即转学到了离简家塘足足十华里的天顶乡向家冲小学读书了，接纳了他并担任他班主任的老师名叫谭礼。值得人们感叹的是，带领雷正兴办理转学手续，并谆谆拜托于谭老师的，又是那位性格豪爽、仁义兼得的彭德茂乡长。雷锋在抚顺部队期间，在沈阳师范学院的《报告》提纲中，曾有如下一节文字：

四九年解放我的家乡，党给我吃的穿的，送我上学念书。乡长彭德茂买给我新棉衣、棉裤，过新年请我吃饭，他还把从地主家分得的一件小呢子外套送给我穿，把他儿子的一双新棉鞋穿在我的脚上，上学买给我笔和纸。学校谭礼老师待我很好，买给我石板石笔、书包、雨具，放假或过节带我到他家去玩，上课时他把着我的手教写字。

关于他转学来向家冲小学，以及在此的表现情况，谭礼老师有文描述：

一九五三年二月，寒冬过去，春天来了，新学期开始了。彭德茂乡长领着雷锋到向家冲小学办理转学手续(原就读学校已拆)，只见雷锋穿着一双用稻草编制的“凉窝子”，头上戴着一顶破棉帽子，衣服很破旧，彭乡长向我们介绍了他的苦难家史，我们便收下了他。我问他：

“你能跑这么远吗？”

“我能跑！”他坚定地点了点头。

我便把他领进了教室。他个子不高，坐在教室最前排。他上课非常专心，学习很刻苦。他最爱听黄继光、邱少云、刘胡兰等英雄的故事，每当我讲英雄的故事时，在他扑闪着的大眼睛内总是流露出一股对英雄的无比敬佩之情。他经常在作文中写道：“我要向英雄学习，长大了全心全意为人民服务。”

如此说来，雷锋的“为人民服务”思想行为要追溯到少儿时期。而这种意识的自我觉醒竟也在学龄之时了！当我在一九九六年五月二十六日面见天顶乡的谭礼老师，并认为“雷锋为人民服务的意识属及早确立”时，这位六十九岁的老知识分子用一句极其精辟的湖南农谚回答了我：“马看蹄爪，人看起小儿！”

五十年代初期，刚刚分得了田地不久的雷明义家的日子一定是出了问题：因为从他的侄子雷正兴的生活上便可看出了艰难。在向家冲小学上学之时，他的同学刘忠柱清楚地记得，上学带午饭，别的同学有鱼有蛋，雷正兴只带米团子，放在一个小小的竹篮里，有时只带极少的剩菜汤。有好菜的同学常常叫他一块吃饭，他总是找一个非常委婉的理由推托。那位谭礼老师则告诉笔者：雷正兴家太远，回不去，又有时带不起饭，跑到山林里挖野菜吃。有人看见了，他抹抹嘴说：刚吃罢米饭，吃得很饱。说着就躺在树下看书……

这样瞒人瞒不了多久，谭礼及其他老师捉他进了老师食堂，硬硬地逼迫他吃过几顿饭，他极不好意思。后来就发现他到吃饭时就逃掉了，以致不能搞清楚他到底吃没吃过午饭。雷正兴人缘极好，家境好的同学故意多带饭叫他一起吃,却总是邀不到一处。学校里开展文体活动,他是一位积极的参与者,你想不通一个不吃午饭的孩子怎会有那样高涨的情绪、真实的欢乐!

学校里成立了腰鼓队,要求队员机灵,漂亮,有节奏感,懂音乐。雷正兴处处合格,只是个头太矮,影响队列的整齐。第一次选拔没有他,他很急,再三向谭老师要求,而且振振有词:“老师,腰鼓队又不是只打一天两天,打着打着我就长高了嘛!”

谭老师笑了,问:“你会背诵腰鼓点子吗?”他马上表演,口中响起了:“咚波、咚波、咚咚波咚波!”看着他那可爱的样子,谭老师同意了。他进了腰鼓队,成了最活泼的积极分子,他学花样,动作娴熟灵巧。列队演练时,为怕影响整齐,他踮着脚跳,谁也看不破他个子矮。下课了,他敲着桌子练节拍。放学了,他拍打着自己的书包。练呀练,跳呀跳,他成了一名最有节奏感、最有音乐感的出色的腰鼓队员。

每次的校外活动中,他都是军乐队的成员,个子矮就当背鼓人,心甘情愿地背一面皮鼓,昂首阔步地走着,从精神头上看,他简直是鼓乐队中最显要的人物。在各种文娱活动中,他都是名副其实的“场面人”:不怕羞,不怯场,不造作,不余力。

他的学习成绩依然很好,并不是死用功的一类:老师在黑板上写字,他开始看下一课的文章和算术题。如果是别的学生如此,那是要挨批评的。但是,一发现是他的动作,老师就向他提各种问题,他一一作答,竟找不到批评的理由。所有的老师几乎都偏爱着他,他极少挨过批评。

有一次,学校布置大扫除,要求每人拿一件工具。他却没能从家中带来任何工具。但一开始劳动,奇迹出现了:雷正兴手持着一个用活鲜的棕榈枝叶捆绑成的大扫帚,兴致勃勃地站在队伍前面,好像怀抱着一只竖起美丽尾巴的巨大孔雀。更有意思的是“孔雀”的实用价值:它揽地宽阔,扫地干净,且十分轻巧。一时之间,人手一把,学校里再不愁缺少扫帚了。

雷正兴十分尊敬老师,尤其尊敬年老的老师。学校里的总务主任王昌明，当年已有六十岁，他的办公室中有一个痰盂，每逢大扫除，痰盂就会有人洗刷，后来发展到每天如此。王主任终于发现干这件事情的就是雷正兴，于是告诉了谭老师，谭对雷正兴提名表扬，他惊奇地反问谭："你怎么知道这件事？"言语中很为被人发现而遗憾。

有一次，王主任的积满茶垢的杯子被刷洗得干干净净，认不出自己的杯子了。别人指点给他，他说："我的杯子旧了，这是谁的新杯子？"知情者哈哈大笑，众老师无不夸奖雷正兴是好孩子。

令所有的老师同学都难以忘怀的是，在一次作文课上，谭老师布置了一个题目：《我的家庭》，雷正兴一边写，一边哭，连最后排的同学都听到了他的抽泣声。当他的作文交给老师，老师又在班上、校会上朗读它的时候，全体同学都哭了起来；思亲的悲痛在他的笔端流淌，他从爸爸的死写到妈妈的死，字字血，声声泪，一个青少年抚今追昔，仇恨旧社会，感谢共产党的情怀跃然纸上。自那时起，老师与全体同学都知道雷正兴具有很强的写作能力，他善于用笔说话而绝不以文造情。

在那个年代，全国人民都为了配合形势宣传而大演文明戏，雷正兴白天上课，晚上演戏。演出的剧目很多，如《送夫参军》、《洞庭湖》等，那时他还不能充当大角色，真正充当主角并得好评是到了清水塘、荷叶坝小学。在向家冲的时候他充任的角色是背鼓提锣、搬道具、拉幕布，他把这些工作干得干净利落。

"扩军运动"展开的那一年，他们下乡宣传，且演且走，一路上高呼着"一人参军，全家光荣"的口号，来到适龄青年的家前院外，以激越的鼓声、口号声催人入伍。黄塘村有个适龄青年名叫雷运生，他的家长爱子心切，不让其参军。雷正兴作为雷运生的本家到了发言的时候：他以一个小大人的姿态走到了那位白发的母亲面前，亲昵地称她"娭毑"，告诉她自己也姓雷，长大了也会去当兵，保卫自己的祖国。只有保卫好国家才会保卫好家庭，保卫好难得的幸福生活。而且年轻的雷运生还会在部队得到锻炼，得到绝好的学习机会，成为毛主席的好战士。

因为是本家的小辈人奉劝入理，感情亲切，又加上腰鼓队员的劝慰之词皆有艺术气味，节目也起到了寓教于"鼓"的效果，雷运生的老母亲竟一时心通，同意叫儿子到自己的老乡亲毛主席那儿去当兵！这次活动令上级领导非常满意，表扬了雷正兴。他非常诚实地表现了他的谦虚精神，以湖南方言告诉领导和老师："我们穷人家的孩子搭帮(多亏)党和毛主席，才成了新中国的小主人。我们做了应该做的事情，我长大了一定要去参军！"

我们可以清楚地看到，雷正兴自那时就有了很高的觉悟、谦虚的精神和能够穿透人心的语言能力。他的故事散播在天顶乡小学周围的山坡上和水塘边。我在采访的那个上午，谭老师领我走出他家的后门，门外是山坡的土崖，崖畔上的一簇野花热烈地开着，花蕾吻到了谭家的门楣。这位六十九岁的老师动情地告诉我：就在这座山上，雷正兴站在树下唱歌子，嗓子不是太好，可高亢有力，底气充盈。就在这座小山上，他折来了棕榈的枝叶，捆绑成孔雀尾般美丽的扫帚，扫净了天顶乡小学的教室和校院。那时他是个十三岁的孩子，第一学期收了他二分之一的学费——一块三毛钱，第二学期全免了。他是一个家庭很穷的孩子，但又是精神最富有的品学兼优的好学生……在他二十二岁牺牲之后，一位名叫宋协周的诗人曾以这样的诗句描写他的形象：

他昂起头来眺望着家乡的近水远山，
大地啊！一片欢乐，
一片光明！
雷锋笑了，
这是第一次真正的笑啊！
笑得那么开心，
笑得那么轻松。
……
好爹妈，好弟兄，
请你们在地下闭上眼吧！
雷锋已经得救了，
多亏了共产党，

多亏了毛泽东!

一九五四年,一个阳光明媚的好日子,清水塘完小五年级考生发榜了,大群的学生挤在榜下,以急切、担忧的复杂心情搜寻着自己的名字。雷正兴也在人群里,但由于个子矮小,没能找到自己的名字。一位高身材的同学突然叫道:“雷正兴,你考上了!”

在那个年代,方圆几十里只有一所完小,考上高小,便是乡中的秀才,何况雷正兴是一个远近皆知的孤儿呢!亲戚邻里纷纷前来祝贺:“好伢子,中举了,雷家的好后代!”

原望城县清水塘完小的教师,雷正兴的班主任,后来成为荷叶坝小学教师、校长的张仲明老师了解那一段历史,并撰文详述了细节。

张仲明,一九五五年至一九五六年七月雷锋在荷叶坝完小读书时,他任数学教师、校长,一直到雷锋毕业。一九五六年秋后雷锋到望城县委机关当公务员,张到县委文教部工作。因此,他们先后相处四年之久。

他的回忆文章《忆雷正兴考上高小之后》的章节,果然是有骨有肉:

开学的那天,雷锋换上了一件新衣,挎起书包,迎着朝霞走向清水塘……

他在入学第一篇周记里如是写道:“在万恶的旧社会,我家受尽了地主、资本家的惨酷压迫,过着牛马不如的生活……今天,我进高小读书了,多么幸福,多么光荣啊!我要为毛主席争气,为雷家争气,克服一切困难,认真读书,长大了,做一个有出息的人。”

雷锋是这样写的,也是这样做的。在“为毛主席争气”之后,他还要“为雷家争气”。这比较符合一个具有传统美德的高小生真实的心境,他首先是雷家的,而后才是毛主席的好伢子!

张老师叙述道:简家塘距清水塘十多里,他起早摸黑,步行来回二十余里路程。放学回家后，烧饭洗衣都是自己动手。节假日不是上山砍柴，就是挑水种菜……一天晚上，学校举行晚会，班主任发现他捂着肚子伏在课桌上，才知他是头一晚着了凉，早晨没吃饭就来上学。童年的冻饿使他得了胃病，疼痛常常折磨着他，可他从来不旷课。

他的表现感动了同学和老师，赢得了普遍的赞誉。班上开会评定学杂费问题，大家异口同声，一致通过他的学杂费全免，并提议老师照顾他早点放学回家做家务。对于“全免”一项，出自无奈的雷正兴含泪表示感谢。至于照顾早归一议，他婉言谢绝，表态说“再大的困难也要克服”，绝不早退片刻。

他是一个能上大场面的人，不管在什么样的场合，他都敢于出头露面，而且毫无扭捏、造作之态，自自在在，大大方方。班上选他当代表参加学校举办的“我爱红领巾”讲演活动，在大会上发言之时，他侃侃而谈，从刘胡兰到方志敏，从方志敏到王二小，最后直入主题，其声朗朗地诵读了一段《红领巾的意义》：“……光荣的红领巾，就是无产阶级革命红旗的一角，是用革命先烈的鲜血染成……我要争取入队，做一名少先队员！”

在雷锋的光荣史上，加入少先队是他政治进步的第一大门，他成了班级中首批入队的学生。入队宣誓那天，他穿着干干净净的蓝裤子、白衬衣，精神抖擞地走进学校礼堂……

关于雷正兴“干干净净的蓝裤子、白衬衣”的说法，出自接受采访的每一位老师和同学之口。那就是无论什么时候，他的衬衣都是雪白的。入队之后的雷正兴更加潇洒，鲜红的红领巾系在胸前，眉黑眼亮，昂首挺胸，十分精神！

据雷正兴的三叔雷明义和那位健谈的三婶介绍说：雷正兴只有那一套“场面衣服”，因而他十分爱惜它。每天放学回家，他总是把这身衣服脱掉，叠好压在枕下，换上一身破旧衣服干家务。只要是晴好天气，他都会仔仔细细地洗净那件衬衣，晾在院子里，露水未降之前收拾入屋。有同学问他到底有几件衬衣的时候，他笑而不答，很富有的神气。

潇潇洒洒地上学，神神气气地做人，且有着很强的自尊心和自觉性。在学习成绩上,他领同学之先。在各种活动场合,他都是一位一枝独秀的帅哥儿!现今年迈的彭德茂老乡长夸奖他“最爱帮助别人”。小小的年纪,曾被彭乡长聘请为“先生”。

这位老人回忆说:一九五五年下半年,乡里组织“扫盲”运动,把没进过学堂的男女老少组织起来,开办夜校。当时雷正兴已是六年级的学生,小秀才的声名鹊起乡里。彭想用他,但又顾及他孤儿一个,里外一双手,再加此担,怕误他学业。

就在彭乡长“千军易得,一将难求”的时候,雷正兴带着一个名叫小芳的女同学来到他面前:“彭叔叔,我们想帮助乡里教夜校,你看好不好?”

彭乡长喜出望外,忙问如何开课,雷正兴答道:“我教语文,小芳教算术和珠算!”原来他早已胸有成竹。

夜校办起来了,教室设在黄花塘村钟二婶堂屋内。开课的第一晚,荷叶坝完小的老师也被彭乡长请来帮场子,坐在台后。雷正兴的第一课便是教大家写“毛主席万岁”,他像老师教他那样,先讲笔画的名称和笔顺:“一撇,一横,一横,一竖弯钩……”

在那个时期里,人们刚刚进入了合作化运动,群情振奋,学写“毛主席万岁”一句,正是众人的心里话,一个晚上的时间,竟是人人皆会,令小老师的大老师和彭乡长大为惊奇。

夜校没有固定教材,雷正兴却很会做先生,他想出了一个好主意,就是把农民的常用字、农村的俗语编成了顺口溜,例如,“李一婶插秧,一天二亩”,“钟二叔打车子,一车二百斤”,等等。特别是“打车子”,真是小才子的大幽默:在钟二叔家里上课,偏偏教写“钟二叔”,令人在嬉笑之中,一学即会!

有这样的好心眼儿为亲邻服务,却不是一块柔面团儿。有一次,一位大哥哥因学珠算故意气小芳老师。小芳哭起来,不肯再教课。因为错误在大哥哥一方,雷正兴这位小老弟便不再谦虚,理直气壮,一针见血地批评了大哥哥。做学生的叔叔婶婶亦为这位小先生帮腔,大哥哥向小芳承认了错误。雷正兴他又劝小芳要有当老师的度量,为人师表!小芳教了下去，而且越干越好。

种瓜得瓜，种豆得豆。乡亲们开始识字了，原先不识数的人竟能噼里啪啦地打起算盘，乡里有了自己的小文书、小会计。那一年年底，县里组织夜校检查评比活动，他们的夜校名列全县榜首，得了奖励。

雷正兴具有天赋。他的音乐和表演才能在学校里有过出色的显示：当时的荷叶坝小学文艺活动组织得很好，雷正兴是积极分子。他喜欢找来文娱活动资料组织演唱，满口是歌，浑身是戏。

有一次荷叶坝小学和推山完小举行文艺联欢晚会，推山完小的礼堂里灯火通明，座无虚席。演出前，两校互相拉歌，互不相让。一时之间，歌声、掌声、欢呼声此起彼伏，热烈异常，一浪高过一浪。文体委员凌小俐累得厉害，雷正兴接过了指挥棒，以潇洒的姿态指挥唱歌，引导挑战。为了使演出丰富多彩，自恃准备充分的推山完小提出一个建议：各校再加一个节目。

因事先没有准备，荷叶坝的老师十分着急。雷正兴忽然拉起凌小俐跑到了老师面前，英气勃勃地说："张老师，你别急，我们俩再演那个《小锯子》吧！"

这是一个非常精彩的节目，在自己的学校里，他们俩曾多次表演过，每一次都博得了雷鸣般的喝彩。但是，在那个刚刚解放了的山乡里，在多年的"男女授受不亲"的孔家礼教熏染透了的小地方，男女的同台对演会引起一些善意的玩笑。情窦初开、爱意朦胧的十三四、十六七岁的孩子们，对于男女同学之间的任何交流，都会产生极为敏感、却不准确的猜测，少儿们的好奇、多舌，甚至隐约的妒意也会被撩起，这是所有经过那段花季的人熟知的情绪。更何况，凌小俐是那个学校最俊美活泼、最令人喜爱的女生——令人仰慕的校花，而雷正兴又是全校最潇洒聪明、最得人缘的男生呢。他俩在一起演戏，情投意合，畅快默契，或歌舞，或道白，或欢颜相向，凝目对望，皆有牵人神往的魅力。在那样的时刻里，他们是一对明星，一双俊鸟，所有的观众都成为某种意义上的追星一族！

正像今人传闻某某明星的新闻一样，既用心用力，又乐此不疲，当时的同学们之间也曾传唱着他俩的一段顺口溜："庚伢子，细又细（小又小），一下子配上了凌小俐……"

一九九六年五月二十七日，当年雷锋的同班同学、而今的"雷锋镇"某个体商店老板刘忠柱在接受笔者采访时，饶有兴致地谈起了此事。他很不理解地告诉笔者：雷锋的一位老师名叫夏柳，他在一次"雷锋事迹报告会"上提到了这段顺口溜时，竟然受到批评，好像一位伟大的共产主义战士的童年不应有这种趣闻，有了这种趣闻就不配做伟大的共产主义战士一样！

这是一件现已无须评论的事情，它的必要性远不如回到推山完小的礼堂，去欣赏雷正兴、凌小俐演唱的《小锯子》。因为这个小节目既健康又美丽：报幕员一报幕，雷正兴便紧握了凌小俐的手，以一种光明磊落、成熟而大方的语调告诉凌小俐："我们是少先队员，是兄弟姐妹，怕什么？我们一定要为学校争光……"

那个对唱的表演是手拉着手的，一对十三四岁的男孩女孩，美丽而大方的小演员，用他们活泼的身姿跳着舞蹈，用他们清甜的童音唱出了令人耳目一新的歌子：

小锯子，亮光光，
喀嚓喀嚓亮光光。
你来我往忙又忙，
我来你往忙又忙。
……

这是一段赞美劳动的歌，在脚踏风琴的伴奏下，全场的观众以有节奏的掌声应和着，并有着同学们情不自禁的伴唱，这实在是令人神往的时刻。

世界著名剧作家莎士比亚说过："一个人生命短促，只有美德能使他流传到遥远的后世。"和所有的人一样，"人之初"的庚伢子在经历了万恶的旧社会、跨入了一个崭新的时代之后，他的世界观开始形成。尽管他仍叫做“庚伢子”，然而随着砍柴队、儿童团、回龙塘、天顶乡和清水塘小学的造就，一个丰满完美的雷正兴被逐渐塑造起来了。

应当承认的是，雷正兴经历了苦难与厄运的重创，因而对于救命恩人毛主席、共产党抱有浓重的感恩情结。在那块孕育他生长的土壤上，古老的文明、悠久的历史，以及中华民族所遗传的真、善、美基因，合力催发了由“庚伢子”而“雷正兴”的形成。当光辉的马列主义毛泽东思想哺育了他，使“雷正兴”再进步、再升华之时，那么“雷锋”的诞生便成为必然了。他不遗余力地所做的许许多多的好事，都是这种进步和升华的前奏。

以中华民族的传统美德观照雷正兴，在完小就读的那个时期，他的惜贫怜弱情结非常浓重。班上有学习差的同学，他主动去交朋友，积极地、不伤其自尊心地进行帮助。若有因病、因事请假的学生，他则到家中帮助补课。有一位姓刘的同学因长期胃病而多次请假，雷正兴竟能百教不厌，使之缺课而不落伍。他自己手头拮据，却常常倾其所有，帮助更困难的同学以铅笔、石笔。一如雷明亮、彭德茂的穷帮穷，一如砍柴队中的抗强护弱。

由于他在夜校当过小老师，因而在他放学回家之后，常有男女青年农民找他学文化。一传十，十传百，他忙不过来时，便找来要好的同学帮忙。一九五五年，他被望城县委评为“模范群教”，在他一生金链一样辉煌的获奖纪录中，此为珍贵的第一环节！

他的母校前面的荷叶坝，有一座长四米、宽尺许的小石桥，小同学不敢过，雷正兴每天早早来到桥边，帮老师接送。多雨季节，桥下流水迅猛，小学生害怕，他就一个个背过桥去。

他担任了少先队的文体委员，无论是校外活动，临时集合，周会校会，只要几声铃响，他就能集合好队伍。他昂首挺胸，从低年级而高年级横走过去，只要在站队不齐的队前稍一停留，这支队伍就会移动笔直。也有“单兵教练”的时候，立正，稍息，耐心教会，温口善面，细致认真。

一九五四年第一学期，中高年级学生到长沙城里参观学习。在回校的路上，一个同学脚疼难忍，老师同学只能轮流背他。雷正兴也争着背他。谁也不相信小个子能背得动大同学，但他成功了，满身的大汗换来无数人的赞美。

也在那一年，湖南省整修南洞庭湖，号召人民有钱的出钱，有力的出力，有柴的捐柴，有米的捐米。雷正兴是个孤儿，当然什么也难捐献。当他在报上读到“民工赤脚大干”的消息之后，就下决心要学编织草鞋，献给工地。第一个夜晚过去了，他的草鞋没编成功。第二个夜晚加班学习，第三晚，他终于学会了编织草鞋。当第一双合格的产品被乡政府笑纳的时候，他拍着满身的草屑笑得开心。三年级班有一位名叫张义华的同学，不小心将木屐上的污泥甩到了农民彭杰的秧田里，打坏了幼苗，彭杰报告了学校，夏柳老师批评了张义华。祸不单行，“旧伤未愈”的张义华又把一个同学的皮球扔进了秧田，那个同学太小，连滚带爬地跑到秧田里捡球，踩踏拖拉，毁坏更惨。姓杨的户主第二天就到学校告状，断此官司的又是夏柳老师，他正颜厉色地宣布：停止张义华的队籍。

雷正兴是少先队大队委员，感到有责任帮助张义华。他找了义华谈话，谈到了农民的辛苦和粮食的贵重。张义华哭了，同意和雷正兴一起去扶苗补蔸。补齐之后，又到杨家作了检讨，请他验收补苗质量。姓杨的农民被感动了，去找学校的钟霞生主任述说此事。星期天到了，雷正兴又约了张义华，帮一家缺少劳力的“四属户”去锄草。彭德茂乡长找了学校，要求表扬。

在张义华同学被停止队籍的第二十二天，雷正兴以大队委员的身份找了夏柳老师，详细汇报了张义华同学所做的好事和在学习上有明显进步的实情，建议恢复他的队籍。夏柳老师已得知张义华在雷正兴带动下的转变，决定召开大队会议，由雷正兴介绍张义华进步表现。会上，夏老师宣布恢复张义华的队籍，并亲手给张义华戴上了红领巾。张义华哭起来，抱住了“雷委员”不放手。

雷正兴喜欢扮演强者，最不喜欢示弱：学校里开辟新操场，老师叫他挖土。他发现大个子都在挑土，便要求挑土。老师说他挑不动，他要挑了给老师看:满满的一簸箕土,他颤颤抖抖挑起来,疾步而走,却劝人家“慢慢来,不要心急”,令人毫无办法。

他专注于济人困难:有一次,一位名叫陈玉林的老爹砍柴下山来,一跤跌倒在地。他飞跑而去,把老爹扶起,把摔散的柴捆好,挑送他家。他心疼地劝老人说:“您老人家年纪大了,眼睛又不好,少搞一点嘛!”老人家笑着摇了摇头,说:“不做没烧的……”雷正兴沉默了,然后告诉老人:“以后,让我帮你做吧!”从此以后,他经常给陈老爹砍柴、挑水。

一次暴雨之后,雷正兴找到了同他一起砍过柴、讨过米、还一起撒过革命传单的好同学石天柱,要他一起去垫补一条路。那条路在黄花塘的下坡处,被暴雨冲刷得坑坑洼洼,行人、车辆皆难通行。放学后,他们共邀集了五个同学,挑土的挑土,运沙的运沙。他成了泥水匠,将沙子与泥和匀,填补在洼坑中,用锄头夯实。自此每一场雨后,乡亲们都能看到这个瘦小的身影在忙活。

据与雷正兴同学六年的刘中柱介绍,这位小个子的“大队委”很会调解各类纠纷:杨庆明在一个小店里买石板,不小心打碎了店里一个糖瓶盖。店主叫他赔一个整瓶,说是打碎了盖子瓶就没有用了,要价两万元(现在的两元)。那时的两万元是个巨数,杨庆明拿不出,姓肖的店主就摘了他的红领巾。

摘掉红领巾便是摘掉少先队员的“图腾”,杨庆明不愿意,雷正兴便出面与肖店主商量:他们一个学期的书籍费才一万多元,拿不起两万元赔瓶子,杨庆明也不是有意打的。一个盖子坏了瓶子还有用,店主也会比孩子有办法。你扣了他的红领巾,他就没法上学了,会影响学习。麻烦您一下,想办法配齐一个盖子得了……

店主本来脾气很大,一听一个小小的俊俊的伢子讲出了好听的大人话,而且句句是理,便觉得有趣。但生意人讲的是利益,答应叫他赔五千元的瓶盖钱。五千也不是一下子拿得出的。雷正兴组织过路的同学集资,一百、二百、一千、二千,终于凑够了钱。杨庆明可以上学去了,那位姓肖的店主打听了这个雷正兴的来历之后,点头咂舌地叹道:“这伢子,是个人物!”

刘忠柱说：他愿意帮人，而且有帮人的能力。他用废旧的伞骨磨制雕刀，在山上寻来“鸡冠石”石料，练习雕刻印章。为同学刻了许多印章，成为了永不磨灭的珍贵纪念。原荷叶坝完小的学生会主席回忆说：雷正兴第一个到科技辅导员李泽芳老师那里报了名，参加矿石收音机研制小组。五十年代，这是一项学生中的高科技。他入迷地绕线圈、焊零件、装天线、接地线、反复调试，忙得不亦乐乎，爬树接天线还被毛虫蜇了个浑身红肿。但是，他们成功了，在一九五五年的七一那天，他们用自制的矿石收音机收到了北京的声音。

另一些人的回忆则是这位英杰少年的整体文化素质的提高：搞科学育种，学说普通话，排练军乐队，爱护小同学，尊敬师长……林林总总，不计其数。令人惊讶的是，他一个小小的人儿，怎会做那样多的好事呢？

救人一命，胜造七级浮屠。他的同学张凤和叙述了一件多人提及的“救人”的大事，这篇文章的标题就叫做《救人要紧》：

> 一九五五年冬天的一个早晨，雷正兴与我们十几位同学一道向学校走去，途中忽然下起了大雨，我们冒雨急跑。刚到一口塘边，阎振球同学突然先天性癫痫病发作，一下子滚到了泥塘里。顿时，有的同学吓得大哭，有的同学目瞪口呆，不知如何是好。雷正兴果断地喊道：“快下水，救人要紧！”说完便把书包往塘基一丢，来不及脱掉鞋袜、衣服，扑通一声跳入寒冷刺骨的水中。他一手抓住阎振球的衣服，一手攀住塘边的灌木，使尽力气把阎振球拖向岸边。我在他的感染下，也跳进了水中。
>
> 雷正兴说：“你先托住他的头，我再抱他的腰。”
>
> 我将他的头托上水面，他的腰被雷正兴双手抱起。水淹到了雷正兴的口鼻，他接连呛了好几口水。我们使尽了吃奶的力气，才把阎振球抱上了岸。田间劳动的农民闻声赶来，及时救活了阎振球。
>
> 北风吹来，我和雷正兴都冷得全身发抖，一看到同学脱了险，

我们心里就很高兴。在场的叔叔婶婶们齐声夸奖我们"真不愧是新中国的好少年"。雷正兴回答说:"这没什么,当然是救人要紧啰……"

从此后,上学和回家的路上,雷正兴总是特别关心阎振球,他们亲如兄弟,结下了深厚的友谊。

雷正兴如此地一枝独秀,本应领各种机会之先。但事实并非如此,客观条件的苛刻,常常使杰出人才受尽磨砺方能成功。荷叶坝完小原团支部书记李树琪回忆说:一九五五年下学期,校内团支部成立青年学习小组,雷正兴积极报名参加。小组共四十名学员,雷正兴第一批递交了入团申请书,此后,他几乎每周递交一份。

一九五六年上学期,学生团员只有几人,雷正兴年龄太小,团支部认为还需考验他一段时间,暂时未吸收他入团。在别人入团宣誓时,他非常羡慕。当他作为进步青年代表上台发言之时,他非常激动地说道:"亲爱的老师,同学们! 我多么希望能站在团旗下光荣宣誓,多么希望能成为党的得力助手——中国共产主义青年团团员啊! 我这个孤儿能有今天,多亏了党和毛主席。我一定要'好好学习,天天向上',争取早日加入共青团。今天我没有被批准入团,说明我离一个团员的要求还有差距。但我决不灰心,一定争取早日加入共青团! "

贡献、助人、上进、谦虚,雷正兴几乎接近于完美。但他也有体现特殊性格的淘气的一面。

在当年雷正兴的同学刘忠柱的小楼上,这位小有资产的个体劳动者饶有兴味地向我讲述了雷正兴的一段故事——他们上学的道路十分难走,有一次,他和雷正兴遇到了一位拉车的老人,板车上装有几百斤重的东西。车行到龙项坳的坡道上,老人非常吃力,雷正兴喊他一齐跑上前去,帮老人推着重车。一直到了岭上,雷正兴笑着说:"这回行了,一会儿下坡就省力啦! "老人感谢地说:"真是好伢子! "

由于推车走得太慢,上学的时间迟了十五分钟。老师虽然偏爱他,但当着全班同学的面仍然批评了他们,并令两人到办公室里待着。办公室里有好几张办公桌，还有住校老师的一张床。两人在床边坐下来，雷正兴仍然喘吁吁的，头上还有因奔跑太急而流下的热汗。

忽然间他走到办公室的门边，往外看了一下，淘气地笑着朝刘中柱眨眼，说："咱们午睡一会儿吧？"

犯了错误受处罚，心里正慌着，刘中柱不理解这句话的意思。只见他走到了床边，往上一躺，并且闭上了眼睛，还装打鼾。刘中柱吓唬他："老师来了！"他说："这时间不会来，我们听下课铃。"刘一听有道理，而且也确实累了，躺下便睡，竟有些迷迷糊糊了。

猛然间，雷正兴推了他一把，两人赶快起身，老师已经来到教师办公室门口，看到两人直直地站着，脸上和气了许多，但仍批评道："雷正兴同学，你平时表现很好，今天怎么会迟到呢？你们谈一谈情况！"

他们就谈了帮人推车的事，并告诉老师，同路的同学可以证明。老师懊悔而心疼地说："哎呀呀！你们怎么不早说？"

雷正兴笑答道："老师你也没有问呀！"

老师怔了一下，立即点头说："是这样，是这样……"他们走出了房门，还听见老师自言自语道："是这样……"

再上课的时候，老师表扬了他们，当然不晓得睡觉的事。这是两个伢子的一段小秘密，谁都不知道！

言及此处，刘忠柱的脸上，仍露出诡秘的笑。他一定又想起了儿时的烂漫。孩子是要有一些小淘气、小秘密的，不然便不成其为可爱的孩子。你可以想象得出，一个后来成为"伟大的共产主义战士"的人物儿时的机灵可爱。

雷正兴是一个愿当旗手的人，在少先队大队干部分工之时，雷正兴提出："我要当旗手，要像解放军的旗手那样，打好军旗。如果需要鼓手，当鼓手也可以，服从队伍安排。"这样，他成了一名旗手。在每天上学放学的路上，他都像"解放军的旗手"那样，端正持旗的动作，练习正步走。

刘忠柱回忆说，在文体活动、大型集会或游行时，他昂首挺胸，高举队旗，阔步向前。红旗招展，其声猎猎。他那鼓鼓的劲头、灼灼的精神以及有力的步伐,给整个队伍一种力量的启示。

雷正兴的同学谢迪安讲了一段有趣的故事：一九五五年下学期,学校掀起学习普通话热潮,雷正兴又是第一个报名,同学们也纷纷响应。一时间,学校里京音一片,五花八门的土语掺杂其内,逗人捧腹。雷正兴的发音并不见长，他像着了魔一样每天絮叨不止的是:“一年”、“一连”、“恼人”、“老人”、“光辉”、“腾飞”、“陈旧”、“成就”……

学期结束时,对雷正兴可要刮目相看了,在普通话竞赛会上,他富有表情地朗诵了一首《四季生产歌》,真可谓字正腔圆了：

和风迎面吹,
花开蝴蝶飞。
麦苗绿油油,
桑草长得美。

在同学们的喝彩声中,他又朗诵了一段《狗和羊》:

小羊要上山吃草,大羊说,别去!别去!别去!山上有狼。狗说:不用怕,我跟你们一起去!狗和羊一块儿上了山,羊吃草,狗看着,狼不敢来了!

这种普通话如在北方讲,定会令人捧腹。但在湖南讲来,还是“羊群里的骆驼”,十分叫好。

全国解放才只有几年,农民需要解放思想。

中共中央主席毛泽东提出了“严重的问题是教育农民”的指示。农村中除“扫盲”之外,各项活动也是如火如荼,如“演文明戏”,推广科学种田,使用“肥田粉”等。学校为了配合这种进步宣传,决定排演一出小型地方花鼓戏《盆式秧田》,挑选了少先大队长吴强国担任农业合作社社长角色。雷正兴是全校公认的有才能、有文艺天赋的“场面人物”,当然要担任剧中主角——科学种田青年突击队队长了。

该剧描写的是新一代的农民坚决响应党的号召,与传统保守思想斗争,以科学方法选育稻种和秧苗,改变落后农业技术的故事。剧中介绍的“盆式”便是将秧田分割成盆式方块,便于防冻、施肥和灭虫。学校成立了专门领导小组抓该剧,指派音乐教师陈淑英担任导演,并定于六一儿童节向学生家长和各社农民汇报演出。雷正兴接受任务非常愉快,排演的热情更加高涨,很快就熟悉了剧情,进入了角色,把那唱腔、道白、一招一式练了个协调准确。在整个排练过程中,全校师生一有机会就去围观,演员会唱时,观众也会了,全校园都响彻那出戏的唱腔、道白,妙趣横生。对演员的评头论足,褒贬议论更是比比皆是。因此,戏在上演之前,就已经收到了极好的宣传效果。

六一儿童节那天,学校里人山人海,来看演出的农民和学生高兴异常,像过节一样。排演之时就见雷正兴演技出众,等上了戏台,鼓乐笛箫一响,油彩盖脸,观众热情呼应,他一下子又长了精神,手眼功法,做唱念白,竟是有板有眼。众人评论说:“庚伢子长大了一定会干演员,唱一个名角儿!”他唱的那个主角生龙活虎,台下掌声、喝彩、伴唱不断,更好的是对科学种田的促动,它的作用较之于政治宣传更易被人接受。

据荷叶坝完小少先队总辅导员常业勤所撰文章回忆:雷正兴在一出哑剧《小渔夫》的演出中,表演了“男扮女装”的角色,那是一次清水塘完小与荷叶坝完小的联合演出活动,双方都派出了“精兵强将”。

哑剧《小渔夫》是描写一家渔民在海边捕鱼,被日本兵发现而抓捕,爸爸被捆绑,女儿奋力反抗日本兽兵的污辱,投奔了抗日游击队,走上革命道路的动人故事。剧情较为复杂,又是不能言唱的哑剧,只能用惟妙惟肖的动作、表情表达剧情,其难可知。更加难办的是:那一节日本兵强暴女孩的戏十分难演——没有一个女生愿担此任。千年遗传的封建思想,还影响着刚解放不久的湘江之畔的女子们。直到离演出活动举行的前几日,女孩角色仍无人担任,总辅导员十分焦急,大有无计可施的尴尬。

在这样的情形下,雷正兴充当了救火者——救场如救火。他明确地表示:他可以反串女角。这是一个崭新的问题:虽然在中国的传统剧目中,曾出现过梅兰芳这样的男扮女角的大师,但小学生雷正兴的举动仍出人意料。常业勤望着他秀气的娃娃脸,望着他充满女性气质的口唇,心头忽然一热,他认定雷正兴能使出绝招,从他高挺的胸脯上,从他坚定的眼光中,常业勤看出成功的自信和希望。

接着便是夜以继日的单兵教练,每一个动作、神态都要在仔细体会剧情的前提下完成。身体、眼神语言,都要幻化为穿透人心的东西使人感悟,使人产生共鸣。

在总辅导员的启发下,他的理解达到了更深的层次。他没有忘记爸爸死在日本兵枪托下的惨剧,没有忘记回荡耳边的老老少少悲苦的呻吟。在整个的排练中,他的精神得到了高度的升华,像一泓清水升华为白云,又被红日映成彩霞!

演出开始时,又是人山人海的大场面。熟悉雷正兴的同学和老师知道:这又是他如鱼得水的时刻。由于临演前的几天是"单兵教练",知悉雷正兴扮演小姑娘的人并不多,都还猜是原先选择的某个女同学斗胆出任了角色。但等化装后的雷正兴一出场,人们对着这个似曾相识"小姑娘"大生疑惑了,因为她的一招一式都是一个女孩,但不是能叫出名字的女孩, 而剧情的发展又使人认定了她是一个渔夫的女儿,根本无暇再猜剧外的人物——

渔船出海了,颠颤闪晃,水荡天摇,父女相顾,一派"打渔杀家"的气氛。日本兵出场了,凶横野蛮,人兽之间。继之而来的是电影上常见的镜头:恶狼的残暴,父女的反抗。然而,羊不是狼的对手,其父被捉,其女面临兽兵的污辱。但是,一个惊人的、令人振奋的场面出现了,矫健的"小姑娘"突然变成了古时的花木兰、穆桂英那样骁勇无比,一支船篙像金枪、金箍棒那样挥舞起来,带着呼呼的风声打向鬼子,打得"鬼子"一愣一惊,拔腿便跑,直跑到台后,惊恐无比,委屈无比。

"小姑娘"追至了台后,手中的船篙仍如金箍棒横扫千军,眼睛已经发红。观众席上的人们开始涌动、呐喊助威,已经有人追到了台后来看究竟。老师和辅导员拦挡着"小姑娘",护卫着"鬼子"大声叫唤:"雷正兴！雷正兴！你停下，这是演戏……”“小姑娘”突然扔掉了船篙，看着哇哇哭叫的“鬼子”发了呆。

这是一个美丽的错误：剧情的改变，使人解气、解恨、解了心头郁结。这种剧中剧、戏中戏起到了意料不到的良好效果，人们或喜或怒或激动难耐，议论了好长时日。人们在点头或摇头的叹息中理解了雷正兴，并想起了他的苦难家史。

无独有偶的情形是，雷正兴在一年以后的一晚，又出现过一次险些“走火”的行为。那时候，他已经当上了望城县县委的通信员。原望城县团县委书记如是回忆那段故事：

> ……一九五六年秋天的一个晚上，县委召开县、区、乡三级干部扩大会议。会后观看电影《白毛女》，我和雷正兴挤坐在一条板凳上。当看到地主黄世仁指使狗腿子穆仁智逼死杨白劳、抢走喜儿的悲剧场面时，雷正兴突然站起来……像要冲向前去。
>
> “坐下，坐下！”我见他这样激动，一把按住他。雷正兴好像醒悟过来了，眼里噙着泪花。我们默默地走回机关后，我问他：“你刚才是想……”
>
> 他不好意思地笑了。过了一会儿才说：“我太恨黄世仁了！我们一家和白毛女一家一样，受尽了地主老财的欺压剥削，我一辈子也忘不了！”
>
> ……

《白毛女》电影引发了无数的故事，有人对幕布开枪，还有人竟对演员开枪。这个故事的真实性和受苦人的同病同根，促使人以戏当真，假戏真做。雷正兴一家遭遇确与《白毛女》相似，他的触景生情能够令人理解。

几年以后，他又扮演了一个女主角的角色，与演出《小渔夫》不同的是，此次的他男扮女装做了女子篮球队队员。这是一件令人愉快的事情，与《小渔夫》的悲剧气氛形成了鲜明的对照。

一个优秀的人物有着这样多美丽的故事，是十分惹人喜爱的。领导爱，同学爱，老师爱，乡邻爱，他又爱着所有的人，并且热心公务，关心集体，谦虚谨慎，勤学多艺。雷正兴的表现有没有一种小小的个人设计呢？比方说为了前程，为了表现，为了趋时？全不是！与他同台演戏的少先队大队长吴强国所讲的一段故事，令人信服地说明了雷正兴成长为雷锋的必然：

一九五六年七月十五日，是荷叶坝高小一班的每位同学难忘的日子，他们就要毕业了，离开这所美丽而温暖的母校，离开所有的老师和同学，各奔前程。

毕业典礼的会场布置好了，主席台上悬挂着毛主席的巨幅画像，"六一"班全体毕业生赠送给母校的纪念品——大幅的紫红色的幕布挂于后台，耀动着赤金的光点。学生们的心中生出无比的留恋之情，互相对望、握手，然言语无多。"吴强国，快过来坐！"雷正兴穿上了雪白的衬衣，鲜亮的蓝裤，满面春风，喜气洋洋，感染得吴强国也精神一振。

班主任钟霞生走过来，笑着问学习委员王振云："王振云，你毕业以后干什么？"

"准备报考一中，将来再考大学！"

这位雷正兴的女同学后来果然考上了大学，现为国家冶金工业部长沙设计研究院深圳分院的电气专业负责人、高级工程师。当时的钟霞生老师听到了她的回答十分激动："好！有志气，大家都应向你学习！"哪一个师傅不巴望徒弟成状元呢？

钟老师又问："吴强国，你呢？"

"我也报考一中！"他答道。

"雷正兴，你是何打算？"钟老师喜爱雷正兴，也就很有兴致地问他。因为所有的老师、同学都认为，这位出身好、表现好，又深得老师、学校、政府关怀的孤儿，肯定会被保送读书。即使眼下不保送，也会考入一中。但是，雷正兴只是低下了头，未作任何回答，脸上还现出庄重的表情。这是他常有的表情，每到此时，便是有深沉的思考，老师便不急于听答，只拍了拍他的头。

毕业典礼的仪式是隆重的，鞭炮齐鸣，祝词、答谢、表决心等项目，十分热烈。在校长、班主任、教师代表、学生代表发言之后，未被安排发言的雷正兴突然登上讲台，即席发言：

“亲爱的老师，同学们，我们高小毕业了，感谢党，感谢毛主席，感谢辛勤教育我们的老师。我们中不少的同学要升入高一级的学校学习更多的知识，更好地建设祖国。但我要响应党的号召，去当新式农民，因为我是农民的儿子……”

全场哗然。没有人能在短时间内听懂、想通这位常常有惊人之举的学生的意思，因为这种表态与人们预想的结果大相径庭。人们伸颈、侧目、凝神、屏气地去听他下一节的发言：“……多亏了共产党和毛主席的英明领导，才使我翻身成了国家主人，有了上学的机会，过上了幸福的生活。今天毕业了……我甘心情愿回乡，做一名新时代的农民，把学到的知识献给农业生产。同学们，让我们在不同的岗位上竞赛吧！”

他的发言掀起了典礼的高潮，台下响起了雷鸣般的掌声，有人喊起了口号：“向雷正兴同学学习，到家乡建设新农村！”

据雷正兴同班同学、学习委员王振云撰文回忆：激动的同学老师中还有人喊出了今天听来似是先知先觉的口号：“雷正兴好样的！是我们的好榜样！”

这可以说成是伟大的预言！尽管雷正兴当时的表现已具有了“伟大的共产主义战士”的雏形，但要准确到尊其为“榜样”的称呼，仍要慧眼识金的伯乐方可如此。十年之后，当全中国九百六十万平方公里的土地上唱响《学习雷锋好榜样》之歌的时候，那些“伯乐”在合唱中是否感到作为“先知”的自豪：

学习雷锋好榜样，
忠于革命忠于党。
爱憎分明不忘本，
立场坚定斗志强！

当时的中国农村正处在社会主义改造的大变革时期,以农民为主体的一大批革命家当政治国,对于农村的重视程度无以复加。当时的经济建设的口号提到“同心协力赶英国,一日千里速度高”! 这是一个气势恢弘的计划,而刚刚成立的农业合作社中,缺会计,缺文书,缺少识字教师。上级号召具有高小文化程度的学生下农村担任要职,实在是形势之急需。后来成为雷正兴“亲密女友”的冯健,便是高小毕业后响应党的号召,成为全县著名的“养猪姑娘”,曾多次被评为“湖南省劳动模范”。她一九五五年出席全国青年“建设社会主义积极分子”大会。一九五七年出席全国“共青团第三次代表大会”,两次晋见毛主席,并合影留念。雷正兴高小毕业前夕,恰逢《新湖南报》以头版头条大字标题推出《向冯健同志学习》的大块文章,雷正兴读后曾有发言:“我毕业后要参加农业生产,向冯健姐姐学习,建设新农村! ”

他表此态度知者甚少,记忆者也就更少,因为大凡学完一个“典型”之后,小学生的发言便会十分热烈,表态更易,而最后的决定权则在家长。雷正兴与他们之不同就在于:他是一个从客观到主观条件都可以“言必行”的学生,他没有父母……

其实在那次口头表态之后，他又有过更加具体地表现决心的行动。据易华钦回忆,第二天,雷正兴写了一篇较长的文章,发表在少先队主办的黑板报上,几乎占满了整个版面。文章内容共分三个方面,其一,我的生命是党给的,我穿衣、吃饭、成长、学文化是党和人民供给和培育的。我已经十六岁了,应当自力更生了,不能要党和人民再供我升学。其二,建设新农村急需一批有文化的人才,我可以适应目前的农村需要,像冯健姐姐一样,当一个有出息的新式农民。其三,祝同学们的升学考试取得优异成绩,升入高一级学校。这里有朝夕相处可敬的老师,我在农村可以边劳动、边学习,让我们在不同的学校里,来一场学习竞赛!

从以上诸点可以得知，冯健成了雷正兴誓做新式农民的引路人，他不忍人民再出钱粮供给,想早一点、再早一点地体现长怀于心的“鸦有反哺之义”、“羊有跪乳之恩”的报效意识。

在那一届的毕业班中,有三十多名同学考取了望城县一中。雷正兴则回到了他的简家塘村,当上了一名记工员。果然如他所言,他参加了"高级夜校班"继续学习,并被评为了积极分子。

一九九六年五月二十八日,笔者参观了那所名闻遐迩的荷叶坝小学。在崭新的教学楼的后面,一座雪白的雷锋塑像栩栩如生。雷锋像后有一个古色古香的院落,"荷叶坝完小"的字样清晰地镌刻于门楣。校前的坡崖上,开着雪白花朵的高大的玉兰树散发着幽香,一如故人的芳气长流。雷锋的教室设在二楼,教室的后墙角有金色的雷锋塑像。他当年的座位则在最前排,桌上放有"雷锋座位"四个红色大字的牌子。

从几份资料照片上,我已经熟识了这个座位。那一天我也怀着激动不已的心情坐上去。在那只木凳以及双肘之下的课桌上,我似乎感觉到了雷锋脉搏的勃勃跳动。他的余温灼热了我的周身,使我热血沸腾。我相信人是有灵魂的——灵魂便是一种精神,无论是余脉或者余热皆来自于此!

第四章

“三员”日月

雷正兴离开了荷叶坝完小，在简家塘做记工员的日子很短。在那个人才紧俏的年代，求贤若渴的彭德茂乡长忙不迭地将他的这位贤侄提拔到乡政府，做一位全天候值勤的通讯员。而后，他又被彭乡长的双手捧托着，望城县县委的许多双手提拔着，当上了县委的通讯员、机要通讯员和公务员的“三员”要职，开始了他的“从政”日月。

在彭德茂老乡长山坡上的独立家屋里，年迈的他，仍耳聪目明，气声朗朗。这位在大革命、土地改革年代令地主富豪望而生畏的人物，如今面露着老态的慈祥，温温和和地回忆着他的“庚伢子”：

雷正兴每天不停地忙碌起来：送信、传话、接待客人、接电话、泡茶、抹桌、打扫卫生。有人找乡长，先在他这位“传御使”处挂号，无论是何报告、呈请、反映，他都仔细听取，记录在案，详细汇报，不消不长。

在刚解放不久的年月里，翻身群众对于共产党的依赖，超过依赖父母。有问题、有困难、有句知心话，都想找党说说。乡长便成了党的化身，而小通讯员则成了乡里的门面和窗口，谁都想把心中的事儿给这个善解人意的后生聊一聊。没有他听不懂、听不进的话；哪怕是牢骚、怨气、不满和骂词，他不但听了、记了，竟还面带笑容。

在不越分寸的前提下，他以一个知情人的身份，对来访者有过解释，对报告者有过答复，无不令人满意。而对于那些自己不能答，时间又急迫的汇报、呈请，他必会领了当事人寻找乡长，一刻不误。如果有困难户来要救济，他感同身受，总将自己经历的苦处与之相比较，立即了解、汇报，也力求解决。

彭老乡长回忆说：乡政府门前有一个困难户，每天都在雷正兴的眼下，他看着难受。乡里已在十分困难的情况下给过救济，他也解囊捐助过，但仍是心下难舍，便在送信的途中捡一把稻谷穗也送他家，拾一根柴火棒也交他家。有一次，他看见富裕人家做罢衣服丢下了一些边角布料，他竟像一个拾破烂的一样，将布块全部捡来，给那家人用作补衣之用。他不能看见一个人受苦受穷，他知道穷比虎狼还恶！

“日理万机”之余，他还要找些事做：在院中除掉杂草，整平土地，开种了一丘田的青菜。一有空闲，便拔草捉虫，浇水施肥。那些菜长得很旺，收获后交给了乡食堂，充当干部开会的伙食。

如果不是一个偶然的机遇在等待着雷正兴，他在安庆乡做通讯员的故事还将继续下去。

一九九六年五月二十九日，雷孟宣老馆长陪同笔者采访了七十五岁高龄、在湖南省农业厅副厅长任上离休的张兴玉同志。他详细叙述了关于雷正兴入选县委通讯员的细节。他如是说：

> 一九五六年秋，因县委原通讯员参军入伍，急需一个新同志顶替通讯工作。我便跟县委组织部干事黄菊芳同志和望岳区区委书记祖竹林同志商量，要他们帮助物色。当时他们告诉我：安庆乡政府有一个“秋征统计员”，高小毕业，是个孤儿，叫雷正兴，很诚实、勤快，工作积极肯干。我听了介绍挺满意，也就同意了。

张兴玉同志在回忆文章中描述道：“一天下午，我正在县委办公室处理文件，突然有人急急地敲门：‘张书记，张书记！’我拉开门一看，‘嗬！是彭乡长来了，快请里边坐！’彭乡长笑着对我说：‘张书记！我给你把小雷送来了！’这下我才注意到他身后还跟着一位十五六岁的少年，他个头不高，穿着蓝衣青裤，有几个补丁，却洗得干干净净。手里拎着一个包袱。少年见到我时显得有点紧张，怯怯地叫了一声‘张书记’，那窘相活像一个很少出门的农家女……”

原县委组织部干事黄菊芳在《平凡凝聚的伟大，矢志铸成的必然》

一文中道出了选用雷正兴的细节：

……当时，我任县委组织部中心干事，物色交通员的任务就落在我的肩上。八月上旬，我先后到杨桥、桥驿、望岳等地一边了解干部情况，一边物色“交通”人员。几天下来，干部情况了解了不少，交通员人选，却一直没有中意的。二十四岁的我真有点血气方刚，抱定完不成任务不回县的决心，来到了与望岳相邻的安庆乡……

到了安庆乡政府，彭德茂乡长不在，说是下联络组去了。堂屋中三张方桌旁坐了八名男女青年，正在造秋征花名册。我坐在堂屋里等乡长，一边与他们搭话……同是年轻人，心心相通，他们谈乡间趣闻、秋征情况，渐渐地与我靠近了。我身边的一个小伙子格外地引起我的注意：他个子最小，圆圆的脸蛋儿，时刻是笑容可掬的样子，举止中显出几分机灵，言谈中带一点幽默。顿时，我心头一亮：这不正是一个交通员的人选吗？

于是，我有意地问起他话来，他告诉我他叫雷正兴，家住不远的山坳里。当我问他家几口人时，他脸上的笑容一下子就消失了，泪水顿时盈满了眼眶，好像触到了伤心之处，几乎要哭出来的样子对我说：“老黄……我家的苦难非同一般，我已经写好了一本小册子，拿给你看好吗？”我正想了解他的情况，便点了头。其他的男女青年就给我介绍这个苦大仇深的孤儿的情况。

不久，彭德茂乡长回来了，我向他说明了来意，并把看中小雷的情况同他交换了意见。彭先是沉思了一下，继而叹了一口气，说：“这个伢子命真苦啊……”接着他讲了雷家的惨景，讲了雷正兴的发奋与努力。最后他赞扬我选准了人：一是他确是棵好苗子，靠得住，又勤奋。二是你做了件好事，因为他孤身一人，生活不便。

我正与彭乡长谈着，雷正兴上气不接下气地跑来了。彭乡长说：“正兴，老黄是县委组织部的，去年还是我们七区的区长，她很关心你，同情你。”雷正兴的眼泪又流下来，带着几分恳求、几分焦虑的心情对我说:"老黄,请你一定要帮忙给我介绍一个工作,我不愿一个人待在屋里,我要参加革命工作,报答毛主席和共产党的恩情。"

说完,他递给我一本小册子。那是一本用红纸折叠的共八页的夹页子,长六寸,宽三寸。封面上用毛笔中楷直书"苦难的家史","我的理想"二目录。"苦难的家史"中主要是记载万恶的旧社会怎样夺去他家四条人命,他受了怎样的苦难。"我的理想"主要是记载自己在解放后得到的党和毛主席的关怀,使孤儿过上好日子,免费上了学。他立志要向黄继光、董存瑞、刘胡兰、赵一曼学习。愿意到最艰苦的地方去锻炼,去工作,以报党和毛主席的恩情……

读完那本小册子,当晚我难以入眠,心中充满喜悦与不安。喜的是发现了一棵好苗子,不安的是他的个子太矮小,组织上是否会同意录用?

第二天一大早我就起了床,发现雷正兴早已在等我。从他满面倦意上我知道他也没睡好,心情也有着焦急和不安。他见我出来,便有点拘谨地说:"老黄,我想找你谈一谈……"我觉得这是深入考查他的机会,于是请他进屋交谈,交谈的内容大致如下:

他问:"老黄,你有好大年纪?"

"二十四岁!"我答。

他似乎很惊奇:"啊!比我只大八岁!"

"你问这个是什么意思?"我不解地问。

他小声说:"昨天听彭乡长介绍,你当过区领导,现在又在县委组织部工作,我心中敬佩,我喜欢翻身不忘党的恩情、积极要求进步的人,不喜欢思想落后的人。"

"小雷,我昨晚看了你写的家史,写得那么详细,从四三年到四七年,你还只有三至七岁,你怎么会知道的?"我问他。

他低头答道:"是我近几年常问乡邻长辈,他们告诉我的。为了不忘阶级苦、血泪仇,我在不久前写出来。但是,妈妈是上吊自尽的,那时我快七岁了,她临终前嘱咐我要为死去的亲人报仇,这个印象我是深刻的。"

……

我问他:"你完小已经毕业,还打算继续读书吗?"

他带着不安的神色回答我:"想多读点书,因为没有科学文化知识,就不能为国家多出力。但我不准备再花乡上的钱了,乡上的钱也是大家的钱,现在乡上并不富裕,如果能供所有的小伢子读书,我心里还踏实一点。我如果只考虑个人,那就是自私自利了,一个人总要满足。我已经十六岁了,主要是想参加革命工作,在工作中利用业余时间,发奋自学,何况我现在还是年纪轻轻呢!"

听着雷正兴的这一番话,我不时点头,从内心里感到这个小伢子懂道理,成熟早。

回到县委机关后,我除了向有关领导汇报了下乡的工作情况外,专门向县委书记张兴玉同志详细汇报了雷正兴的情况,同时提出了自己的看法和建议。张兴玉书记说:"你对阶级兄弟有着浓厚的感情,这是好的。但小雷既然个子矮小,交通班的工作又艰巨,他能吃得消吗?"

我立即建议道:"是否可以调整一下,把小陈换到交通班,把小雷放到你身边做公务员?"张书记和蔼地点点头说:"那就先试试看吧!"我随即又请示张书记:"万一试用不合适,就介绍他到县印刷厂当工人行不行呢?"

张书记是一个有强烈阶级感情的同志,没有一点架子,对部下的建议,从来都很重视。他当即指示:同意录用雷正兴。几天以后,雷正兴身着蓝褂青裤、力士鞋,挑着一个小木箱和一床破旧被子,怀着激动的心情来到望城县委组织部报到上班了。至此,他当上了县委的"三员":公务员、通讯员、机要通讯员,里外忙碌,马不停蹄。

作为当时的公务员,主要分配给县委书记使用,他与这位书记及其家庭建立了深厚的感情联系。在五十年代的县委机关里,只有他这样一位公务员，工作起来不分分内分外。但他以累为乐，以苦为荣，一颗热心，一张笑脸，一双勤手。他曾非常诚恳地告诉县委办公室主任皮问安：“今天，我进了县委机关，是党给我的机会，我要使出全部精力，努力工作，虚心学习，不断进步！”

他心里这样想，口上这样说，手上也这样做。县委开会，他摆桌凳，倒茶水，打扫卫生。会开到深夜，他忙到深夜，还要加班整理会议室。机关食堂开饭，他帮送饭菜，给炊事员帮忙。文印、收发室繁忙，他又插上去。那年冬天下了一场大雪，天亮时便发现人行道已清理干净，后来才知道是他干的。办公室的工作忙完了，为书记的服务周全了，再为同志们跑跑腿，管管小事，机关院内搞绿化，栽种花草、培植树苗，他忙得团团转。在县委大院后面的小山上开荒、种菜，他显出行家里手的姿态，忙了个大汗淋漓。莫事务长送来了馒头，每人两个，他挑了两个最小的，问其所以，他诙谐地一笑：“我个子小，馒头也小……”

他打扫所有的办公室卫生，同志们怕他太累，劝他歇一歇，他笑出两个小酒窝儿，说是“不累”。大家不好意思了，同他抢着干，却抢不到手。县委十多个部门，又有各乡、区来客，喝水量大，他一概供应，并与烧水的师傅商定：水一开你就摇铃，争取供水时间。

黄菊芳回忆说：有一天中午，雷正兴来到她家，看到地上扔着一块孩子的尿布，拿起来就要去洗。黄菊芳夺回来，说：“你不能干这个。”雷正兴说：“你忙成这样子，我能帮这个忙！”邻居来了，打了个圆场：叫他帮抱孩子，黄菊芳洗尿布。大家历数着小雷帮过的忙：这一家买煤，那一家挑水，捎东西、送私信等的事情就更多了，大家惊奇地议论：一个人怎能干这样多的事？

县委办公室主任皮问安看在眼里，灌在耳里，记在心中，有一天把雷正兴叫到了面前，要和他谈一谈。没想他一进屋就直奔热水瓶，抓起就走。皮主任说：“小雷，我是找你谈工作，不是要你打开水！”他放慢了步子，等候吩咐。皮主任笑了，说：“小雷，你到机关工作时间不长，工作干得很好，同志们和张书记都很满意。”

雷正兴说：“我不会做事，领导多指教！”

皮主任说："你担负的任务，主要是为张书记及县委领导集中开会时供应茶水，打扫卫生，管好会议室。张书记下乡检查工作，你不但在生活上要很好地照顾他，而且要为他做好警卫和通讯工作。"

他回答道："我一定努力做好，不辜负领导的期望。"

皮主任说："机关干部办公室的茶水、卫生都是各自负责，到食堂吃饭时各自带水上楼。平时机关院内的公共卫生，也是大家动手干，不是你一个的任务。你在做好本职工作的同时，一定要挤出时间来学习，但要注意劳逸结合。"

雷正兴激动地望着皮主任，他理解了领导的这一份关怀，声儿颤颤地说："谢谢皮主任，我不嫌累，也没有困难。机关里的同志为党工作才叫辛苦，有时深夜十二点多还在工作，电话铃声不断。他们没白没夜地为全县人民操劳，我能为大家做点什么，心里才感到舒服。我多做点事是应该的……"

这是一种诚恳的表白：他没有别的办法，或者说尚未有更大的能力报答党以及代表着党的各位领导，而只能以那种力所能及的方式加以表示。自那次谈话之后，他除了一如既往地多做事、做好事之外，在为张兴玉书记的服务方面更加细心，更加周到了。从张书记到张书记的家人，都喜欢这个机灵、诚实、细心、好脾气和不知疲倦的小公务员。

五年之后，已成为"雷锋"的他在《沈阳师范学院的报告》中讲道：

> 冬天，张书记给我买了一件皮衣、手套。有一次我和他下到望岳乡，我生了病，张书记给我打洗脸水，给我做面条，安慰我，我非常激动。在旧社会看到一个乡官，还挨过打，今天县委书记还对我这样好，像父亲一样！我能够在县委机关工作，真是做梦也想不到。党无微不至地关怀我，还送我到干部文化学校学习，张书记还买给我一本《怎样做一个有共产主义道德的人》。首长对我这样无微不至的关怀，我下定了决心好好工作。我做了一点点工作，党和人民给了我很大的荣誉，被评为先进工作者和优秀共青团员……

从这里，我们可以看到那个像父亲一样疼爱雷正兴的张书记，怎样地从生活上关心、政治上培养着他。雷正兴笼罩在一片爱心中，笼罩在“正兴”的好运气里。他懂得怎样珍惜这种爱，怎样把握这样的好运。

在张兴玉书记的回忆叙述中，我们亦可看到这一官一兵相处的亲昵与自由自在，他们可以随便谈；他不觉得他是一个中年的县委书记，他不觉得他是一个十六岁的大伢子。张兴玉老厅长说：在雷正兴眼里，我既是党的代表，又是他的父辈，所以我们相互间的感情也越来越浓厚，他也不像初来时那样拘谨了。我外出开会或下乡总是将他带在身边，经常给他讲些革命斗争故事，他总是提出一些问题。

在雷正兴提出的问题中，许多是非过来人难以回答的。他曾经问张兴玉书记：“北方的地主也和南方的一样坏吗？”张书记说：“一样，天下乌鸦一般黑，大同小异。”他又问：“张书记是怎样的家庭出身？”

这是一个挺玄的问题，假若张书记是背叛了地主阶级参加革命，那么在对他的解释中又要多出些周折，巧的是张书记也是一肚子苦水的人物。他在听罢雷正兴一遍遍的诉苦之后，也想对这个忘年之交的小同志诉诉自己的苦。他抽了一个晚上的时间与之交谈，握住他的小手，声儿低沉地告诉他：“你在湖南望城，我在山西五台县，我们是一条藤上的苦瓜。我家是贫农，父亲十一岁、叔父九岁那一年，爷爷得伤寒病死去。卖了三斗小米把爷爷埋了，父亲便带了叔叔去讨饭，后来奶奶也出去，讨下的窝窝头晒干磨成面。再后来，奶奶到地主家去当保姆。一九三七年卢沟桥事变后第二年，我参加了村里抗日先锋队，那一年十八岁，后来当了队长。一九四〇年，我二十岁加入了中国共产党……”

谈到此处，雷正兴就打断了他的话问道：“您怎样入的党？”

张答：“组织部门叫入的，还要宣誓。”

他点了点头，沉思着，好像明白了怎样入党。张书记亲切地说：“你要努力，实现一个革命人一生的三个光荣目标——在已经成为少先队员的基础上，争取早日入团、入党。”

接着，他又请张书记讲家里怎么会叫他出来革命。张书记告诉他：

“我有两个姐姐，父母就我一个男孩。父亲得了一种怪病，腹疼如刀绞，后来死了，我就偷着出来参加八路。那时五台县共有一千五百多名革命同志牺牲。我们村共出来十个人，牺牲了七个。我的叔伯兄弟就被鬼子割下了头，挂在了城墙上……”

话讲到此处，这一官一兵都已经泪光莹莹。在这样的一刻里，两人的关系近了，近成了一双阶级兄弟。张书记给他讲服从组织，服从纪律，保守党的秘密的道理，讲“小我”要服从“大我”，讲阶级斗争和近代史，讲西太后、鸦片战争、甲午战争、火烧圆明园……这位只上过五年学却在大革命的熔炉中锻炼成钢的县委书记，对这位六年级毕业的小通讯员无话不谈。

张书记说雷正兴是一个追求完美的人：他爱热闹，又爱思考，活泼好动，又小心谨慎。无论是布置会议室，还是整理文件，都那么干净利索，井井有条。在县委办公室工作的两年中，他没打坏过一只杯子。跟着张书记下到各乡，温口善面，谦虚谨慎。那一时期雷正兴常穿着整齐的制服，满面生光。由于身兼警卫员的工作，他身背一支卡宾枪，闪闪亮亮中又显几分英武。

张书记说：那是一支漂亮的卡宾枪，雷正兴每天擦拭得闪闪发亮，十分钟爱。有同学回忆，男女同学在那个时候都十分羡慕雷正兴，尤其喜爱那支枪。那枪后来支援了古巴革命，送给了卡斯特罗的战士。

雷正兴背着这样的卡宾枪出入县委大院、各乡各区，那一份威风凛凛可以想见。但是，他除了完成本职任务之外，始终保持了一个普通劳动者的身份。每天晚上，乡、区长从田间归来，开会汇报、讨论问题、传达文件，雷正兴记录、整理、打电话。天一亮就跟书记下田、上山开荒。乡里同志为照顾书记劳累，常常烧一大锅开水，以备其洗澡。但是，雷正兴从来都是洗冷水澡，为的是替老百姓节约柴草。

晚上仅有的时间也不全用于睡觉，他随身背去一包书，内有《毛泽东选集》、《董存瑞》、《黄继光》、《刘胡兰》、《赵一曼》等，一边看，一边琢磨。他是一个好思索的青年人，在看过《沙漠追匪记》电影之后，他问张书记：“国民党的军队比共产党多得多，怎么会打败了呢？”

张书记告诉他：共产党是因为得了民心，达到了军民团结共同对敌的局面。从某种意义上讲，解放军的胜利是“小车推出来的”！

他又一次明白了，军与民，官与民，原本就要有一种鱼和水的关系，无论是军队，还是党和领导人，都要全心全意地爱人民，人民才会真心实意地拥护他。

书记也有考考他的时候，有一次问他：“小雷，毛主席在开国大典上说‘中国人民从此站起来了’，是什么意思？”

他想了很久才回答：“从前是趴在地上，现在站直了腰！”

张书记说：“对！原来是叫帝国主义、封建地主、资产阶级压趴在地，现在站在大地上，还要一步步往高处上呢！”

在张书记的指导下，他又读了很多新书：《钢铁是怎样炼成的》、《把一切献给党》等。除书本知识之外，张书记以及其他老同志又给他讲了“八一”南昌起义、井冈山的斗争、红军二万五千里长征、抗日战争、解放战争时期的故事。他是一个容易动情的孩子，听着听着就流了泪。他发现许多英雄原来也是普普通通的人，只因为心中有一个崇高的目标，坚定不移地跟党走，把党和人民的利益看得高于了自己的生命，才变成书中、故事中的英雄的。他感慨地说：“我连他们的百分之一也不如……”

没有流血牺牲的战场了，他只有把这种雄心付诸工作。当时的书记下乡，不但没有小车，连自行车也没有，不管路有多远，皆是以双脚翻山涉水。渴了到老百姓家讨口水喝，没有热水就喝生水。饿了就奔乡食堂，奔不上时，也到百姓家买碗饭吃。那时的干群关系好，老百姓死活不要钱，只能想点别的办法补偿。

有一次他们俩到了一个姓刘的百姓家中歇脚，发现这户人家特穷。刚土改不久，那些人口多、又遇天灾人祸的家庭生活非常艰难。张书记问那家主人：“你喂了几头猪？”

刘答：“一头。”

张书记说：“太少，可以多喂几头，卖些钱改良家境！”

刘答：“有钱买。”

张书记把手探入兜中,说:“我帮你一些吧! 买猪还是个办法。”

雷正兴也掏出了钱,说:“我也帮一份! ”

张书记说:“全县委机关就数你的工资最低,你不要拿。”

他笑起来,扳着指头算道:“您的工资高,您一家几口人?一口人平均几个钱?我的工资低,可我只有一个人,按平均数还是高于你呢! ”

当着那一家人的面,张书记没有办法说服他,于是两人凑够了两头小猪的钱,交给了姓刘的百姓。那一年,姓刘的百姓平安地度过了饥荒。

当公务员的三年间,雷正兴管理着一部分公共财产,从来没有一丝一毫的亏损,而且有条不紊。这个要饭出身的穷孩子从不贪杯水小利,却愿倾囊助人。有一次,张书记的夫人郑桂先托雷正兴给孩子买帽子,给了他五元钱。他购物付钱时发现是两张五元紧粘在一起。回来时便问老郑:“你是给了我五元钱,还是十元钱?”老郑说:“是一张五元的!”他说:“不对,我袋里没有别的钱,就是你的!”老郑清理钱时才发现确实是十元,连声夸他诚实可靠。

诚实可靠的更大程度是表现在工作上:县委书记的公务员,又是机要通讯员,少不得接触机密。那时候,地委机关下达的紧急机要指示,一般都是通过密码电文传下来的,经过机要员翻译之后,由皮主任很快阅完并签意见,然后装入黄色公文皮包内上锁,钥匙为县委领导人保管。文件送县委领导批示,再由有关负责同志传阅,要求不误一刻,严格保密。有时晚间收到电文,深夜就要传送。雷正兴既机灵活泼,又沉着稳重,令人信赖。皮主任一交他机密文件传送,他便小心翼翼将黄色小包装入口袋,复述一遍送达哪些领导签字,万无一失时,才迅速行动。若阅件人不在,则四处寻找,力求妥善。

在那些日子里,雷正兴为县委、为张书记传送的机要文件均做到了及时、准确、严格保密、从无差错,受到了书记和各位领导的表扬。

一九九六年五月,笔者在湖南“雷锋纪念馆”见到了那个黄色的文件包。一个后来举世瞩目的人物挎着这个小包疾走之时,可曾想到过它日后会展览于明亮的橱窗中,供千百万中外观众瞻仰?

望城县大湖乡是当时县委经办的养猪点，领导经常去点上检查指导工作。一九五七年夏季的一天，张书记通知雷正兴：“明天去大湖乡养猪点看一看，清早动身凉快一些，早些起床！”

雷正兴口上应着，心中却有些不安，因为早几天听说，谷山有老虎出没，谷山挨近大湖乡，万一遇上老虎，后果不堪设想。为保证书记的安全，他左思右想，半夜未能入睡。凌晨三点，他悄悄下床，往谷山去走一遭。四周夜气沉沉，万籁俱寂，几十里走罢，未发现老虎。待回到县委，天已放亮。张书记来找他吃饭，见他两脚泥从外边走来，忙问情由，才知他是“只身虎山行”。这件事传到同志们的耳朵里，男女青年都去问他夜里怕不怕，他笑着说：“讲不怕是假的，老虎就是要吃人嘛……但首长的安全重要呀！”

不畏虎需要勇气，不畏人则需要智慧和是非评判的能力。一九五七年四月，中共中央发出《关于整风运动的指示》，决定在全党进行一次以正确处理人民内部矛盾为主题，以反对官僚主义、宗派主义和主观主义为内容的整风运动。广大群众和爱国人士积极响应党中央号召，向各级党组织和党员干部提出了大量的有益的批评和建议。与此同时，也有少数人违背了人民内部矛盾处理的原则，对共产党和社会主义制度进行攻击。这种现象也发生在望城县。有人借“大鸣大放”冲进县机关游行，骂共产党，攻击社会主义制度。

当时的县委招待所里正在开办一个“中小学教师培训班”，有几个人煽动了部分教师，用稻草扎成人，写上张书记的名字，抬到县委院内，用木棒打，点火烧，说是打倒宗派主义，火烧官僚主义。在这种情况下，头脑清醒的雷正兴寸步不离地保护着张书记。有一天下午，一群人冲进宿舍围攻张书记，后来撤走了。宣传部的同志叫雷正兴去吃饭，他坚定地表示：“不行，我不能离开张书记。”

在那种混乱局面下，他经常顾不上吃饭，晚上和衣睡在书记外间房中，还要在县委院内巡逻。他一天天消瘦下来，但有着一股不畏惧的心气：“谁要反对共产党，推翻社会主义制度，我就和谁拼到底！”他告诉那些不明真相的人：“我是穷人家的苦伢子，我的经历就是最好的证明，是共产党救了我，救了全中国人民，是社会主义使中国好起来……”

雷正兴的行为和话语感动了许多人，有些人恍然悔悟而不再到县委院内闹事。

无论是毛主席、共产党的教导，还是张书记以及领导人的教导，雷正兴都一一记取并付诸实践。从他学习——进步再学习——再进步的进程中，人们可以看到雷正兴在前进的道路上留下的每一个脚印。

黄菊芳回忆文章中有这样的叙述：

那时，县机关中绝大多数都是年轻人，张书记也不过三十出头。雷正兴看到这些大姐姐大哥哥只不过比自己大几岁，却有几年的党龄了，就对别人说：“我要快马加鞭了。”

一个星期六的晚上，雷正兴到我家玩，对我说：“……这次能到县委机关来工作，我要感谢你这个引路人啊！”我说：“这是组织决定的，你要感谢组织。”他说：“我家里没有一个亲人了，我来机关的先后情况，你算是最了解的。为了今后更好更快地进步，我要请你多多帮助、指导。我比你小八岁，拜你为亲姐姐，做你的亲弟弟，可以吗？原来喊你做老黄，今后我就叫你大姐姐，因为，按我家兄妹排来你为大。”

看着他那诚实的样子，实不愿让他失望，于是我说：“好吧！不过在我们革命阵营里，年轻的同志都和你的亲兄弟姐妹一样。”

三个多月后的一天晚上，他来我家惊奇地问我：“大姐姐，我听同志们说，你还是我们县委机关的党支部书记啊，今晚我专登你门，不是向你个人，而是向组织汇报我的思想的。昨晚我做了一个好梦，梦见我上北京看到了毛主席，真是高兴极了。我想争取入党，大姐姐，要入党，必须有哪些条件呢！”我告诉他：“你还属于二十五岁以下的青年，要先创造条件加入共青团，共青团是党的助手……”

第二年春天的一个日子，雷正兴高兴地对我说：“我是共青团员了！”我说：“好啊！祝贺你的进步。”

关于雷正兴的入团情况，有当时的县委机要秘书兼团支部书记冯乐群撰文回忆：

雷正兴刚进县委几个月，就向团支部递上了入团申请书，并问我能不能批准。我告诉他：“团的大门是敞开的，只要你努力，创造条件，是完全可以的。你要经得住组织的考验。”

雷正兴问：“我够不够条件，还有什么缺点要改正？”我对他说：“你基本条件够了，但还有些不足之处，必须改正：一是学习抓得不紧，二是还有点散漫习气，三是有时还表现出一点自满情绪和某些优越感。”

雷正兴点点头，说：“老冯，你讲得对，我一定改正……”我随即送给他一本团章，一本团员基本知识讲话。

过一段时间，他拉住我的手说：“老冯，你送的两本书真好，我看了几遍，明确了入团的目的。入团，就是要当好党的助手，为共产主义事业奋斗到底！”紧接着，他又向团支部递交了第二份申请书，机关团支部经过研究，认为他进步很快，克服了缺点，决定批准他加入团组织。

一九五七年二月八日这一天，对雷正兴来说是个难忘的、永远值得纪念的日子。他在入团宣誓之后，很激动地去照了一张相：头戴青色呢帽，身着蓝色列宁装，胸前佩戴着圆形白地红字的“中共望城县委员会”证章，容光焕发，眉眼带笑，无限的喜悦溢于言表。他把一张照片送给黄菊芳，另一张送给了张书记的爱人郑大姐……不久，他又被县级机关评为“建设社会主义青年积极分子”和“模范团员”称号。

这时候组织上发现了他有一段时间产生了沾沾自喜、骄傲自满的苗头，决定找他谈话。

谈话者是他的引路人黄菊芳：“小雷，平时是你找组织多，今天是组织上派我来找你的,我们交换一下意见好吗?”

雷正兴说:“那太好了,我知道组织上是关心的……”

黄菊芳说:“你的工作和学习确实不错,政治上要求进步,我们都很欢迎。但是你要注意的是,在同志们的赞扬声中,头脑要冷静。在进步面前找差距,一个人总不是十全十美的。据反映,你最近有骄傲情绪,不知是不是真的。总之,你要有则改之,无则加勉。”

“组织上掌握的情况没错,我认为自己到机关以后,领导上相信我,重视我,表扬我,我没能把这些当成对自己的鼓励,相反地认为有些同志虽比我早进机关工作,但有些地方还不如我,我就有点瞧不起他人了,但没有明白这就叫骄傲。”雷正兴非常诚恳地说。

他心里装着什么,口上就讲出了什么。他是面对着“大姐姐”,又是在面对着党组织。他带着稚气的诚实,承认自己不懂什么叫做骄傲。而这位组织的派员又在谆谆地教导着他:“是的,这就是骄傲自满的表现,它的危害很大,如不及时改正,就会脱离群众,乃至变成阻挡你进步的敌人。今后要千万注意,耳边要敲起警钟,时刻鞭策自己,争取不断地进步,才对得起党,才不会辜负党对你的期望。”

他真正地认识了“骄傲”二字,并为了自己的骄傲而痛心了。他发誓改正缺点,时刻警惕这个看不见的敌人。他与他的大姐姐一起学习毛主席在七届中央委员会第二次会议上的报告:“务必使同志们继续地保持谦虚谨慎、不骄不躁的作风,务必使同志们继续地保持艰苦奋斗的作风……”

从那次谈话之后,他变得沉稳而成熟多了。他进步很快,时刻严格要求自己。同志们对他的反映更好。组织上很欣赏他对自己的缺点毫不隐瞒、闻过则改、言行一致的好作风,机关党支部根据他申请入党的愿望,曾研究过把他列入纳新的计划,由大家齐心培养。

在众手的捧托之下,雷正兴一帆风顺地进步。新生活燃起他强烈的求知欲望,为了今后更好地工作,他决心为自己做好文化上的准备。

他读了很多书,读书的时间来自他曾经在日记中形容的“钻”与“挤”:“钉子有两个长处,一个是挤劲,一个是钻劲。”当时县委的报道组组长胡道明曾忆起这样一件事：一天晚上，已经九点多钟了，他还想把一本关于刘胡兰的书看完，为了不影响同室的同志休息，他把电线牵到床上，用枕头压住灯泡，再用被子罩住看书。没多久，一股焦煳味呛满了屋子，另两位同志被呛醒了，就唤雷正兴，叫他检查哪里着火了。他这才发现电灯烧着了他的枕头，抱歉地扑灭了火。

五十年代中期，毛主席著作的发行量还很少，只发到县委书记。他跟着张书记，就是近水楼台先得月，先借来学。他常说："学而不懂，等于不学。学而不用，等于无用。"有一股打破沙锅问到底的脾气。他看罢《中国社会各阶级的分析》一文之后，就问什么叫阶级。而学了《纪念白求恩》则使他想道："一个外国人能为中国人民的解放事业以身殉职，我们就不能牺牲小我服从大我吗？如果连个人主义都不能克服，那才叫渺小可悲呢！"

有一天，他学习了《为人民服务》，拉住了冯乐群的手大声叫道："我懂了，我懂了！过去不清楚的问题，今天找到答案了。过去我认为人死就死，现在懂了死的真正价值。毛主席说：为人民利益而死，就比泰山还重；替法西斯卖力，替剥削人民、压迫人民的人去死，就比鸿毛还轻。我愿意像泰山一样巍然屹立，不愿做鸿毛遭世人唾弃。"

在那一时期里，他还学过一点马克思、恩格斯、列宁、斯大林著作。有一次，冯乐群同志看到他手上拿着一本列宁的《唯物主义和经验批判主义》，便问道："这么厚的书，这样深的道理，你弄得明白吗？"他笑道："看不懂就开动脑筋钻，钻不透就拜师傅。天下无难事，只怕有心人！我读了这些书，才真正尝到甜头呢！"

那时的年轻人以读书为荣，有自觉高深的学问，便要显示，还要考一考对方。雷正兴人缘极好，大家也就常常合伙逗他玩：考他这个读书迷。但不管是形势问题，还是政策问题，小说情节，人物关系，他都能对答如流。即使一时答不上来，也要拼上个不吃不睡，找了答案回复你。

宣传部里有一位文教干事名叫李仲凡，考他考得最多。有一次，他想对这位先生来一个突然袭击，趁一个夜晚直捣李仲凡宿舍，开门见山地下了战表："老李，我有问题来考考你！答出来，奖一份蒸鸡蛋。"蒸鸡蛋是那个时代县委机关的佳肴。

雷正兴问:“《湖南农民运动考察报告》是哪个写的?”县委书记拥有《毛泽东选集》,雷正兴可以看到《毛泽东选集》,这是别的同志不可比拟的,李当然答不出来。雷正兴一跳就蹲到了椅子上,得意地说:“连毛主席写的文章你都不知道,还是大秀才呢!我再问你,毛主席在这篇文章里写到了新康镇一个叫何迈泉的人,你说他是好人还是坏人?”

李当时想,毛主席写农民考察报告提到的人,怎能是坏人?就断言是好人。雷正兴哈哈大笑道:“恰恰是个十足的坏蛋。毛主席讲:长沙新康镇团防局长何迈泉,办团十年,在他手里杀死的贫苦农民将近一千人,美其名曰‘杀匪’,你说他坏不坏?你到新康镇去查证一下!”

这两个大问题确实把李仲凡问住了,他在想:搞宣教工作不读毛主席的书怎能行?于是从湘潭地委宣传部“开后门”买回一套《毛选》,大家争相传阅。学毛著的热潮在望城县委提早掀起了十年,雷正兴可算是发起人之一。

他在“沈师院”的报告中提到的“张书记送我上干部文化学校”,实际上称作“望城县委机关干部业余文化补习学校”。一九五六年至一九五七年这段时间,他正在此校学习。专职教员彭固善教过他语文和数学。

雷正兴的文化基础在县委里算是较低水平,想中途插班补习。那期书已教了一半之多,彭怕他跟不上班,劝他下学期再入学。他说:“早学一天就早掌握一点为人民服务的本领嘛!我现在太需要提高文化水平了,前面教过的内容,请您课外给我补一补,好吗?我自己加点油,争取赶上来!”彭答应了他的请求。

他觉得自己是个新生,处处谨慎、勤勉:每天早早来到教室,用鸡毛掸打扫每个座位上的灰尘。下课后也帮别人清理卫生。他争分夺秒地补课,一个多月就把所缺课目补齐。由于常随书记下乡,出发前总是先到校中“领课”,明确下一节的学习内容,带上书到乡下自学。他坚持学写日记,并且尝试创作文学作品。他曾写了一篇短文,题目是《党是我的亲爹娘》,文章语言流畅,感情真挚,感人至深。又一篇《我的童年》

的作文,写得血泪交融,这篇文章作为范文在班上朗读,听者无不动容,不少人流下了眼泪。

在阅读"名篇"中,他非常喜爱魏巍的那篇《谁是最可爱的人》,尤其欣赏开头的一段文字。他说:"每读这一段,我就产生一种幸福感,就觉得中国人民志愿军和那些为革命而牺牲的烈士,确实是世界上最可爱的人。我对他们产生了由衷的敬慕之情,决心向他们学习一生!"

他能够一字不差地背诵这篇文章,还和班上的学员一起讨论散文的"散"和"收"、"主题"和"形象",并研究"排比"、"设问"等修辞手法在本文中的应用。除此之外,他对自己十分喜爱的文学作品《钢铁是怎样炼成的》和《青年近卫军》也有深刻的理解,对小说中的人物命运、情节等的议论十分精辟,并立志要做保尔·柯察金式的英雄人物,为共产主义事业奋斗终生。

他对数学爱动脑,每次考试成绩都在85分以上,有一次还得了92分,仍不满足,对彭固善老师说:"老师,您多辅导我一下,争取100分!"后来,有几次数学考试真得了100分。

一天,师生俩一起散步,看见一群鸭,彭以鸭为题材,出了一道趣味数学题:"一群鸭子,二只一数多一只,三只一数多一只,五只一数也多一只,七只一数还是多一只,你说这群鸭子至少有多少只?"

这样的智力题难不倒聪明的雷正兴,他默默地走了一段路,仔细地进行了运算,高喉大嗓地答道:"这就是求最小公倍数问题,我注意到了你讲的'至少'二字,至少是二百一十一只!"

彭固善大笑了,他们都年轻、聪明。而聪明人在一起是要撞出电光石火的。

《雷锋日记》今天已成为一份宝贵的精神遗产。原中共望城县委组织部干事彭正元谈起雷正兴学写日记的故事时说:有一天,雷正兴面带笑容地问我:"老彭,请你告诉我,日记怎么写才好?"

"你学写日记?我也在写日记。"彭正元遇到了一个快乐的知音,"写日记既可以提高自己的写作水平,又可锻炼提高分析事物的能力。

从日记的形式看，若无标题，开始就×月×日，星期×，晴或阴、雨。若有标题的，就概括日记的中心内容，令人一目了然，也便于今后归类整理。”

“哦！还真有讲究，如何才能写好日记？”雷正兴饶有兴味。彭乐为人师地讲解道：“有这么几点值得注意：一不要记流水账，如记每天起床，上班，下班，吃饭，睡觉，没意思。二是要记一天中有突出意义的事，选择一、二件，把它记全，记深，记好，不要面面俱到。三是记事时，可写自己的感受和见解，或练习写景物，逐步提高自己的写作水平。”

今天，我们读《雷锋日记》之时，发现他深得了“日记”之要领：行文、叙事、写景、状物，或议论，或抒情，如行云流水。他曾经告诉彭正元以及要好的同志们：“我想当作家！要写出好作品……”并且向同志们表示：“今后我要朝这个方向努力奋斗！”

一言既出，即付诸行动。他贪婪地阅读各类文学书籍，并在灵感突发时试写了一些文艺作品。在参加“治沩”工程时，他写过诗歌、小说和散文，并向《工地报》编辑讨教，编辑熊春祜向他传授了写作知识。后来，他创作的《我学会开拖拉机了》一文，刊登在当时的《望城报》上。一本党刊的“封二”上载有《国际歌》，他立即抄在了学习本上，从此把“从来就没有救世主，也没有神仙皇帝”挂在了口上。在机关文化补习课本上，他又学会了一首民歌，自谱自唱起来，声朗气壮：

天上没有玉皇，
地上没有龙王。
我就是玉皇，
我就是龙王。
喝令三山五岳开道，
我来了！

他是像水晶一样透亮的人儿，最易触景生情，不但有话就说，在路上行走，便唱走路的歌；在田间劳动，就唱劳动的歌。在一次开垦荒地的集体劳动中，他一边使劲地挖土，一边唱《南泥湾》。在热闹的场合唱歌，唱得好惹人羡慕，唱得不好却能逗人一乐，其效果比唱得好的还好。他的《南泥湾》唱得曲子不准，有几处走调，大家听了大笑。冯乐群说：“别看你唱得不怎么样，倒是宣传南泥湾精神！”他笑着答：“咱就唱这个精神！”

趁着一股快乐劲儿，大家唱了很多歌。有人乐理知识高，有人嗓子好，都强于雷正兴，但都没有他逗人乐。

雷正兴爱劳动，尤其爱集体劳动，人们发现他是一个可令“群情振奋”的人，人越多越见他情绪高涨。他到乡间和农民在一起，有一种鱼入洞庭湖的得意。他和冯乐群一起随张书记到他蹲点的西塘高级农业社劳动，开垦的荒地足有三十亩，当年栽下了橘子树，而今郁郁葱葱，年产十万公斤。每当农民喜收果实时，便忆起那个爱唱歌的“小雷”，总是深情地说：“这里浇灌过雷锋的汗水啊！”他挖地常用的那把锄头，被心细的原西塘高级农业社支部书记吴吟钦保存起来，锄头已氧化短了一节。吴吟钦说：“从一九五七年起，我保存它三十多个春秋了，作为传家宝，教育子孙后代！”

实际上，在那个时候，有眼光的人已不是吴吟钦一位，湖南农谚中“马看蹄爪，人看起小儿”的话用于雷正兴的，便出自于他的多位同学和同事之口。

据原望城县委交通班班长陈海文回忆：当时在县委工作的同志大多数都是干部，而在交通班工作的同志全是职工编制。交通班工作辛苦，没白没黑，有的同志常发牢骚，要求改换工作。雷正兴的编制在交通班，人们回忆他时只记起他要求入团，要求入党，要求上学，从未关心过所谓的“编制”问题。他还对有牢骚的同志热情开导：“我们都是为人民服务的，在这个社会里，人人为我们，我们为人民。革命工作分工不同，当官、做工、种田都是为人民，没有贵贱之分！”

县委办公室干事钟光回忆起雷锋的涵养过人：一天下午，钟往门外泼茶水，迎头泼在前来送通知的雷正兴身上。钟马上道歉：“我没注意，真对不起！”而他连忙说：“没事！没事！”并且甜甜一笑，露出了两个好看的小酒窝跑掉了，让你连赔礼的机会都没有……

原县妇联的宣传部长陈杰赞扬他善解人意：一九五七年七月七日，临产的陈杰在家中晒衣服，突然一阵腹痛，瘫软在地。当时宿舍区无人，想动又动不了。正巧雷正兴路过此处，慌忙扶她进了屋，又慌忙跑出去了。过了一会儿，机关医务室的柳大夫急急赶来了，陈诧异地问他怎知她临产？柳说：“是小雷跑进会场里叫我来的呀！”

柳大夫为陈杰做了检查，发现胎位不正，采取了紧急措施，一个幼小的生命平安地出生了。陈杰的儿子叫方乐，而今已大学毕业参加了工作，他的人生格言就是：“向雷锋叔叔学习，做一个有益于人民的人。”

在笔者收集雷锋资料与对雷锋故知的采访中，时时感慨的是：雷锋是一层层塔楼垫起的塔尖。在他的故知中，领导者有许多党的高级干部、将军和负责某一部门的要员。同学、同事、工友、战友中有人是教授、总工、劳模、企业家。在灿烂的群星中升起这一颗耀眼的新星是十分自然的。

一九九六年五月三十日，雷孟宣老馆长陪同笔者采访了雷锋敬慕的女友冯健。她是毛主席三次接见的劳模，共青团代表，而今仍在湖南省总工会任副主席、巡视员。在工会大楼的办公室内，我们见到了这位热情开朗、风韵犹存的大姐。像所有的雷锋故知一样，一谈起雷锋她亲情盈溢，直谈到下班时分。

在荷叶坝完小上学的时候，雷正兴看到冯健的名字登在省报上，全省开展学习她的活动，此时的冯健在雷正兴的心目中，已经变成了一颗明亮的星星，然而雷锋的心中没产生过相遇这颗明星的奢望，更没有想到他们会成为志同道合的亲密朋友。爽朗的冯健大姐告诉我们，她第一次认识雷正兴的时候，正是一九五六年初冬。那时候，她已是一名共产党员、湖南省劳动模范、西塘高级农业社团总支书记，出席过全国青年建设社会主义积极分子大会。那天，冯健到县委张书记家拜访，一进门就看见了这个陌生的小伙子，正手把手地教张书记的女儿秀芳系红领巾。在这位见多识广的女干部眼中，他不过是一个十五六岁的小男孩,矮矮的个子,瘦小的身材,穿着整洁、朴素,像似张书记家来客样。张书记却为她作了介绍:“这是新来的公务员雷正兴!”又对小雷说:“这就是你早听说过的冯健姐姐!”

当时的雷正兴愣了一下,但立即恭敬地说道:“啊!你是冯健姐姐?真了不起,我一定向你学习!”

“我做得很不够,与党和人民的要求还相差很远。你在张书记身边工作,是最好的学习机会,会学到很多东西的!”冯健认真地回答道。

小小的秀芳扯下了系好的红领巾,叫冯健姐姐为她更好地系上,雷正兴马上夸赞道:“哟!系得这么好,你肯定戴过红领巾!”

第一次见面谈了红领巾。第二次见面时,这位好小伙子的性格特征就显现出来了:他请冯健为他讲讲“红领巾为什么是红的?”冯健当然知道是在考她,亦侃侃而谈:“红领巾是红旗的一角……”雷正兴听完后说道:“你摘下红领巾加入青年团,又加入了共产党,我摘下红领巾就什么也不是了!”

张书记笑道:“你到县里工作才几天?只要好好干,会赶上冯健姐姐的!”

在冯健的印象中,县委书记对于年轻的雷正兴寄托着厚望。也就是那一次,他找出两本书,都是吴运铎所著《把一切献给党》,赠她俩一人一本说:“学好吴运铎的革命精神,把一切献给党。”那天在张书记家待的时间较长,时已黄昏,冯健家在距县城十多华里的湘江之畔,张书记便叫雷正兴送她一程。

沿湘江长堤,行走着两位有志的男女青年。相同的志趣、共同的语言使他俩相信:人之相交不在时日的数量,而在乎相交的质量。当冯健得知雷正兴是一个孤儿,有一段悲惨的家史和苦难的童年时,十九岁的姑娘心酸落泪了。他俩已走了很远的路。天黑了,已到了村口,冯健说:“你是孤儿不要难过,如今是新社会,到处有亲人。我比你大几岁,今后,我们就像姐姐和弟弟一样,你有什么需要我帮忙的事,就找我……”

雷正兴被感动了、激动了,带着哭音叫了一声:“冯健姐姐!”两人依依握手告别。他们相望着,像一双远别的亲姐弟。

已经相认为姐弟,更有了姐弟的情谊。冯健每次到县委开会、汇报工作,他都问寒问暖,斟水倒茶。在南方多雨的天气里,步行赶路的人常常被淋湿衣服。心疼姐姐的雷正兴总是帮冯健烤干衣服,并拿来木屐换下湿鞋。有许多次雨淋之后,冯姐姐换穿雷弟弟的干爽衣服和鞋子,这不仅使姐姐身上爽快而且心中温暖。在那段美好的时日里,冯健再也不怕散会天晚了,他们在一起吃过县委食堂的晚饭起程,沿着湘江右岸的绿堤前行,一路心语,一路欢歌。离县城五六华里的地方,有条流入湘江的小河叫做枫树港,隔在县城与西塘的必经之途,水面有十几丈宽,没有专人摆渡,仅有两根棕绳系在一条小小的船上,两岸各钉一只木桩,棕绳固定在木桩上,这就是被称作"悠渡"的渡船了。过港时,人要立在船上,自己拽扯绳子,如操作不当,船会摇晃,人要落水。

小弟弟当然不愿叫大姐姐有一分危险,每回送她,总要送到枫树港。如果姐姐推让,小弟弟竟要摆出大哥哥的架势,扮伟男形象:"干这个我比你行,快坐好!"他一把一把拉起棕绳,水荡天摇,月晃星摇,很好的景致。有时,与冯健到蹲点的地方去,到县里去,为了省鞋子,两人提着鞋子,赤脚走土路。他是个细心的人,总是自己走疙瘩路,让姐姐走平地。

在与小弟弟的接触中,大姐姐发现他不仅对自己如此,对任何人都是一样:他们在路上走,见到哪家晾晒的东西掉了,他就帮拾起来。遇上小朋友打架,又扮和事老角色。看到小孩做危险的游戏,他一定会去制止,讲明利害,遇到老人走不动,他便扶着走……

在望城山乡的田野间,农民种植着大片的红花草以作肥田之用。每到阳春三月,大片的红花草盛开了,蜂飞蝶绕,如火如霞。想当作家的雷正兴每每被此美景所陶醉,还要采摘一把回来插在玻璃瓶里。有一次小弟弟偕同县里的几位同志送冯健出席一个大会,他特地采来一大束红花送给姐姐,表达他浓浓的情谊。对于小弟弟爱恋红花草的情结,冯健曾用抒情散文的语言写入回忆:"……红花草花儿美,肥力大,易种易管,适应性强,是湘江农家的一宝。我想:雷弟弟喜爱红花草,也许不只在乎她的外表美，而爱她有着顽强的生命力和那无私奉献的好品格吧……”

在五十年代里，干部和群众、上级和下级的关系是纯净而密切的。张书记带领雷正兴到西塘高级社去，常常落脚于冯家，吃一碗饭、喝一杯水是很平常的事。雷正兴是勤快人，闲不住，不是帮拣菜，就是帮挑水，不叫挑也挑，挑得大水缸亮晶晶地装满了水。他管冯健母亲叫婶婶。外婆和舅舅常在冯家，他也随冯健甜甜地叫出口，心里一定别有一番滋味。

漂亮的冯健姑娘还会拉一手很好的二胡，会拉当时的流行歌曲、哀婉柔曼的《白毛女》。一旦拉、唱起了这支歌子，两人的笑容全没有了，从心灵到词曲，都进入了那一份凄美之中。

冯健回忆说：那个眼眨眉毛动、精气灼人、神采奕奕的雷正兴是很爱漂亮的，他穿着整洁、大方。头梳得又黑又亮，每走到能照人影的玻璃窗前、清水池边，都要拉拉衣襟，整整头发，掸掸尘土，然后昂首挺胸，做威风男子状。他背着张书记的行李走路，以手做枪，树也打，鸟也打，星星月亮也打。口中啪啪有声，走的是军人的步伐。歇下来的时候也不是憨憨地歇着，幽默与淘气随之而至：拍一下别的人肩头做无辜相，逢人站起，即抽凳子，人摔罢他再拉起，戏耍对象当然是彼此来往的年轻人。

严肃态度是谈革命理想的时候，每到此时，他便进入了英雄的角色，慷慨激昂。常与冯健共同背诵某名著中某段名言，保尔·柯察金的那段豪言壮语是保留节目：“人最宝贵的东西是生命。生命属于我们只有一次。一个人的生命是应当这样度过的：当他回首往事的时候，不因虚度年华而悔恨，也不因碌碌无为而羞耻……”

冯健回忆说，雷正兴想象着自己“老了”的形象是幼稚和惹人发笑的：他给自己回首往事的环境规定在“灶角湾里”：“当我们老了的时候，我们就坐在‘灶角湾里’回忆现在的时光。告诉我们的子子孙孙：我们是怎样艰苦地干事业……”

他说的“灶角湾里”就是湖南人烧饭的灶前，灶前有柴，灶内有火，是个有饭菜香气而又温暖的地方。那时的他还想不到暖气、电暖器和空调，他要的是“灶角湾里”富有诗意的温暖和舒心。

言及此处，冯健的脸上泛起红光，好像又回到了青春的时代，她说：“那时的我们又懂事，又不懂事。有些地方我显然成熟一点，而有些地方，他好像又成熟了许多。我们都还小，都单纯，正在走向成熟。假若雷正兴不是比我小三岁，我们就不会那样幼稚……”

当时的冯健是一个十八九岁的姑娘，拼力养猪，还要参加各类社会活动，晚上的会议、学习、文娱活动排得满满的，天长日久，虽有雄心大志，无奈身心不支，产生了畏难情绪，心中充满矛盾。她便将心中的一切告诉了他。在这样的时候，他忽然一改小弟弟的温顺，摆出了大哥哥的架势开导着她：“忘了张书记给我们讲的刘胡兰、吴运铎的故事了吗？她们死都不怕，咱们还怕困难？做革命工作，不可能没有困难。为了建设社会主义新农村，你应该坚持下去！”

今天的年轻人也许已不习惯以这样的豪言壮语互相激励。但是，那是农民们刚翻身几年，他们把党和毛主席当做亲爹娘，他们被建设社会主义的伟大理想激励着，冯健把弟弟的话看做了批评、鼓舞和帮助，能给予这样的帮助才是亲姐亲弟的情分！

冯健如山林中的新笋，冲天而起了：一九五五年九月出席了全国青年积极分子大会；一九五七年七月，又出席了共青团第三次全国代表大会；两次进京都见到了毛主席，雷正兴对此十分羡慕，称他的冯姐是“最幸福的人”。他详细地询问她见到毛主席的情况，合影时的情况，问毛主席怎样走路？怎样说话？和书上电影上是否一样？站在毛主席的身后照相，心里是什么滋味？

“最幸福”的姐姐告诉他：毛主席和蔼可亲，同他合影时她幸福而激动地哭了，本来个子矮了些，但是踮起了脚，照片上的姐姐就这样清晰了……

他反反复复地看那张照片，忽然动了情，急切而诚挚地说：“健姐，你握了毛主席的手，我要握握你的手！”

他紧握了冯健的手,久久不放,满面的严肃而庄重。他说:"健姐,我梦见了毛主席,真真切切。你想一下,毛主席穿了什么衣服?什么鞋子?"

在雷锋事迹公之于世之后,有些外国人不大理解:怎么一个英雄在未死之前会留下那样多的照片?无论是作为雷锋还是雷正兴,他确实都留下了不少珍贵的历史照片,这是因为人们愿意为这个好同志照相,更因为他是一个爱照相的人!"

有一次,一位记者采访冯健,照例要仔细拍照,雷正兴突然向冯健提出个要求:"健姐,我们姐弟俩也来照个相!"记者当即为他俩照了一张非常好的合影,这是他一生中和健姐唯一的一次合影。

一九五八年年初的一天,雷正兴兴高采烈地跑到冯健面前:"健姐!好消息!你和我,就要成为县里第一批拖拉机手了!"

那时候,青年人对开拖拉机的向往,恰如而今的青年想要开飞机。那时人们只是在书本上得知了这个"铁牛"的神威,谁不想做领受新鲜事物的幸运儿呢?冯健拉着他去问张书记,果不其然。姐弟俩握手相庆,欢喜雀跃。但是,西塘社的形势需要冯健留下来,雷正兴只得劝慰他的姐姐:莫急,以后会有机会……

也在那一年十月,组织上决定保送冯健到湖南农学院读书,雷正兴又高兴又羡慕,向县委几位领导请求,他也要和健姐一起去上学,因为团山湖要变成人民公社,雷正兴不能再留那里开拖拉机。但是,保送的名额已定了,他不能去。无论是开车还是上学,姐弟俩都因客观的条件而从此分开,这是不是命运安排的必然呢?

在他的健姐离家前夕,雷弟弟来她的家中送别。与一年多前见到的"小雷"相比,他身材长高了,身体长壮了,也愈见成熟了。他对她说了许多鼓励的话,希望姐姐还要帮助他,鼓励他,多联系。她们谁也未曾想到:那便是他们的最后一面。虽然他们在以后还有过通信联系。

一九六一年初夏,冯健在一本杂志上读到了她的雷弟在部队上的事迹介绍,十分欣喜,当即去信祝贺。雷弟也立即回了信,还寄给她一张人们从报刊上多次看到过的擦拭"解放"汽车的照片。在照片的背

面,有他已为千万人熟悉的遒劲笔迹写下的赠言:

冯健姐姐,我永远向你学习。为共产主义奋斗终生。

——雷锋

一九六一年六月四日

当雷锋以身报国的噩耗传到冯健耳边之时,她犹如失去手足似的大恸。她拿出他的赠言、照片,泪流满面,一幅幅湘江作证、枫树港映照的画面重现眼前,她加入了与亿万人合哭的队伍。

双双成为祖国人杰的一对姐弟,在正值芳华的春日叙写了这样的故事。从文学的意义上讲,它残缺的凄美超过了团圆的魅力……

第五章

河湖情深

一九五七年秋，雷正兴参加了治理沩水河的庞大工程。一九五八年春，他当上了团山湖农场的拖拉机手。在“河”与“湖”的战斗中，他以自己饱满的热情和才情，撰写了他人生历史的诗篇。

关于“治沩工程”的重大意义，《望城县志》有此简述：“……沩水源自宁乡县境，由石头口入望城县境，分两支流经靖港和新康出湘江。河道曲折，流域内分成九个土围，堤长险多，水灾频仍。一九五七年十月二十五日，中共望城县委、县人民委员会作出了治理沩水的决定，成立了指挥部，由县委书记张兴玉任政委、副书记赵阳城任指挥长，集中干部四百六十七人，民工一万八千四百人……于是年十一月二十日动工，奋战四个月，上堵石头口，下堵靖港口。由新康出口，开辟一条新河道，使沩水南移。同时将新康、合益、朱家湖等围与“大众垸”合为一体，堤线由一百二十二公里缩短至四十余公里，减少渍涝面积二万四千二百亩，扩耕一万四千七百亩……”

由此可见，这是一项意义重大、造福于民的大工程。据张兴玉回忆：当时考虑到工程中体力劳动大，不太舍得派雷正兴去。他一连几次递交申请书，要参加这一场改造大自然的斗争。他说：“治沩工程这样重要，我不去，会后悔一辈子的！”在他的强烈要求下，又考虑到总指挥赵阳城书记正患疟疾病，县委才同意分配他去当赵总指挥的通讯员。他还不太高兴：在他的想象中，治河就是要拿锹挖土，当通讯员与在县委有什么区别？

但是，当他干起工地通讯员时，他才真正地明白了：在那样千军万马、人欢马叫的大工程中，他是一名火线通讯员，野战的艰苦超过了他的预料。指挥部设在乌山公社杲山大队杲山庙中。杲山庙历经千载风雨，其砖墙、竹墙、纸糊墙壁破旧不堪。因房屋高大，光暗地潮而显得阴森可怖。几块土砖架起几块木板，铺上些稻草就叫做床。正是多雨天气，床铺潮湿发霉，熏人作呕。工地生活条件更差，在一片荒地上搭起工棚，铺苇当床，十几至几十人挤住一个棚子。吃米饭加萝卜、辣椒、酸菜汤，餐餐如此。

十一个大队，二万人马，摆二十多里的长蛇阵势，但无论刮风下雨，冰天雪地，白天黑夜，通知是要送的。雷正兴干这份活计，衣服湿透，手脚皲裂，摔倒了再爬起来。赶不上热饭，就开水泡冷饭。大家说他太辛苦，可他在笔记本上写下了如此豪言：

以革命的名义，想想过去。
以革命的精神，对待现在。
以革命的志气，创造未来。

有这样的志气，要有一种献身的精神。而有这种献身精神的人，则一定能够遇上献身的机会：既然是打虎，就要与虎搏斗；既然是治水，就要与水拼命。赵阳城、李庆发等人回忆雷正兴与水的搏斗，几乎完成了献身的故事——有一天晚上，暴雨倾盆，沩水河水猛涨，狂风卷起汹涌的巨浪直扑下来。堆积在河边的水泥、木材、粮食、干菜即将被山洪卷走，指挥部紧急动员干部、民工冒雨抢险。当时决定雷正兴带领几名女将值班守营，他却写了张字条压在桌上，奔入了抢险的人群。那是一场惊心动魄的战斗：暴雨、狂风、泥泞、洪水如野牛野猪一样无情，他和民工一起拼战了半夜，几乎丢掉了性命才保住了国家的财产。一年以后，他在团山湖农场的抢险，以及两年后他在鞍钢抢救水泥，不过是这部好剧的续集罢了。

有与大自然斗争的勇气，也有与错误思想和观念斗争的胆量，赵阳城回忆录《十婆桥作证》一文叙述：杲山庙前有一条小河，河上有一座麻石桥,长十丈,宽一丈,相传为光绪年间由十个寡妇一生省吃俭用,捐资修建。人们为纪念十个寡妇的恩德,取桥名曰“十婆桥”。雷正兴在“十婆桥”上的故事流传至今:

一天下午,指挥部的干部们下了工地,突然来了几十个大汉,扎脚勒手,恶声吵叫:“这一方的风水全叫你们破坏了! 现在龙王迁都,水鬼乱游,我们要遭大灾! 你们还我鱼塘,还我祖坟……”

雷正兴从指挥部走出来,叫他们不要吵骂,不要迷信,要相信上级、党是为人民办好事。众人气焰正盛,根本不把一个矮瘦的细伢子放在眼里,指手画脚,越闹越凶,似乎要把小小的雷正兴吞下去。在这样的时刻里,出现意外是可能的:群情震怒,群龙无首,动一动拳脚本是眨眼间的事情。但是,他没有怕,而是以他特有的温和笑脸对着众人,以他娓娓动听的语言陈说利害, 他讲了沩水泛滥带来的一次次灾害,讲了根治沩水后两岸人民的美好前景。最后,他手指着面前的十婆桥,脸色一变,高声讲道:“你们知道,这叫十婆桥! 每天有千人走过,千人怀念那十个婆婆。封建社会,十个寡妇能联合筹钱修桥,造福乡里,难道你们还不如她们,眼看着沩河水泛滥成灾、百姓流离失所吗?

“今天,有党和毛主席领导我们大搞社会主义建设,全县人民治理沩水,造福于子孙万代,唯独你们搞封建迷信,闹事阻止,良心何在?”

他这样讲着,不禁流下了激动的热泪。闹事人被细伢子的真情感动了,被这些道理说服了,亦被他一身凛然正气震慑了。没等指挥部领导回来,人群便已散尽。领导和同志们高度赞扬他“单刀赴会”的勇气和舌战群“雄”的才气,同时也认定了一个事实:思想工作是治沩工程中必要的和急需的。

工地上掀起了轰轰烈烈的社会主义劳动竞赛高潮,大队与大队之间,团支部与团支部间挑战、应战、龙争虎斗。当时每人规定的任务是把三方土挑上大堤,指挥员也不例外,直线距离五十米,挑担者还要爬坡,确实是拼命而为之。雷正兴个子小,挑完三方土还要夜间值班,很叫人心疼。赵总指挥不让他值班,他说可以趁夜间读书,劝不听、拖不走。一旦有了急送的通知、文件,还要立即行动。有同志说他太累,他幽默地问:“钢铁是怎样炼成的?”

据“治沩”工地雷正兴的战友刘大谨回忆:有一天,省里直接发来了寒流信息:当夜十二点左右,有七八级大风暴,气温将骤降至零下五度左右,这是江南罕见的低温,指挥部要求立即通知各大队。刘大谨负责通知的八、九两个大队的电话无论如何都打不通,指挥部离两个大队七八里泥泞路,阴云密布的夜里伸手不见五指,刘是高度近视,同时还有《治沩工地报》的稿子须明天见报,要连夜编辑,只好向指挥长报告详情。

指挥长诙谐地说:“‘眼镜’不能夜奔梁山,路上摔死了没时间开追悼会。”雷正兴说:“我去!”说罢便往外走。指挥长不说话,刘追上去递一件雨衣,雷正兴说:“我有。”看着那萤火虫似的手电光一点点沉入夜路,刘大谨心中十分惭愧,十分担心,坐立不安。夜十点多的时候,编辑室的门被推开了,雷正兴满脸青紫地钻进棚内,俏皮地敬了个军礼:“报告记者同志,任务完成!”刘感动地说:“谢谢你,来得这样快,快烤烤火!”雷正兴说:“别客气,我是通讯员嘛,你坐,我去见指挥官,免得他担心!”

刘大谨还回忆道:雷正兴是一个心地善良的人,特别怜惜无助的孤寡。有一次,他来到编辑室,问是否要捎报下队,又把刘叫到一旁,腼腆地求借两元钱,刘立即给了他。过了几天,他领了工资来还钱,才悄声地告诉刘大谨:前不久他下大队时,路经一个老娭毑家,发现她正头痛发热,又无儿女照顾。雷正兴为她买了药,治好了病。那天借钱,是为了买点东西去看老人。老娭毑说:“你一定很孝顺父母,是个孝子。”他说他没了父母,老娭毑叹息说:“老天爷不长眼啊!这样的好伢子也命苦啊!”

刘大谨坚持不要那钱,他丢下钱跑开了。

在《治沩工地报》编采人员、农民作家熊春祐的回忆文章里,有雷正兴治愈赵总指挥重感冒的故事:赵阳城得了顽固性感冒,打针吃药不见好。军中不可一日无帅,大家心急,问题积了一堆,无法解决。雷正兴对熊春祐说:“严大娭讲过一个土方——‘路边姜’煮青壳鸭蛋,可以治重感冒，我不认识‘路边姜’，你带我去找好吗？”

熊春祐认识这味草药，但时值隆冬，草木凋零。又有几万民工挖土，怕是很难寻觅了。但是，他们仍去找了半天，无果而归。后来，雷正兴在严大娭家找来了一把“路边姜”，还买来三个青壳鸭蛋。他们立即去煮，赵总指挥一口气喝了三大碗药汤，还吃了一个青壳鸭蛋。

约莫一个钟头后，雷正兴急火火去找刘医师，说赵总指挥很难受，众人皆惊，怕是吃“路边姜”中了毒。跑去一看，他脸色苍白，大汗淋漓，呼吸急促，十分痛苦的样子。刘医师却说：“吃草药开了表，猛汗失水，暂时虚脱，现在输了液，即会好转……”不多久，赵总指挥缓过了气，脸上有了颜色，说：“再给我来一碗‘路边姜’，小雷，把青壳蛋也煮上……”

赵总指挥是北方人，喜欢面食。雷正兴每天为他煮面条，并佐以大葱、大蒜、生姜、胡椒之类。又一天，他从附近买来了一只母鸡，煮了荔枝、桂圆一大锅。赵总指挥问：“这鸡哪里来的？是不是食堂里搞特殊？”雷正兴说：“问土医师严大娭买的，一共两元五角钱。”

赵总指挥立即拿出钱来道：“快给严大娭送去！”不几日，他重又披挂上阵，指着小雷的背影说：“这小子，会治病……”

治沩工程的副总指挥叫肖介凡，中共望城县委的农村工作部副部长。他夸赞雷正兴是一位“编外质检员”。肖副总指挥回忆说：第五大队的民工是来自山区的农民，从来没修过大堤，对工程质量问题认识不足。时值岁末，天气寒冷，思家撤兵意识相当严重。部分连队的人不按要求施工，进土常常厚达一尺多，三遍“硪”（一种砸地基的工具）没法打紧。这些现象常被雷正兴发现，便上前劝说：“修堤是百年大计，如果不顾质量，将会祸及子孙。”建议连队干部组织返工。有些连队也有撤兵思想，不想听他的建议，他以严肃的神态警告说：“如不讲质量，将来洪水决堤，你就会成为历史的罪人！”

有一天下午，他风风火火跑进办公室，对肖副总指挥报告：“第五大队的工程质量出了问题，堤上可以抠出三斤重的‘大乌龟’来给你下酒！”他所说的“乌龟”就是没能打碎的硬土块。肖副总指挥与雷正兴一起来到五大队的四连工地，雷正兴指着一段堤面说："这里土层太厚，硪没打紧，里面埋着'乌龟'。"他说着便蹲下身去，从堤中抠出了好几只大"乌龟"来。

肖副总指挥与雷正兴又检查了更长的堤段，发现存在质量问题的竟有好几个连。此情况立即报告了赵总指挥，他马上召开电话会议，给各队各连敲响了警钟。也就在那天晚上，五大队一千余米的长堤上灯火通明，人声如潮，千名民工冒严寒，顶冷风，将不合格的堤段全部返工，消除了定时炸弹般可怕的隐患。肖副总指挥表扬了雷正兴："全是你这个'编外质检员'的功劳啊。"

表扬不只是口头上的。由于雷正兴在治沩工地上各方面表现突出，工程结束之日他被评为模范积极分子，并奖给他一件印有"治沩模范"大字的绒衣，以资鼓励。

在湖南雷锋纪念馆中，笔者见到了那件浸透过英雄汗水，沾满他热情、激情和才情的绒衣。绒衣是深蓝颜色，正是五十年代里最为流行的一种。"治沩模范"几个大字为白色，积年的时光已将它染成了黄色，却仍然笔力遒劲、形神兼备。我们可以想象雷正兴当年穿着它的潇洒和光荣。

湖南人生性乐观，困难不露穷相。雷正兴正值"少年壮志不言愁"的年龄，苦中累中，不带一丝没出息的忧愁与气馁。湖南人爱唱歌，以歌言情，以歌言志。雷正兴少年成才，算得上金喉俊鸟。参加过治沩工程的人们，至今都还会唱当年流行于工地的一首山歌：《儿要治沩娘也忙》。此歌是《治沩工地报》的采编人员、农民作家熊春祜创作的。歌词朴实而热情，雷正兴喜爱这首歌词，就把它抄在笔记本上。

有一天雷正兴送通知来到了五大队，大家都还记得这个"编外质检员"的厉害，整得他们星夜返工。但大家又都喜欢这个常送信、常送好消息的帅小伙，一见他来了，便七嘴八舌地问道："小雷，又有什么好消息？""又来检查吗？"

民工是辛苦的，巴望着哪怕一点点的新鲜，以填补长久的体力劳累和精神亏空。雷正兴也想与五大队的民工们调整情感，就乐哈哈地道:“有啊! 作家熊春祜写出了新歌,要多好听,有多好听! ”

姑娘和小伙们来了精神,叫他唱一唱。他说还没谱曲子,大家围住他,不许走。他还有事要做,急中生智说:“明天这个时候,我来这里唱! ”小伙姑娘起哄道:“说话算话啊! ”他拍了胸脯:“君子一言嘛! ”

既然要和五大队的同志联络感情,就要叫他们看见一个会唱民歌的雷正兴,回到指挥部他找到熊春祜,请教山歌的曲谱。熊编辑说:“我是词作者,音乐盲,哪里会唱? ”连问了几人,都说不会。天下没有难死活人的事,熊编辑能造词,雷正兴就能作曲:调动了自已对音乐的理解,调动了来自母亲、六叔爷爷和三叔唱皮影戏的“积累”,开始哼唱:韵律、节奏、连贯性都要讲究,左哼右哈,反复试唱,山歌曲谱终于成形,经赵总指挥和指挥部男女同事试听“彩排”,感觉曲子有点像湖南花鼓戏《刘海砍樵》的味道,十分委婉、清丽。搞后勤的几个女同志脑子灵,雷正兴去五大队交“货”之前,她们在指挥部里的合唱已成了气候。

五连的民工原估计雷正兴不敢来唱,但一见他果然来了,特别是姑娘们,便一齐鼓起掌来喊起了拉拉词:“雷同志,快快快! ”他站在曾经抠出“乌龟”的大堤顶端,东风吹拂着他额前的一绺头发,他唱了,声音高亢而清亮:

月儿弯弯照屋檐,
娘在房中把线穿。
油灯一盏燃过了,
儿要治沩娘也忙啊!
娘老做鞋眼发花,
几番起身拨灯花。
鞋底纳出胡椒眼儿,
面上镶出滚洞边儿。
儿哎!
娘夸你治沩不贪眠,
娘夸你不惜力气干……

民工们喝彩了,姑娘们又喊拉拉词,偌大的工地上,欢声雷动。在这样的时刻里,人们从对他“抠乌龟”的敬畏中解脱出来,开心开怀地欣赏着他可亲可爱的表演和悦耳的歌声,体味着唱词的含义,接受着一种文化和思想的熏陶。这支歌很快在大队、连队间传唱开来,成为治沩工地上的一首流行歌。

原治沩工程指挥部副政委、后来的团山湖农场场长、党委书记李庆发回忆说:“雷正兴很是活跃,爱唱歌,有人逗他唱,他张口就来。唱的歌词有捡来的,有自编的,曲子大多是‘随想曲’。除唱当时的流行歌以外,他还唱过一首工地歌:

垅中清水似汪洋,
英雄排渍日夜忙。
稻田绿遍水排尽,
活活气死老龙王。

唱歌的人高兴,听歌的人也高兴,这是一种好事情,凡是好事情雷正兴都爱做。

特别是青年人聚到一起时,他的兴致也是最高的时候,他会唱很多歌,而且能在不同的场合演唱不同意义、不同情绪的歌。有一次和一群男女青年在一起,大家要出节目,却互相推让,推到他身上,他张口就唱:

年年岁岁爱唱歌,
比不上今年的歌儿多。
全国人民大跃进,
开天辟地改山河……

情绪是决堤的水,一发而不可收。他一唱别人也敢唱了,一人一首,有的唱好几首,后来竟跳起了“采茶扑蝶舞”。青年伙伴们都说:雷正兴在哪里哪里就热闹,情绪是干柴,却需要一粒火种的点燃,与热情如火的“火种”工作、生活在一起,是一种莫大的幸运。

诗与歌是一种姐妹关系,雷正兴在荷叶坝完小学过普通话,朗诵出一首来,在湖南土话的汪洋中也是一股清流。据刘大谨回忆,他曾经向大家朗诵过一首名叫《把自己当作啄木鸟吧》的诗歌:

把自己当作啄木鸟吧!
用辛勤而艰苦的劳动,
为万木除病灭害,
使大树挺拔参天!
千万别把自己比作鹦鹉啊!
成天只会学舌别人,
为少数人——富豪权贵们
赏心而悦目……

唱歌是一种光荣,当地有一首民歌为证:

十八后生不唱歌,
莫到世上凑人多。
乌鸦子叫你早些死。
老鹰叫你早些亡。
看你学唱不学唱!

彭正元刻得一手好字,也是《治沩工地报》的编辑之一,雷正兴曾与他有过一次入心的谈话,他真心实意地告诉彭:“我想当作家!”

这位当年的编辑在他的回忆文章里写道:

一九五八年初春的一个傍晚,小雷对我说:“老彭,到堤上走走吧！”我回答说：“好呀！难得的好天气！”从工地指挥部到大堤，不过百多米，漫步大堤，放眼四顾，昨天的团山荒湖已被大堤四面环抱。在薄薄的暮霭里，袅袅炊烟从远处村庄升起，真是一幅如诗如画的江村夕照图……然而，更令人感叹的是造就这种美丽的人力与智慧，我们都为治沩工程的成就所振奋。雷正兴动情地说：“如果我们能将人民改天换地的伟大斗争以文艺形式表现出来，那该多有意思啊！老彭，我想当作家……”

他忘情地抱住了我的脖子，很激动的样子。我有些惊异地说：“当作家可不简单，要有文化，有生活。”

“我知道当作家不简单，要写出好作品，就要付出很多的心血！但是，今后我要朝这个方向努力奋斗！”

他将愿望立即付诸行动，贪婪地阅读着各类文艺书籍，并且利用业余时间创作了不少的文艺作品，《我学会开拖拉机了》一文，真的在《望城报》上刊登出来……

在一份十分难得的资料中，详细地记录了雷锋的有关“诗歌”创作的学习笔记：

一、诗歌包括：骚、铭、赋、民歌、古诗、绝诗、律诗、词、散曲。

二、民歌特点：

语言精炼，含义深远，内容丰富，押韵，易于上口，易于流传。

三、形式分为两种：

1.叙事诗，2.抒情诗，这两种诗的区别：

(1)叙事诗是描写人物的动态现象。

(2)抒情诗是抒发作者的情感。

四、民歌文艺手法：

1.对照：

如：牛出力来牛吃草，

东家吃米我吃糠。

2.比喻:

要说天,天最大,

我们的干劲比天大!

3.夸张:

孟姜女哭倒万里长城。

在这份笔记的下角里,还有一段他的"自勉"警句:

雷锋同志:

青春:闪烁着共产主义火花的青春。在火花里不怕燃烧,在水里不会下沉。

再下页,出现了一句不知是抄自书上,还是自己有感而发的文字:

我心里像抱着一只兔子一样嘣嘣乱跳。

下面的一页文字颇具功底,亦不知是写是抄:

你看那晚冬的拂晓,白雪蒙地,寒气钻骨,干冷干冷。在那宽阔的土地上,青年们响亮的歌声,冲破黎明的寂静。你看那青年男女,健美英俊,燕子一般,如涛似浪,热火朝天。还有一群青年们,无不欢欣鼓舞,到处哼唱着"千年的铁树开了花,万年的枯枝又发芽", 一片洪亮的歌声……从而可以说明我们祖国的伟大和毛主席领导的英明……

他还抄录了小说《浮沉》中的一节人物描写,看来是要训练自己习作人物形象:

教室里有两个姑娘,年龄都只有十八九岁。一个长得比较清瘦,尖尖的脸,端正的鼻子,有一对并不大、却非常明亮的眼睛,这对眼睛里常常会出现一种和她年龄不相称的沉思的神情。她的薄嘴唇有着很好的弧形,她的头发剪得很短,用橡皮筋扎成两小股。当她说话时,摆动着头部,那两小股头发就像乡下货郎手里摇着的手鼓,向两边摆动起来。

另一个是小胖子,她整个身体的轮廓都是圆的——脸是圆的,胳膊是圆的,身体是圆的,小腿是圆的。连那双肥胖的小脚看起来也是圆的……

这一切,都是为他的"作家梦"做着准备,既然是"将相本无种",雷正兴做作家就不是不可能,因为他是一个勇于探索,勤于学习,才华出众而又有非凡生活经历的青年。他已经开始了他幼儿学步的习作。一篇没有标题,没有结尾,却又很有文味的小说的开篇实录如下:

三月间,一个晴朗的日子,姑娘们你伴我、我叫她,成群结队地奔上山岗,到处寻找各种野菜,她们是多么快乐啊!

她们每个都像飞出笼的鸟儿,嘻嘻哈哈地说说笑笑,打打闹闹,唱着自己编的山歌儿……

下页,又是一篇像似小说的文字:

随着夜的降临,雨也下来了,开始是几颗雨星,渐渐增多,变大,一会儿就变成倾盆大雨了。天黑得伸手不见五指,两个人相对碰着鼻尖也难看清脸面。在这样滂沱的雨夜里,路上一个行人也没有,已是下半夜了……天晴了,雨后的早晨分外爽快,大地散发出潮润清凉的气息。太阳出来了,一层淡淡的朝霞,照耀着一片新生气象。而山根下的那条河流,雨水冲着泥沙,后浪推着前浪,正在急急忙忙地向西奔流。当母亲吃过早饭……

句子到此处断了,不知而后所云,真乃天缺一角。

另一首四句的民歌,题名叫做《荒山荡绿波》:

一群小伙笑哈哈,
背起锄头上山坡。
只听一声锄头响,
笑看荒山荡绿波。

在不少篇读书心得或读后感中,有一篇《读〈浮沉〉以后》:

这本书给了我深刻的印象,通过沈浩如和简素华的恋爱深深地教育了我,我应(认)为简素华的那种坚强不屈的意志,那种高尚的共产主义品格,那种克服困难的决心和信(心),那种艰苦朴素的工作作风,对群众那样的关怀,这位女同志是值得我永远向他(她)学习的。沈浩如同志是一个有严重资产阶级意识的人,去去(处处)只为个人打算,怕吃苦,他那些可耻的行为,我坚决反对!

文章观点明白,好恶分明。只是有几处错字,但属草稿,可以理解他的匆忙。但是,当他在诗思成熟,灵感泉涌,文采勃发创作诗歌《南来的燕子啊》的时候,他已经懂得诗句的凝练、"诗眼"的苦营了:

南来的燕子啊!
新来的候鸟,
从北方飞到了南方,
轻盈地掠过团山湖的上空,
闪着惊慌的眼光。
我听清了呢喃的燕语,
像在问:

“为什么荒芜的团山湖，
今年改变了模样？”
南来的燕子啊！
让我告诉你吧：
团山湖这块未垦的处女地，
是由于党的巨大的力量，
才围垦成一个新的农场，
是他们——农场的工人们，
用勤劳的双手，
给团山湖换上了新装。
……
南来的燕子啊！
你可不用惊呆。
不是晴天里响起了春雷，
而是拖拉机在隆隆地开，
不是沟渠里的水能倒流，
而是抽水机在把积水排。
为什么草坪上格外喧腾？
那是饲养员在牧马放牛！
……
南来的燕子啊！
你不用再寻旧时代的屋梁，
你可知道你所飞过的地方，
……
新建了多少这样的农场？

一九五八年八月一日于团山湖农场

在这首长诗中，他运用了大量的“比”、“兴”手法，将寻觅温暖的“南来的燕子”作为了自己感情、决心和理想的载体。他歌颂着共产党，歌颂着劳动者,歌颂着新生活。

他的处女作小说有着一个非常诗意的名字:《茵茵》，这是一个女子的芳名,作为一篇小说的标题真可谓简练而隽永,似有清风流贯的芬芳:

一个严寒的冬天,落了一尺多深的雪,地上、河里都凝结了七八寸厚的冰块,那刺骨的冷风一阵阵吹来,似乎使人不能再工作。

那勤劳勇敢的一万八千多个钢铁的战士,不怕千辛万苦地和冰雪战斗!民工们有的忙着挑土,有的忙着筑堤,那人山人海,好像蚂蚁一样在搬运着什么东西似的……

“茵茵”当(担)任了青年火箭突击队的队长。一次党委调火箭突击队去完成堵口任务,她领导全体队员同志□□□最艰苦的地方(文中打“□”处,系原稿中残缺或不清楚的字),那堵口有□□□尺宽,还有一寸多深的水,还结了一层很厚的冰块,任务十分艰巨!她们和冰雪战斗,有的站着打桩,有的站着运石头,搭桥,挑土……突然抽水机□□□水了,她冷静地考虑到:一定是水管出了毛病,把机器停下来吧?有五百多工人在堵口,水抽不出就会影响五百多人的工作,后来她决定下水修理,因只有她一个人在撑(掌)握机子,她脱掉棉大衣,打开冰块,奋不顾身地跳到了水里,在雪水里坚持了半个钟头,才把水管修好,继续抽水。

这时“茵茵”疲卷(倦)了,坐在机器旁边瞌睡,她手一动,不料被皮带把□□倒在皮带轮里,压着她的手,□□□□,救命!恰好有两个农民送慰问品,走此经过,听到喊叫声,急忙跑进去,只见一位女同志倒在机器上,一只手被压断了,随着皮带飞午(舞),鲜血直流。可是,他们又不懂得机器,手忙脚乱地拿着扁担打机器。

这里,“茵茵”痛苦地说:“你们不要打机器,机器是二三万块钱买来的呀!”……

后来,他们把“茵茵”从皮带轮里□□□来了,变成了残废。

一个月后,“茵茵”治好了伤,回到了新建的农场工作。领导上为了照顾她，让她回家休息两个月，可是，“茵茵”不肯休息，少了一只手不能干别的，她要求给农场饲养两头大黄牛。

她每天早起晚睡，精心饲养两头牛。一天傍黑，她牵着牛出去吃草回来，走到半路上，那头大黄牛突然停住了脚步，随你怎么，它也不肯走，这时“茵茵”急了，她看见过路的人都脱下衣来盖着东西，怕打湿了，她想：这只牛是怕大雨吗？她脱下了自己的衣盖在那黄牛身上。天黑了。“小王”从农场里来接她了，“小王”看见“茵茵”浑身给雨水打得透湿，黄牛背上却披着“茵茵”新做的蓝花衣裳……

以“小说作法”要求《茵茵》，大概它还缺文气，缺裁剪，缺乏结构的匠心，甚至连标点符号也应用不当。但是，在这篇文若其人的朴实的小说里，我们看到了他崇高的思想、理想境界。他虚构的那个“茵茵”是“治沩工程”中的一个“奉献”者，但“奉献”得那样从容，那样“满足”。她的真实性在于她遇上祸难不喊豪言壮语，而叫出了求生的“救命”声！她看见民工以扁担打机器时，她竟心疼压过了手疼地喊道：“……机器是二三万块钱买来的呀！”此时此刻的她忘掉自己，一心为集体的形象多感人，多么符合人物的心境，还有什么金笔银墨比此更准确，更动人呢？

又一篇《我学会开拖拉机了》的文章，是写于“治沩工程”结束，他终于当上了拖拉机手之后。当他真的实现梦想，学会了驾驶隆隆铁牛的时候，他的欣喜与激动便跃然纸上——灿然于《望城报》上了：

团山与杲山之间有一个大湖——团山湖。它纵横六七里，湖草丛生。人们形容这里土地肥沃，说是有五尺深的肥料。湖的周围去年围起了一道新的大堤，那弯弯曲曲的大（八）曲河，再不能穿过湖中间了，只能顺着新堤往下游流。一个新的国营农场在绿洲上建起来了。还有“铁牛”在荒地上奔驰着。这里有了300多勤劳勇敢的农场工人在歌唱今天的幸福，歌唱劳动的愉快，歌唱美好的将来。

三月十日,是我永远不能忘记的日子。这天我第一次学会了开拖拉机,心情是何等激动啊!

我7岁时父母双亡,变成了一个可怜的孤儿。那时,在国民党反动统治下,我只得给地主放牛,吃不饱,穿不暖,经常挨打挨骂,过着牛马一样的生活。

自从来了人民的救星——共产党,把我从火坑中拯救出来,送我上学,给我吃的穿的,把我培养成为一个有一定知识、觉悟听青年;使我于1956年投入革命的怀抱(在县委会当公务员),并在1957年2月加入了自己光荣的组织——共青团。

今年1月底,团县委号召建立望城第一青少年拖拉机站,接着又看见农学院的拖拉机来支援团山湖犁田,我多么想当一名拖拉机手!我就把节约下来准备做被子的20元钱,全部捐献了,只想拖拉机站马上建成就好。

这次,党批准我到农场来,我真是高兴极了。2月26日,我光荣地走上了劳动战线——到了团山湖农场,学习驾驶拖拉机。

当我第一次爬上拖拉机驾驶台学习的时候,我真高兴得要跳起来。我坐在驾驶员的身边,专心地看他怎样操作,怎样转弯,怎样发动汽油机……老陈一面驾驶,还一边告诉我驾驶方法和各部分名称,我一点一滴都记在脑子里,并写在日记上。这几天,我总是睡不着觉,起来又去学习,只想早一日学会,早日为祖国出一点力量。

学习了一个星期,懂得了一些操作方法和基本知识,老陈就让我去试验驾驶,他真的让出座位,站在一旁指点我。我一坐上驾驶台,心跳得很,生怕开不动,别人会讥笑;又怕没有力,转不动方向盘;还怕刹不住车,就更糟。我的心情既紧张,又快活,手脚都不由自主地颤抖起来。老陈对我说:“不要怕,要放勇敢些!”这时,我才把油门加大,把离合器向上一推,拖拉机嘎嘎地开动了。可是,拖拉机总不听我的指挥,走弯路。开了一会儿,我不怕了,心也跳得不那么厉害了,手脚也慢慢地不发抖了。这时,拖拉机也听我使唤了。在这个时候,我的心情又是多么喜悦呀!我回头望望,看到那可爱的肥沃土地,很快地被犁翻了,仿佛看见一大片绿油油的庄稼。

……

这篇文章的文字要干净得多,洗练得多,可能在《望城报》编发时有过加工。特别是学开拖拉机的一段描写,作者的亲历性的描写使人如临其境。雷正兴的激动和幸福是可以理解的,他成了望城县第一台拖拉机的第一个驾驶员。无论在任何人群里,"第一人"都是难能可贵的,他是望城县这一方面的第一人!

文中所及的"捐款"一事,赵阳城著有《捐款见真情》的回忆文章:

一九五八年春,治沩工程胜利结束后,县委决定将围起来的团山湖开垦成一个国营农场,让荒芜沉睡的湖洲地变成米粮仓。这一决定得到了上级的大力支持,分配了一台拖拉机指标……新中国刚成立不久,百废待兴,经济十分困难,为了购买拖拉机与建站,团县委发出了捐款的号召。县直机关干部和全县青少年积极响应,雷正兴更是不甘落后,马上把自己进机关一年多全部积蓄的二十元钱,一分不留地拿了出来……

又是一次倾囊捐献。望城县的第一台拖拉机也有这位"第一人"的"股份"。赵阳城说:"那些钱用一块布包着,有分币,有角票……"这一切,总指挥赵阳城都是见证人。后来成为雷锋的雷正兴在一九六〇年十一月五日于沈阳师范学院报告提纲中,又提及了一个因赵阳城守口如瓶而至今仍鲜为人知的"将救兵"的故事:

一九五七年和赵书记参加建设新农场,一天下雨的晚上,我和赵书记从工地开会回指挥部,赵书记把雨衣披在我的肩上。我走到一个桥上,一下没小心掉到了八曲河里(河有三丈多宽,水深八九尺,高一丈),我掉到河里后,赵书记立即跳到河里,把我救了上来。我的左腿摔伤,赵书记背我到指挥部,第二天把我送到县医院,他在百忙中还抽出时间来看我,送……

句子到此断了,没了下文。从以上文字即可看出,治沩工程的流血的事迹不止"茵茵"一例。

关于雷正兴学开拖拉机的细节,熊春祐曾经回忆道:……团山湖农场垦荒时,借了两台拖拉机,一台是省农科院的,一台是从白箬农场借调的。白箬机为"东方红"牌,机手姓陈。因机身为红色,农场职工亲切地叫它"新娘子",雷正兴在"新娘子"机上习艺。

陈师傅是个古怪人,性格内向,脾气倔犟,当了"陈师傅"之后,平日不吭气,不理人,脸若镔铁。雷正兴是聪明人,一切便小心翼翼,出工走在前,下工走在后。师傅还在吸烟,他就先擦机器,注满机油,拧紧螺丝。收工之后,站前侍后,晚间歇息,为师傅打洗脚水。久而久之,也长了肉心的"上帝"感动了,开始实心实意、耐心细致地向他的小徒弟传授技术。

师傅领进门,修行在个人。从此,这位有心计的小拖拉机手开始了求知若渴的深造:在一本印有"奖给治沩工程模范"字样的日记本上,记满了"拖拉机性能"、"拖拉机驾驶规则"等技术要领。农场办公室干部方湘林对他这位不愿做县委书记的通讯员而愿到农场干一名拖拉机手的"小作家"很有好感,有一天,便看着他日记本上的十五条"规则"对他考试:叫他一条条往下背诵,不从第一条开始,而从第五条提问,他一一背诵,几乎一字不差。方湘林是老辣角色,再问所背内容何解,他侃侃而谈,竟也颇为"老辣",令方湘林心悦诚服。

张兴玉老书记提起雷正兴去农场开拖拉机的事,至今颇多感慨,他告诉笔者:"雷正兴一而再、再而三地提要求,写申请。我真不舍得让他走,有些领导、同志也建议他'还是在县委,跟张书记好!'同志们这些建议是考虑他的个人前途,因为农场职工和县委通讯员相比,谁也看得出其中差别。而且，深得领导、组织信任的雷正兴，在县委的运遇可以说是如日东升，可他非去开拖拉机犁田不可！”张书记进而评论道：“若是如今的县委工作人员，谁也不会要求下农场。这就是当代青年人与那个时代的青年人的思想距离……”

在雷正兴自己的那本“账”里，他是十分合算的：他学会了开拖拉机，当上了望城县的“第一人”，而且，他还写出了小说和长诗呢！一棵大树的成长，每一圈年轮都是重要的，如果雷正兴没有团山湖的“大块文章”，他在日后是否会成为名满中外的雷锋便是未知数。关于雷正兴开着突突山响的铁牛，在团山湖垦荒的故事可以说是不胜枚举，最令人们记忆深刻的，应是这条“庚辰”年诞生的大龙与水搏斗的场面。

团山湖农场场长、党委书记李庆发同志叙述了“龙在水中”的矫捷：

> ……闸子口附近的堤段出现险情，为了防浪护堤，几十个职工正紧张地捆扎防浪排。深夜一点四十分，忽然从河对面吹来一阵北风，掀起了条条恶浪，朝团山湖大堤扑来。新堤经不起洪水冲刷，突然堤身一抖，我和雷正兴站立下的大堤被撕开了一道裂口。“不好了，要溃堤了！”我全身一震，马上组织堵口。有的架木条，有的填土，有的挡门板。但是，裂口越撕越大，无论我们怎样努力，也无法堵塞了。就在这时，我感到堤身已在移动，对面有位同志将我猛力一拉，我退了好几步，脚下的泥土猛烈崩塌。雷正兴还想挑土堵塞，我大声疾呼：“小雷，快撤退，你千万要做好那边民工的工作！”风雨中隐约听到了他的回声：“知道了——”
>
> 凶猛的洪水像出洞的蛟龙，怒吼着，咆哮着，以排山倒海之势冲向原野，堤上的人向两边撤退，水把我和雷正兴隔得越来越远了。堤岸上乱作一团。大家都担心朋友、亲人、同志出事。我心中一阵隐痛……振作了精神转向同志们说：“同志们，别担心，小雷他们不会出事的。我们要监视大堤险情，注意自身安全，我设法向县委汇报情况，请示派救生船来。”

天亮了，雷正兴和一、四工区的几十名职工还没有回来，我十分焦急。一直到上午八九点钟，才见他们满身泥浆赶回来了。雷正兴见了我，像孩子一样扑到我的怀里，紧紧地抱住我，用沙哑的声音叫道："李叔叔，我回来了！"我深知他这时的心情，大难之后，这个孤儿多么想念他的亲人啊！我搂住他，抚摸着他的头，含着泪说："孩子，你受怕了……"

后来我才知道，那一夜他做了许多事：河堤决口后，隔在溃口西边有五十多人，其中有一工区的，也有四工区的，大部分是大山区人，乍见洪水十分紧张。雷正兴带领他们沿大堤撤退，想绕道徐家桥、周家坝、经下塘铺、刘家山，迂回二十多里往回赶。跑了约两三里路，突然前面人声鼎沸，队伍停止了前进。原来前面大堤上的子堤也被洪水冲毁，切断了前进的路。大家乱得很，雷正兴说："同志们，我们虽然前无去路，后无退路，但是很安全，因为河堤两边都有水，堤身受的压力均衡，再不会发生溃堤危险了。"大家听着有道理，情绪安定下来。他又安慰大家："我们的处境场长和其他领导都知道，一定会千方百计来营救我们。只要我们互相照顾，坚持到天亮，就能胜利脱险。"

天亮时，雨停了，风也小了。县委派来了小火轮船，把他们救了出来。我从心里感激这个好小伙……

这是一次惊心动魄的水患，它的危险大到了中国险些失去了雷锋。

另一次与水的搏斗是为了抢运甘蔗种和涵管排险情。原团山湖农场民兵队副队长的详叙令人感叹：春汛来到，沩水河受到八曲河和湘江两处洪水的夹击，水位迅速上涨，停放在河滩上的甘蔗种即要被大水吞没。

场长李庆发命李湘梅副队长带队，立即将甘蔗种抢上河滩。当一、二工区的职工冒雨赶到"十婆桥"时，洪水离甘蔗堆已不到一米。一、二工区职工加起来只有二十余人，雨中、风中、泥浆中，河水还在飞涨，天已黑下来,甘蔗堆仍高如小山。一个矮个子背一捆甘蔗冲上来,说:“队长,要赶快调人马!”一句话提醒了李队长,立即回答:“好,雷正兴,你赶快跑团山嘴一趟,把三工区的职工全调来!”

小雷一走李湘梅就后悔了:河岸离团山嘴两公里泥路,要过六条小港,过八曲河,河面上只有一条“悠渡”船,风大水急,天黑泥粘,他年纪轻轻,身小力薄,是否能过得去?倘是缆绳拉断,小船被恶浪掀翻,后果不堪设想。他真正地害怕起来。

突然,远处有两个光点游来,三个,四个,一连串的亮点,是手电的光芒越来越亮,转眼到了面前。李队长发现雷正兴泥人一般走在前头,三工区四十名援兵全到。李队长感激地叫他休息,他却又背起了大捆的甘蔗。洪水已漫到甘蔗堆的根底,三月的雨水寒冷刺骨,人在齐膝的水中跌倒爬起,爬起跌倒,已是筋疲力尽。忽然间,甘蔗垛上的雷正兴抖着嗓子唱起了湖南花鼓戏《刘海砍樵》:

刘海哥,我的夫,
你带路往前走罗嗬!
胡大姐,我的妻,
你随着我来行罗嗬!

这样的时候唱这样的歌,特别惹人发笑,他又发出颤抖的声音,就更有趣,调皮的几个便随唱起来,继之又感染了众人,大家一起随唱了那尾声:

走罗嗬,行罗嗬!
走罗嗬,行罗嗬……

大家一塌糊涂地笑着、干着,夜十一点时全部抢运完毕,多数的人累瘫在地上,爬不起来。

“涵管排险情”的故事发生在一九五八年五月,山洪暴发,湘江水涨,沩水是湘江的支流,水涨亦猛。刚修起的沩水大堤是否经得起洪水袭击?人人担心。突然有人急报:"蓖子塘的涵管穿了,河水灌进团山湖大垸里来了!"人们不顾一切奔向险区。浊黄的河水从堤根部冒出来,冲向稻田,再看河面上,在涵管处形成一个箩筐大的旋涡,从江面上漂流而来的杂草和树枝一到旋涡就立即沉下,再也不见浮出,情况万分危险,必须立即堵塞涵管。队长叫技术队,技术队的人还没来到。于是转而命令雷正兴等人马上搬运抢险器材:草袋、木桩……

塞涵管是一项最危险的抢险工作,塞管人必须潜入三四米深的水底,用灌好泥土的草袋塞住管口,稍有差错,人就有吸进涵管里去的危险。因此塞管人不但要水性特好,还要有熟练的塞管技术。技术队没有赶到,只有派"敢死"人员下潜。这时雷正兴说:"我下!"唯恐不允,一下子就跳了下去。

一个浪头打过来就盖住了他,好一会儿才露出水面,连呛了几口水。李队长喊道:"雷正兴,快上来,危险!"周树生受了感染,将上衣一脱,说:"我是水里长大的,让我来!"旁边的几人都要争下,李湘梅急忙拦挡:"不能下太多的人!"他转而告诉雷正兴,你如果不上来,就给周树生递木桩,千万不要靠近旋涡边!他们又把扮桶放下水,当船使用,叫一个人站在桶内打桩。恰巧技术队的人赶到,大家一齐动手,很快就在涵管的入口钉上了包围桩,又将装满泥土的草袋投下,由潜水工下水塞管。涵管终于堵住了,水下的人都扮演了合格的角色。雷正兴虽然水性不太好,但那种无私无畏的献身精神却感染了所有的人。

在沩河边,在团山湖,雷正兴的故事如珍珠项链连成串儿。他的热情、激情和才情,比河湖还要深。

在雷正兴赢得了崇高的赞誉和奖励、取得了一连串的进步之时,他作为一个"自然人"的属性亦是健全的,甚至是完美的。他有着鲜明的个性特征和迷人的个人魅力,这一切是那样饶有情味、非常和谐地融入了他的一举一动。望城县委专职新闻干部、报道组组长胡道明,曾冒雨为笔者送来一篇他亲笔撰写的《小黄马的故事》:

一九五八年春天，团山湖农场刚建立的时候，买了两匹马。一匹是大白马，另一匹是小黄马，用来拉犁种旱粮。当时场部在杲山庙里，马厩离庙门口不远，请了个老倌子负责饲养。雷正兴见什么都想学，自然羡慕人在马上的威武。一开始，看马的老倌子不许他学骑马，怕摔伤了他。有一天，他乘老倌子不在，便偷偷地跨上了马背。那马欺生，拼命地颠跳起来，狠狠地摔了他一跤。老倌子回来听说此事，气得吹胡子瞪眼，一状告到了团支部书记孙建华那里。其实，孙建华早知道雷正兴偷偷学骑马的事，并对他挨摔偷偷笑过。老倌子一告状，孙建华就叫了雷正兴，问给老倌子看："你学骑马干什么？""多学一门本事，就能为党，为国家多作一份贡献！"他正经八百、振振有词，令人好笑，老倌子更加生气。孙建华会工作，立刻批评雷正兴几句，并叫他对老倌子检讨。雷正兴的检讨很有水平，不说不让骑马，而言老倌子疼他、爱护他，把老头儿哄得直捋胡子，气全消了。

后来农场有了拖拉机，两匹大马也就"失了业"。青年职工都想学骑马，有那闲暇的一日，小黄马又被牵来，大家跃跃欲试，终有胆大的几个跨了上去，威武相尚未扮出，早被烈性子的小黄马掀摔下来，引起了哄声大笑。雷正兴心里痒得厉害，因是合法的娱乐了，胆就更壮，他以"过来人"的口吻说道："看我的！"说话间勒住缰绳，纵身一跃，跨上了马背。因有了挨摔的经验，他夹紧马腹，抓紧了马鬃毛，露几分老辣里手的得意，望着众人一笑。谁知小黄马也不是省油的灯，非要再摔他个跟头不可。只见它向前猛跑几步，急转几圈儿，骤然来一个直立，悬空颠起的雷正兴直落马下，幸亏地暄草软，不然大家可就笑不出来了。

在众人的笑闹声中，他一瘸一拐地爬起来，不服输地发誓："你们不要笑，我非学会骑马不可！"笑完闹完了谁也未把这誓言当真，因为这纯是一种娱乐，用不着当成大事。可他却用了真功夫：请教告过他状的老倌子，并讲述了几次挨摔的细节。老倌子已开始喜欢他，觉得这个小子实在有趣，又好学上进，便道出了玩马的经验："是马三分龙，性子都烈。烈是烈给生人的，对与它一面不识的人物，一见面就想骑它于胯下，它心里烦得很，口里又说不出，不想法儿摔你个脆的才叫怪呢！你要想骑它,就要讲交情:就像处朋友一样,关心它,养护它,‘羊马比君子’嘛!除了是个哑巴,心思与人一样!”

听了这番话,他受了极大的启发:这是一种处世经验,你要得到友爱,就要付出友爱。你要得到感情,先要付出感情。对畜,对鸟,对马,对人概莫能外……从此以后,他每天利用休息时间,牵着小黄马去吃草,帮它梳毛,和它拉话,照顾它饮水……不久,他和小黄马处成了朋友,小黄马眼光之中都带了柔情,好像在鼓励他跨上背来。

在一个落日红红的傍晚,他又一次跨上了小黄马的马背,小黄马小心翼翼地踏上绿色的草地,沿着小河走起来,落霞与红红的夕阳映在水中,小黄马和雷正兴也映在水中。在几次回头看过它的骑手之后,小黄马开始慢跑,颠出个节奏,颤出了舞步。在这样的时刻里,他与他的小黄马成了一对心心相印的舞伴:他随着它的节奏颠颤,它随着他的心思起舞;在这样的绿草滩上,他想起小说中的苏联大草原,想起了挥舞战刀的钢铁战士,想起了他曾经拥有过的心爱的卡宾枪……

下班的农场工友们发现了,兴高采烈地欢叫、欢笑起来,追着观看。他温柔地牵动着缰绳,马儿转起了圆圈儿,“驾!”他吆喝一声,马儿迅跑了,他感到自己悬浮在云霞燃烧的湖空,晕晕地、款款地飞起来。一群水鸟不是被惊飞而是在赛飞,他真正地激动起来,激动了就想唱一唱,要唱就唱当时的流行歌,顺口唱来,竟与此情此景貌合神融:

蓝蓝的天上白云飘,
白云下面马儿跑。
挥动鞭儿响四方,
百鸟齐飞翔。
要是有人来问我,
这是什么地方?
我就骄傲地告诉他,
这是“我们的农场”……

最后的一句,他即兴改了歌词,把“这是我们的家乡”改成了“这是我们的农场”! 所有的人都为他的潇洒和机灵鼓起掌来,随唱起来。他更加高兴,又唱起一首《云长打马过五关》的民歌,回报人们的拉拉词:

太阳一出三十三,
云长打马过五关。
过得五关斩六将,
战鼓三通斩蔡阳。
马上抛刀与三郎……

“好!”众人喝彩。场长、队长、团支书记都来观赏,都在叫好。老倌子捋着胡子说:“这是我的徒弟!”

胡道明回忆说:团山湖农场共有五个工区,场部的信和通知是靠人步行送达,自从雷正兴学会了骑马,就把这项任务包揽下来。在一整天的“铁牛”上劳作之后,又骑在美丽的“金驹”背上飞驰,好一番惬意! 老倌子说:“当时他一学骑马,我就看他有出息,看,顶大用啦!”

一九九六年五月二十九日,在望城县政协的一间办公室里,我见到了雷正兴当年的三位亲密同志,他们的名字是:彭正元,胡道明,张建文。门外细雨霏霏,令人心生凄清。他们在谈雷锋——当年的年轻伙伴、亲爱的雷正兴同志。我觉得他们是在合唱着一首我曾学唱过的歌——它是一首叙事歌曲,名叫《说唱雷锋》:

我们带着崇高的敬意无限的深情,
歌唱我们青年的榜样英雄雷锋。
他短促的生命发出了不灭的光辉,
他平凡的脚步走过了宏伟的历程。
我们年轻的伙伴,
我们亲爱的弟兄,

他光荣的事迹千人歌唱万人传颂。

三个人都已是六十余岁的老人,但是,他们曾经年轻过,回想起雷正兴的音容笑貌,便露出难以抑制的伤感之情。原望城县委交通班通讯员、雷正兴的好同事张建文回忆了他改名的事情。中国人有“以名言志”的习惯与传统,他的改名正是为了言志:

鞍钢和湘钢派人到望城县招收工人,张建文(当年的张希文)赶到了周家坝,问雷正兴愿不愿意当炼钢工人。熟读了《钢铁是怎样炼成的》一书的雷正兴不知真的钢铁如何炼出,二人便一同到县招待所报名。在他们的心目中,党和人民政府提出的“钢铁元帅升帐”是祖国的需要,是社会主义建设的当务之急,他们必须到祖国最需要的地方去!

肩并肩走上团山湖堤垸,只见彩霞抹在天际,远山融入霞光,沩水河清澈明亮,一叶叶白帆驶向美丽的湘江。这是美丽的家乡,为了建设家乡,他们业已付出了艰苦的劳动。但是,为了祖国的未来,他们却要离开她,就像离开温情的母亲。雷正兴若有所思地走着,突然放慢了脚步,说:“希文,‘雷正兴’这个名字是彭大叔给我起的,想要我家道兴旺,运道兴旺。现在,我兴旺了,家乡也兴旺了,需要我站得更高,看得更远了。近年来,我常走金山、乌山,觉得名字叫个山、叫个峰很有意义,现在趁报名的机会改过来吧!”

张希文说:“那就是高高的山峰了!”

他又说道:“还有一个想法,现在‘钢铁元帅升帐’,全国人民大炼钢铁,我想去鞍钢当工人,就要与钢铁结缘。还要表现我争先锋、打冲锋的心愿,我觉得改成先锋的‘锋’字也很好!带了个‘金’字旁嘛!”张希文连声称赞:“改得好!”同是年轻人,都有一种以名言志的情结,张希文要走出望城当钢铁工人,趁了报名时机,也想改名,于是请聪明伶俐的雷正兴帮忙,改一个意思好的。雷正兴乐意帮忙,他沉思了一阵,说:“你原名叫希文,是希望有文化的意思,缺乏主动作战的精神。我看叫‘建文’好,发挥主观能动性,建设社会主义新文化,表现主动创造的精神!”

既然言之有理，那就叫“建文”。如果说一个人的名字能够决定人的前程的话，你就要以名字说明自己的志向，照着这个志向坚定地走下去，而“有志者事竟成”。我们且不说“雷锋”这个中外驰名的人物如雷一样轰响，如刀锋一样锐利，勇往直前，便是这位由“希文”而“建文”的雷锋的战友，后来也真的在望城县的文化战线上奋斗了一生，最后从该县电影院经理的任上离休。张建文很满意这个名字，并为有这样一位杰出人物为自己更名而一世自豪。

关于雷正兴更名的原因，还有老书记张兴玉一说：在雷正兴入团后的一天，他曾找张书记，想要将三字名改为两字名，好叫。据一九九三年不幸逝世、却留下了珍贵回忆文章的冯乐群叙述：张书记沉思了良久，最后回答他——你叫雷峰行不行？峰是山峰，是高峰，会永远激励你奋发努力，攀登高峰！雷正兴很高兴，他从心底感谢这位亲如父母的长者，为他这个孤儿起了一个响亮而富有深意的名字……

又一天，雷正兴蹦蹦跳跳地跑到了冯乐群的办公室，把张书记为之改名的事告诉了他。他赞扬这个名字改得好，除了“勇攀高峰”的深意之外，还有另一层意思——杭州西湖之畔有座雷峰塔，是扶正祛邪之物，这名字可鼓励你向一切不良行为作斗争！

雷正兴去鞍钢前夕，又来找冯乐群谈改名之事，他当时说：“老冯，我想把山峰的‘峰’字改为先锋的‘锋’，有个‘金’字旁，和钢铁联系起来，你看好不好？”冯乐群问他：“还有没有更深的含义？”他显得激动起来，语气急切地说：“我现在已经是团员了，将来一定要加入中国共产党，共产党是工人阶级的先锋队，我将成为其中的一员，做一名先锋战士更有意义，对吗？”

冯乐群完全赞成他再一次改名的决定，因为做时代的先锋比做一座高峰更有革命意义。据知情人讲，雷正兴到了鞍钢之后曾把“峰”字和“锋”字混用，以后到了部队，才正式改“峰”为“锋”。他果然成了“先锋队”的一员，彪炳青史。

在张兴玉书记处，我曾有机会证实了冯乐群同志的叙述。但张建文同志的“改名”叙述，亦有同志“三十年前早知道”！到底雷正兴更名，是与谁共商的结果呢？好在当事的张书记、张经理都还健在，笔者有机会与二人探讨，推论，求实：我们较为一致的结论认为：雷正兴更改名字不是一时的冲动，而是“冰冻三尺，非一日之寒”的结果。他可能与不止一、二、三个要好、亲近的上级、同志商量过。张书记、冯乐群两位同志接触的是改名的过程，而与他同时报名北上鞍钢的张建文，经历的则是最后的改名结果——因为这肩并肩走在团山湖堤垸上的俩兄弟，马上就会在县委招待所登记自己的名字，这样的时候再一次谈及更名一事，有什么不合时宜？而且，作为雷正兴的处世习惯、做人风格，他不会把一个已有定义的名字讲给别人征求意见。用商量的口气讨论备用名字，征求意见，是他优秀的性格特征……

总而言之，“雷正兴”更名为“雷锋”了，使人们在写诗、作文、唱歌时能够使用这个雷霆万钧的名字，又悦耳，又上口。但是，在他离开团山湖农场和望城县之前，他的所有亲友、领导、同志都还叫他雷正兴，因此，撰写他在美丽的家乡里一切的一切，我都还要用“雷正兴”这个名字。

一个人获得众人之爱是幸福的。雷正兴获得了他周围所有的人——包括女同志的友爱之情。他是一个没有父母兄弟的孤儿，他命运中所缺的亲人的爱抚，注定要由他们弥补。包括冯健同志在内的一大批女同志对他的回忆，是这本传记中气韵清丽、委曲婉转的文眼。

原望城县坪塘区营业员，后被下放到团山湖农场劳动锻炼的雷正兴的工友——人们公认的他的亲密的女友王佩玲有文章回忆起他：《雷正兴与保尔·柯察金》。在这篇文章中，一个有着女性细腻、温柔性格的雷正兴跃然纸上：雷正兴有一个藤条箱子，里面装满了书籍。农场里的女同志常借他的书看，王佩玲借得更勤。豆蔻年华，热血沸腾，触景生情，每天的工作之余，过剩的精力用于讨论“卓娅和舒拉”、“保尔和冬妮娅”，他精辟的评语，独到的见解，常常使一群男女青年折服，更使王佩玲倾慕有加，心旌飘摇。有那么几天的繁重劳动，迫使王佩玲暂停了读书，雷正兴奇怪了。连问她几个为什么，她谈到了累、困、艰苦。他叹了一口气，严肃而专注地同她谈心：“王姐，劳累一点算什么？生活在今天，比过去幸福了多少倍？在《钢铁是怎样炼成的》一书中，战争和病魔使保尔瘫痪，双目失明，但他却以无比顽强的意志和毅力战胜了种种困难，最后写成了这部巨著。我们要学习保尔这种坚韧不拔的精神，才能称之为一个有志青年！”他又一次背诵书中名言“人最宝贵的东西是生命……”然后，他拿出了日记本，请她看他在一九五八年六月七日写下的一篇日记：

> ……如果你是一滴水，你是否滋润了一寸土地？如果你是一线阳光，你是否照亮了一分黑暗？如果你是一粒粮食，你是否哺育了有用的生命？如果你是一颗最小的螺丝钉，你是否永远坚守着(在)你生活的岗位上？如果你要告诉我们什么思想，你是否在日夜宣扬那最美丽的理想？你既然活着，你又是否为未来的人类生活付出你的劳动？使世界一天天变得更美丽？我想问你，为未来带来了什么？在生活的仓库里，我们不应该只是个无穷无尽的支付者。

王佩玲认为，他的这篇日记是受了保尔那段名言的启示写下来的。他的所有行动都实践了他的诺言。他不单在工作、学习上表现突出，对同志也极为关心有舍己救人的精神。有一次王佩玲生了病，他问长问短、问药求方，使她十分感动，巴不得一下子好起来，了却他的牵念。那时候，人们有一股大干社会主义的蛮力，在白天的工作中拼尽了力气，衣服只得在黑夜去洗。水塘离驻地较远，有那样许多次，姐妹们结伴到塘中洗衣，在空旷的野湖滩中，四周阒无人迹，只有星星，甚至没有月亮的时候，大家便有一些害怕。细心的雷正兴总会适时地来到塘边，同她们拉话，为她们唱歌，讲故事。水面上荡起了涟漪，滴落其内的星影颤抖了，淹没了。在很远的地方，有几声鸟叫饱含着水分传来，为他的歌声伴奏。后来，她们也唱起来，夜间的洗衣也就变成了美妙的晚会。

有一次，一连数日的大雨之后，湘江水暴涨了，团山湖农场的一段垸堤被大水冲垮,汹涌的江水像无情的巨兽猛然扑来,似要吞噬全农场的人们。早一步发现情况的雷正兴飞也似的奔向了这群女子,口中大呼着:“快跑,大水来啦! ”一边带领她们急躲到高处,在千钧一发之际脱离了险境。所有的女同志都念念不忘他的救命恩情。

那之后不久的日子里,上级调王佩玲到湘潭去学习,感情真挚的雷正兴演出了一幕《十里相送》的剧情。在渡船的码头上。这位人人喜爱的小弟弟又一次变成了大哥哥,对他的这位“小妹”千叮咛,万嘱咐。他要她好好学习,坚持读书,不许偷懒,像保尔那样顽强拼搏,永远上进。但是,他也告诫她保重身体,出门在外,人地两生,熟悉和适应都要有一个过程,就像春天是一天天来到一样……再后来,为了祖国的需要,他们各奔了前程。但是,他没有忘记赠给她一张表示情谊的肖像。这张背面有他亲笔题字、从未发表过的照片,王佩玲交给了《回忆雷锋》一书的编著人戴明章……

秦中华对他的回忆也是饱含深情的:一九五八年,她正在县农校学习。八月初的一个傍晚,女同学正在宿舍高谈阔论,突然有一个小青年从门口探进头来轻声问道:“请问,秦中华在这里吗?”秦中华的第一印象便是“他稚气的脸上带着微笑”。小青年大大方方地自我介绍:“我叫雷正兴,在五星人民公社(团山湖农场后来曾变为‘五星’人民公社之一部)工作,你姐姐叫秦秀桃吧? 她托我带东西给你。”

他递来了一个纸包,同学们以为是好吃的东西,争着打开,原来是一双跑鞋,白色的。由于第一印象就好,大家纷纷让座。他大大方方地坐了,很快便谈开了天南地北。在交谈中,大家知道他当过县委张书记的通讯员,当过拖拉机手,便以为见到了一个见识广、世面大的人物,都唤他“大干部”。

后来,秦中华到五星公社找姐姐。姐姐是电话员,到了电话室内,没找到姐姐,却找到了雷正兴,原来他来替班,帮姐姐的忙。秦秀桃回来了,当着妹妹的面大夸小雷,勤快、助人,为机关扫院,为食堂挑水,擦门窗,打开水……总之,秦中华对雷正兴的了解更深了,印象也更好起来。而且,这种帮助很快就落实到她的身上:

金秋日的一个下午，女同学们正在开拓试验田地——那时讲“深翻土地”。雷正兴正路过这边，跨到地里就帮忙，一会儿的工夫便赶上女同学们。秦中华等人凑了一角五分钱，将六分钱一斤的橘子买了一堆，请雷正兴的客。他并不客气，待要吃时却说一角五分钱不该买那样多橘子，坚持复秤。复秤后发觉多了九分钱的橘子，他竟到了商店补钱，令秦中华及女同学们感叹不已！

一九五八年十一月一日，秦中华是在姐姐处听说雷正兴要到鞍钢去当工人。秦中华回忆说：姐姐秦秀桃是以“异样的脸色，羡慕的心情”对着雷正兴讲：“好啊！你要飞走啦！”

他没有表现更多的留恋，却劝秦中华道：“中华，你也报名吧！我们一起去，那该多好啊……”秦中华很动心，却因了学业未毕，不能同行。雷正兴告诉她：“也好，等你毕业了，我随时欢迎你……”

他递去一个深蓝色的日记本，十分恳切地说：“请你俩给题个词留念吧！”秦秀桃笑着说：“中华文化高，当全权代表！”秦中华当仁不让，在日记本上写下了一段激情澎湃的话：

> 雷锋同志分别留念：中国有无数的你——共青团员，华美的社会主义就能实现。
>
> 秦中华
>
> 写于望城县
>
> 一九五八年十一月一日

这种评价是很高的，只要中国拥有无数的雷正兴，就可以实现“华美”的社会主义！秦中华的回忆还描述了姐妹俩十分美好、微妙的心态以及雷正兴非凡的语言技巧：

> ……我姐姐抢过笔记本先睹为快，看后高兴地说：“写得好，我也是这个意思。”雷正兴凑过去，看过一遍后，眉尖一挑说：“谢谢鼓励，蛮有‘肚才’呀！把‘中华’二字也藏在里面了，我会把它记

在心里的！”一句话说得我脸红了。他又说：“礼尚往来，请你也把日记本拿出来，让我也题个词留念吧！”我当然高兴，立即从背袋里拿出深红色的日记本——第一届全县青年积极分子代表大会的奖品，请他题词。他略加思索，提笔写下了几行排列有序、字体倾斜的文字：

临别留笔（言）：亲爱的同学，革命的朋友，愿你跨上战马，高举战旗，在社会主义建设中让我们携手前进！

雷锋提（题）赠于望城

一九五八年十一月一日

看过留言的秦中华激动了，一把抢过了他的日记本，急急切切地道：“让我再给你写一篇吧！”

应该承认的是，这位当年非常美丽的女学生是文采勃发的，因为她善于运用文字表达自己崇尚英雄的思想：

分别同学，相会英雄。

学友：秦中华写

一九五八年十一月一日

当时的雷正兴接过了日记本，一字一句地斟酌、琢磨。青年男儿的激情满涨了，他似乎想说什么，或是想唱歌，想朗诵，口唇翕动而终于无言，只将深情的目光转向面前的姑娘。良久，他又一次拿起了那个深红色的日记本，喃喃道：“刚才给你的题词，意犹未尽……让我再写一段话给你，作为对你这段题词的回报与共勉。”

他又一次拿起了笔，那么严肃而凝重地书写下去：

小秦，你是党的忠实儿女，愿你的青春像鲜花一样，在祖国的土地上散发芬芳，“伟大的理想产生于伟大的毅力”，请你记住这两句话，祝你在平凡的工作上，锻炼成为一个真正的共产主义战士！

雷锋提(题)赠

五八.十一.一

两个人题过来、题过去，没有个完，也不想完。总机旁的姐姐意味深长地笑着，看看她又看看他。明净的玻璃窗外，暖冬的阳光和煦而明丽，映照着房内的青年男女。在这样的时刻里，他们都变得非常美丽：他像似她心目中的英雄，她成了他心目中的鲜花。在这样的时刻里，笔者想起了雷锋在那个"秘密卷"中所写的看似无头无尾的一句话：

我心里像抱着一只兔子一样嘣嘣乱跳……

在这样场景下，颇知人心的笔者亦想起一首湖南的民歌来：

山顶画眉子叫一声，
山脚画眉子就接音。
两只画眉子一同叫，
叫得青山绿茵茵。
……

还不到青山绿茵的季节，热情与激情已带来阵阵春的暖意。在有志青年男女的心里，没有分别千万里的惆怅，只有相互勉励和祝福。秦秀桃拿过妹妹的日记本，从头到尾，从尾到头地看了两遍，突然像哥伦布发现了新大陆一样，叫了起来："哎呀呀！你什么时候改名叫雷锋的？"

雷锋笑道："这次报名时改的，我要争当革命的开路先锋！"

秀桃被启发，或被撩起了念头，急急地说："我秀桃这名字也不好，我也要改改名字，与你们一同建设祖国去。"

关于那一日的别离及后来的故事,秦中华继续撰文回忆道:

……这天夜里,我们与雷锋漫谈理想与抱负,简直忘了一切……他到鞍钢后,给我来过好几封信,并寄给我一张在天安门前骑摩托车的二寸照片,照片后面对角方向题了词:

小秦同志留念:革命的朋友,伟大的友谊。

雷锋赠送

五八.十一.二十八

我也每次都回了信,后来,我毕业了,东奔西走,他也换了工作地方,我们就失去了联系……

到一九六三年,当我从广播中再次听到这个名字,从报上再次见到他的肖像时,他已经成为全国人民学习的英雄……他临别赠给我的两篇留言一直珍藏在我的心中,时刻激励我争做一个雷锋式的真正的共产主义战士……

在她的回忆、叙述中,我们读到了美丽,也读到了遗憾;事物总不能完全依照人们的愿望而发展,故事亦不能按照人们的想象而圆满。这位年龄比雷锋小了十个月的秦中华,后来成为长沙电力学校的教师。一九九四年三月五日——在与她的好友离别三十六年之后,她怀着常人难以揣测的百感交集的心情,参加了举办于“抚顺市雷锋纪念馆”的“忆我和雷锋”座谈会,并向《回忆雷锋》的编著人提供了她与雷锋互勉的赠言,以及那一幅背面有雷锋亲笔签字的照片。她是一位文静的知识女性,她坦陈了与雷锋的亲近情感,那是在爽洁如花如霞的三十六年之前。

在个体经理刘中柱家中,在农民刘明德家中,这两位雷锋的同班同学都回忆他们年轻的时光,回忆了不少的女同学羡慕这位英俊少年的故事。在县政协的办公室中,曾经年轻的彭正元、胡道明、张建文一从思念的忧郁中解脱，便谈起那些令人神往的话题：在团山湖农场期间，该场女子组成了一个篮球队，与望城县二中的女队比赛，场女队有一个因故退场，女队的姑娘一齐叫唤："雷正兴上！"不管愿意不愿意，几只手就将他揪了上去。好在二中的女生并无异议——他是那种让人看一眼就觉舒服的人。

在全场的欢笑声中，这位个头与女队员相仿的小伙子前蹿后跳，活跃于女子之间，或投篮，或拼抢，比女队员还技高一筹。农场女队获得了胜利，雷正兴与二中女队共谈得失，握手道别，亲切自然，令观众捧腹不已。

三位雷锋的老同事讲道：年轻的雷正兴人人喜爱，常常与同伴们在一起谈读书心得，打扑克牌，玩趣味游戏，或斗智赛口，相互之间亲密无隙，无拘无束。

雷正兴完小毕业参加工作后，并未忘记他的男女同学们，常常与他们聚一聚，谈一谈，大孩子回忆小孩子的稚气与快乐！他背了卡宾枪，同学们围了一圈，羡慕得直咂舌头。他开了拖拉机，也把同学们吸引到地里，边犁田，边表演，你坐一圈儿，她坐一圈儿，从演戏到表演，他总是"明星"角色。在他要离开望城即将去鞍钢的时候，同学们奔走相告，传达着信息，纷纷拥到团山湖农场与之话别。

行期临近之时，他想起了望城一中正在上学的同学尚未告知，就立即打了个电话，将他们邀到自己住处。他买了许多瓜子、水果、糖块等候。但是，那一天是个星期天，接电话的是他的一个女同学谢金兰，这恰恰是他要好的同学，仅她一个人去了。

那是一次非常甜蜜的谈心，温馨弥漫于他与她的心田。久远的儿时、同学的少时，以及相处相交中的历历往事，都在一种激动与感叹里畅流。因为他马上就会离去，奔向五千里之外的北国，彼此的心中盈满了别恋之情。但是，她知道他必须远走高飞——他是一个有志男儿。

争相倾诉或相对无言都像似瞬间度过了，她到了应该告别的时候。勇敢的雷锋提出要和她合照一张分别留念相，她欣喜了一下，立刻又犹豫了。在那个年代里，只有结婚的夫妻才照那种相。她没有雷锋的勇气，亦缺少冯健的大度，临到照相馆的门口，她急急地逃脱了。

大度的雷锋能够理解一切，他不勉强她，只请她捎带了足够的糖果与瓜子。几乎所有的同学都吃到了这些东西的时候，雷锋已经坐在了北上的列车上，直奔鞍钢了。

一九五八年十一月十五日，雷正兴从江南的水乡到了白雪覆地的鞍山钢城。在那之后不知何月何日的深夜里，他给他心中的“小凌”写了一封并未发出的信：

小凌：

给你写信的此刻，已经是深夜一点钟。我刚上完晚班回家，今夜整整忙了四个钟头，我真是很疲倦了。

我拧亮台灯，坐下来给你写信，一想到你，疲倦就立刻飞走了。宿舍里的人都已入睡了，窗外繁星满天，明亮的月光从外射了进来，在窗内还可以看到田野里成熟的高粱、玉米、稻谷在随风摆动，好像在向我点头，在向我微笑，它们都好像要陪同我向你写信似的。我是多么的愉快呀！真是高兴极了！

我相信你也会感到以上的兴奋，我有不知多少话要跟你说，却不知从何谈起……

不知是何原因，这封充满了情感的信到此“中止”了。这位“小凌”是不是那位与他一起演唱《小锯子》的凌小俐？这位大约与他同龄的姑娘又在哪里？他为什么没有寄出这封信，而由最后整理他遗物的人将它封入“秘密”卷中？

然而，并不难解的一点，便是可以清楚地看出：他的信中饱含着热烈的诗情，他托物言志、言情，他从疲倦到愉快，是心中的“小凌”使他的感觉形成了神奇的转化！他有许多的话要说，却不知从何说起。可以肯定：他心中的话语，不会是只在信中向她谈及高粱、玉米、稻谷或者月光……

在他与一切女友的交往中，需要重彩浓笔叙写的当是“黄丽”，她是团山湖农场中雷锋的工友。在雷锋告别了故乡和亲人奔赴“鞍钢”之际,她在他一本日记的扉页上写下了一篇长达三百五十字的“临别赠言”。所有的研究雷锋的人都十分地看重这篇赠言,因为“赠言”的意蕴、情调,都远远超过了一只美丽的黄鹂鸟儿的啭唱——

亲如同胞的弟弟——小雷:

(临别留念)

你勇敢聪明有智慧有前途有远见思想明朗,看问题全面,天真活泼令人可爱,有外在的美和内在的美,对任何同志都抱着极其信仰的态度等等,这一切结合起来,真算我心爱的弟弟,忠心的朋友。

弟弟!你值得人羡慕的还多着哩!是青年中少有的,在建设社会主义中是有很大的贡献的。

弟弟:干劲和钻劲使你勇往直前,希望你在建设共产主义中把你的光和热发遍全世界,让人们都知道你的名字,使人们都热爱你和敬佩你。弟弟,希望你实现做姐的理想,在临别前要把我内心的千言万语说完是办不到的,我是不愿意与弟弟离开的,祖国需要你和等着你呢!弟弟前进吧!你前途是伟大的,是光明的,姐因文化太底(低),不能把我内心所想说的都写出来,只好就此亭(停)笔。

祝你

愉快

你姐黄丽乱草

一九五八年十一月九日

我抄写的是黄丽真迹的复印件,标点为笔者所加甚多,可能是因了她激情澎湃的缘由,赠言的全篇就像今日“现代派”作家的文章一样,如泉奔涌——几乎没有一个标点符号。我想照录,又恐给读者的阅读增加困难,读者朋友尽可以在阅读中去掉标点,体味那如瀑直泻的激情!

如果说荷叶坝小学所提到的“雷正兴是我们学习的榜样”和后来唱遍世界的《学习雷锋好榜样》的歌曲成为偶合,预言或提法还只限于小小的“荷叶坝”内的话,那么一九五八年十一月九日那只有灵性的“黄鹂”所歌吟的“把你的光和热发遍全世界,让人们都知道你的名字,使人们都热爱你”的预言,是否准确到了令人称奇的地步呢?我们正确的理解应当认为:她有着一双慧眼,她能看见他“外在的美”和“内在的美”的实质和结合,从而认定是“青少年中少有的”,而稀世之才的前途必然是“伟大的,光明的”。

关于她们在农场中交往的细节,雷孟宣老馆长向笔者讲述了一段鲜为人知的珍贵逸事:

一九五八年春夏之交,团山湖农场发了大水,农场团部驻在杲山庙山头上,被水围成了孤岛。生灵都有求生的本能,许多的小动物诸如老鼠、蚂蚱、蚯蚓、蚂蟥和蛇类都跑到了“孤岛”之上,有的甚至跑进房内,与人争居。黄丽是农场供销社里的营业员,闲暇里去找“雷弟弟”,不是踩了青蛙,便是绊了水蛇,常吓得一惊一乍。在这样的情况下便有理由找雷正兴保驾了,一出房门,便有“弟弟”相随。雨后的山坡,泥粘苔滑,偶有闪失或踩上小动物,便发出少女特有的嗲声叫唤,下意识中紧携了弟弟手臂,不敢放开。在那样的年代里,这是一种天大的稀罕,谁也没见过青年男女的牵手亲昵,见了就要议一议,论一论。有了引人注目的黄丽,雷正兴便处在舆论的中心。

农场党委书记、场长李庆发十分爱护雷正兴,不许有点滴尘土落到他身上,听见了关于“牵手”的议论,立刻找来了当时的场团支书记孙国华,让她找雷正兴谈话,以便弄清议论的真伪,好做思想工作。

孙国华很喜欢雷正兴的开朗、进步、活泼和乐于助人的性格,经常与他谈话,谈书,谈理想,一叫她问这事儿,就笑着摇头,告诉李场长:那是年轻人的正常交往,不会有什么不好。但场长坚持要摸清情况,正确引导,孙国华也只好找到了雷正兴。经常闲聊的同志,谈话也开门见山:

孙书记问:“小雷,你最近常和黄丽在一起吗?”

雷正兴双眼一亮,立即反问:“你不是常见到吗?”

孙书记:“你是不是爱上了她?”

雷正兴眉毛一扬,朗声说:“我爱全国人民,还能不爱黄丽?”

听了这种狡黠的辩解,孙国华一时语塞,继之乐得大笑,她为这位小人精的机智、幽默、勇敢和光明磊落所感动,觉得这样的青年人委实可爱,令人羡慕,没有丝毫的理由担心他和她的关系。在她的心目中,多才的有志青年雷正兴,正是美丽活泼的黄丽的选择,她巴不得好梦成真呢!但是,从雷正兴的口气中她得知,他们还没到那样的关系,如果有了,雷正兴会张口就答。她甚至希望美好故事的发生……

但是,据雷孟宣老馆长告诉笔者,从雷正兴与她分离直到牺牲,没有听到过他与她的任何信息。一九八一年,一生都在歌颂雷锋的陈广生同志来到长沙,听到了黄丽的故事,看到了黄丽的留言,曾下定决心要找到黄丽。他历时多日,走遍长沙附近的有关单位,像《五朵金花》中的“阿朋”一样“踏遍青山找金花”。叫“黄丽”的人找到了十几个,却没有一个是真,复杂的人事变动使她匿迹于人海之中。

雷正兴走后,黄丽亦离开了团山湖农场,到了外地去工作,不久,由于家庭原因,到了外省。在整理雷锋遗物时,曾看到“北山农学院”的地址,于是再查“学院”,但是,最后发现这所所谓的“学院”是一九五八年“大跃进”中一哄而起的产物,办得快,散得更快,一声令下,人财皆空,连个档案材料也未留下,哪里去找?

陈广生没找到黄丽,怀着无限的遗憾心情,在《解放军文艺》上发表了一篇题名《黄丽姐姐,你在哪里》的文章。没有黄丽回答,却引动了成千上万的读者来信,纷纷要求查找黄丽的下落,以便与她通信。但是,黄丽没有出现,亦无处查找。这个有着美丽容颜的女子一定有着同样美丽的心肠——她在经历过与“弟弟”的美好交往之后,不再企求辉映丝毫的“英雄光彩”,也不希图分享沸沸扬扬的热闹,那么悄然地隐匿于千山万水之一隅,怀藏着珠宝默忆着她的“亲如同胞的弟弟”……

有话剧团编剧想将此写成剧作,搬上舞台。影视界也想将此搬上银幕,却苦于缺少模特,缺少应有的资料,至今未果——因为这是不能虚构的东西，不管什么样的作家、诗人、才子、巨匠，都不能随意地杜撰出一个"雷锋新闻"或"雷锋逸事"来。

一九九六年五月三十一日，我带着对此深深的憾意离开了雷锋镇，来到了长沙火车站，突发奇想地问前来送行的雷孟宣馆长：黄丽既然与雷锋有过这样的感情，她能将似火的感情深藏于心，至死不露吗？难道就没有写过哪怕一篇的回忆文章？假如她害怕记者的追踪抑或惧怕扰乱生活的宁静，她可不可能"化名"发表文章呢？

老馆长非常赞成我的设想，他深思熟虑地告诉我："不是没有这种可能，也许'黄丽'就是一个化名。"

他接着告诉我，根据查找，团山湖农场的故人中谁也不记得"黄丽"这个名字，就像治沩工程中没有那个"茵茵"一样。那么，那一节关于"雷、黄牵手"的故事也是杜撰吗？他自己否定了这种可能，并且初步断定，黄丽本人愿意隐匿自己，亦要求知情人隐匿了自己的实姓真名。我怀着陡然生出的一线希望，要求这位老馆长再努力一下，再辛苦一下，过细地、带着"破案"的意识去搜寻这只美丽的"黄鹂"，有了她，便可使我们的雷锋更加丰满，更加富有人情味，使全中国、全世界的人得知：我们的"榜样"心灵之窗前，曾经飘浮过白的云、红的霞，也飞掠过蝴蝶和会唱歌的鸟儿……因为他也是一个"自然的人"、"有情人"，而且是一个近乎于完美的人！

一九九六年十一月十四日，我突然接到了来自湖南雷锋纪念馆一封厚重的挂号信，信中包裹着一份复印的文件，我立刻展开大札：

殷作家：

您好！

现在你一定忙着写书，今告诉你一个特号消息！写给雷锋"临别赠言"的黄丽，今我找到了！现将她本人写的一篇"回忆"寄上，请选用……

敬祝全家幸福！

雷孟宣

一九九六.十一.六

我飞快地展开了那份文件,映入眼帘的是我早已熟悉的“黄丽”的字迹。在那一刻里,我下意识地捧紧了稿纸,同时感觉到了纸在颤抖,感觉到了一只羽毛细柔的“黄鹂鸟”的温热,唯恐她脱手飞去,我知道我得到了万金难买的宝贝!及至今日我动笔抄录它的时候,心情还处在一种激动与亢奋之中:

我和雷锋

当年的“黄丽”

我确实是个没文化,没水平的普通妇女,没有跟上社会的前进,实感遗憾。

我对雷锋有几点评价,也是他的特点:一、学,二、钻,三、忍,四、勤,五、闯,六、助人为乐。

我是望城县坪塘区供销社的营业员。五八年,党精简机构……我也下放到团山湖农场劳动锻炼。在那片渺芒(茫)的青山绿草中进行辛勤的劳动,确也感到心情舒畅。

这个农场共分四个工区,我被分到四工区场部(杲山庙)。那时女同志不多,共有四人。四位女将住在场部一间平房,前面不远有口塘,并有个小商店,站在门前一看,倒也是个好地方。

到农场后,人员慢慢稳定了,一次我突然看见一个小鬼拿着书,当即就问看的什么书,不知不觉走到他面前,说借给我看。他笑嘻嘻地说,好!拿去吧!我接过来一看是《刘胡兰》,并问了他的姓名。但我早在望城县供销社办事处见过他,只是没打交道。我在楼上天窗口见他在下面一个房内洗脚,所以我问了他的名字(那时叫雷正兴)。由于他喜欢看书、报等等,我也是一样,所以经常和他借这借那(黄继光、董存瑞……)我们都看了。

雷锋的个子不太高，额前有刘海式发型。确实看来有外在的美和内在的美，也是个聪明、有才智有远见的人物，是一个英俊的好小子。他对任何人都是笑嘻嘻的，确像春天一样，温暖人心，怎叫人不留恋呢？有次我生病没出工，他三番五次，问长问短。在星月的照耀下，陪我们到塘边洗衣，真是胜过亲人，他那温柔的性格，柔软的态度，确也使人喜爱。

大概是五六月份，湘江猛涨大水，我们都防汛，维护那条堤。到傍晚时堤突然垮了，大水像虎狼一样扑来，要吃掉我们。在这万分危急的时刻，雷锋不顾一切地跑到了面前，拖着我就跑，口里不停地喊“快跑”，就这样他救我脱了险。

不久，我们去湘潭学习……后来他又写信给我，我回信要他在农场使好那条铁牛，也告诉他不要多给我写信。因为我和雷锋关系好，有些人认为我们是恋爱，所以我们只通了一次信。当时有唐雪辉同志给我介绍黎××，我拒绝了。

从湘潭学习回来，雷锋已要到鞍钢去。一听他要走，当时我依依不舍，很难过……他走后我也走了，关系就这样断了。农场一别，哪知是永久的……我在农场时间虽短，但我们建立了深厚的友谊。都是年轻人，很活跃，性格相投，所以才真心得到了衷情，记得在三月十三日那一天，他笑眯眯地来到我住房，连声喊姐，要送给我一件好礼物，永远留念。我接过来一看，是个日记本，内有一张照片。我非常高兴，说，我有个好样的弟弟了，从此我们关系更密切了（除生产外），我们做什么都在一起。开拖拉机的师傅爱吃灰面大饼，他就端来给大家吃，晚上开会也坐到我旁边。一天的劳累使我瞌睡，他立刻把我搞醒，怕我受批评。所以这样一来，有的领导和工友认为我们在恋爱，很多工友经常地笑，我在当时也可能有这样的想象。

六三年，我在观音港大队工作，七月份的一天，我回家吃饭，拿了张报纸看，一眼看到了关于雷锋的事迹及照片，才知他已为人民献身了。我多么难受，多么痛苦，很久很久在呆想中，眼泪一涌而出，叫我怎能忍受……

虽然已离开三十载了，我心中总忧忧的，无时不想念、不回忆往事。怎不叫人想念呢？他仅仅二十二岁，就将生命献给了党和人民，我是他生前的好友，也是他的姐姐，应该把他的事迹和形象传给后人，使雷锋这个人物永扬世界，永存世界，永远不忘！

为什么留言的名字是“黄丽”？因为我们不愿公开，不想叫人知道。我和雷锋商量：他主张改写名字。我现在很惭愧。他终于实现了理想和希望，离走三十余年了。但他的形象和精神还是永存人民心中的。每年都有学雷锋活动，编写雷锋的书，拍电视剧，大家都为学雷锋轰轰烈烈，费尽心血地让全世界了解雷锋，而我这个“黄丽”还能置之不理吗？也是将近六十岁的人了，在这种形势的影响下，我应该向人民公开我的真实姓名了，让人民知道，当年的“黄丽”就是现在的王佩玲……

笔者憋住了一口大气，将“黄丽的自述”誊抄到此处，让“黄丽”自己讲出了“王佩玲”三字，尊敬的读者是否会有笔者初捧“自述”时的激动呢？

在收到这个“自述”之前，我恰恰刚写罢了那位王佩玲的回忆文章：《雷正兴与保尔·柯察金》的故事情节。我竟然一点也没有想到，这位“王佩玲”便是那位吟唱出美妙乐曲的“黄鹂鸟”，尽管在望城县政协的办公室里，那位戴着眼镜的原县委报道组组长胡道明大有深意地笑着，以一种近乎于神秘的神态告诉笔者：“雷正兴，和那个王佩玲有爱情……”但也未引起我特别的关注。因为他没有讲出爱的事实，或是未敢讲出爱的事实。因为在那个时候。(仅仅五个月前)王佩玲还没有写出这篇“自述”。她是写毕于一九九六年十一月四日，不知在几日寄交送交了雷孟宣。雷于十一月八日寄出，我则在十一月十四日收到。侥幸的是我在写毕秦中华与雷正兴的交往之后耽搁了这个稿子的创作，而“黄鹂”终于在应该飞来的时候飞来了。我在接到“自述”后立即电话告知雷馆长：“您真是及时雨啊！”

我怀着激情告知读者这侥幸的一切，是要说明我的创作（撰写更准确）是多么及时地得到了支持和帮助，这位隐居埋名了三十八年的王佩玲，在我最需要的那一刻写出整整十页的“自述”：

我王佩玲生于一九三七年古历七月，五六年参加工作，在坪塘区供销社做营业员。五八年到团山湖农场。

五九年大跃进，在新办水泥厂工作。又调到靖港区办队。

六〇年，和几个要好的朋友去了安徽省淮南市，在铁厂医务室当药检员。由于年老的父母想念女儿，我也想家，于六二年打了报告回了家乡。

六二年五月，在观音港大队任出纳会计。直至一九七八年，做过三个单位的会计。

一九八一年，调湖南日用化工厂包装分厂工作。九二年十月退休。

我是在一九六五年结婚，一儿一女，两个孩子……

以上是我和雷锋的实际情况和事实。

王佩玲

九六.十一.四

从王佩玲文中可以看到：回忆往时的朋友，她是含情的，幸福的。“领导和工友们都以为我们在恋爱”，他们不想公开，不愿让人知道，所以就“和雷锋商量，他主张改写名字”……这便是那个时代的青年人相爱的心态，它是甜美的，又是酸楚的。为了这种深情，“唐雪辉同志给我介绍黎××，我拒绝了……”听说雷锋招工要走，她“依依不舍，很难过……”这是一种怎样的含蓄而深沉的感情呢？

从王佩玲频繁的调动、迁移看来，这是与雷锋中断联系的重要原因。然而，美丽的“黄鹂鸟”！你的这一经历已够丰富多彩、璀璨如霞。你与伟大的共产主义战士雷锋有过如此含蓄的浪漫的感情历程，这本身便是一首诗，一支歌……

第六章

钢铁是怎样炼成的

一九五八年十一月十二日，雷锋挑着简单的行李来到了长沙火车站，奔向千里冰封、万里雪飘的祖国的钢城——鞍山市，顺遂了因“钢铁元帅升帐”而做一名钢铁战士的心愿。

如果以一般人的眼光看待他这次人生安排，许多的人定会莫名其妙：他从一个县委书记喜爱、组织领导信任、机关同志拥戴的县委通讯员职位上退下来，变成一个普通农场职工。后成为望城县的第一台拖拉机的第一任司机，又成为领导重用、同志们拥戴的先进工作者，又一次站稳了脚跟向事业的顶峰攀登！可他却要辞别自己的家乡，赶赴祖国的北方去炼钢铁，无论是亲近朋友“你要飞啦？”的惊呼或是“黄鹂鸟”温柔的啭唱，竟不能丝毫影响于他！

鞍山钢铁厂当年的招工目标明确：一般城镇的无业青年和乡村中的青年农民都可应招，像他这样拥有很好的工作、很好职务的人应招远离家乡，在望城县百名青工中绝无仅有。他需要丢掉过去曾有的一切本钱：长路足下始，雄关从头越。但是，这是一个价值观念的问题，这是一个计算方法的问题，观照雷锋成长的过程，你必须从“钢铁是怎样炼成的”这一角度去评价这一次大的转折。

江泽民总书记在一九九〇年十月二十九日视察雷锋纪念馆时曾经说道：“雷锋到鞍钢，从农村进入了工厂。鞍钢是产业工人集中的地方，那不是手工业，而是大工业，这种环境对造就雷锋起了很大作用。”

总书记的话解释了“钢铁是怎样炼成的”。因为没有这样一个烧灼锤炼的过程，雷锋充其量不过是一块好铁，而不会成钢。原鞍钢化工总厂炼焦车间的测温工人、雷锋的工友与乡亲张月棋回忆文章的标题就是:《不经风雨长不成大树,不经百炼难以成钢》。

他的另一位老乡、工友杨必华回忆了初识雷锋的印象:……一九五八年十一月,鞍钢在湖南湘潭、长沙、望城招收的最后一批青年工人离开长沙的那天傍晚,杨必华到了长沙火车站,刚把行李放下,就看见一个身量不高、敞着半旧蓝布夹克衫的小伙子,挑着行李进了候车室。他没戴帽子,一头浓黑的短发盖住了前额,像留了"刘海"似的,正在左顾右盼寻找座位。好面熟的人啊! 像在哪里见过。他在杨必华对面椅子上放下行李,刚坐下,一抬头看见了她,惊奇地站起来说:"杨必华,果然是你呀!"

看见杨必华愣神, 他笑着说:"我在招工花名册上看到你名字时,就猜是你,真没猜错。"杨必华仍没想起他是谁,他说:"你忘了?你们望城二中女子篮球队到团山湖农场打球,喝过我亲手煨的白糖水。"

"啊! 对了,想起来了,你是农场的拖拉机手雷正兴,还在《望城报》上发过文章,对吗?"杨必华问。他回答:"也对,也不对,我改名叫雷锋啦!"

提起了那场球赛,两人都哈哈大笑,他装扮女队员打球,还挺像。这时候,同车北上的伙伴们陆续到齐了,送行的亲人也来了。一位母亲一边流泪,一边嘱咐一位短辫姑娘,姑娘也哭红了眼睛。雷正兴走向前去,亲亲热热地叫了声大娘,说:"天黑了,路不好走,女儿让您回您就回去吧! 您放心,我们这么多人一路走,会互相帮助的……"

招工小组的同志宣布了旅途注意事项和编组名单,雷锋被指定为第三组组长,杨必华、易秀珍、张月棋三个女将连同其他二十余人编在了第三组。雷组长就一一和组员打招呼,并分发车票和旅途生活费。他是个很有领导方法的组长,他立即任命杨必华等人当上了"小小组"的组长。

这位组长把组员们带上车,火车不久便开动起来,女同志眼望着窗外即要远离的家乡,都哭了起来,只有雷锋不哭。火车开出了几站路,他打开了红皮箱子,找出了一本《不朽的战士》看,杨必华问书的内容,雷锋说:“书中的一位烈士就是你们铜官人,你猜猜是谁?”

杨必华知道是郭亮。雷锋说,郭亮的妻子叫李灿英。杨必华也是有趣的姑娘,偏要考考他“郭亮被害前给妻的遗书写了什么”。雷锋把脑袋仰到了椅背上,笑眯眯背诵道:“灿英吾爱,亮东奔西走,无家无国。我事毕矣。望善抚吾儿,以继余志! 此嘱,郭亮。”

杨必华开始真正地钦佩眼前的这位小组长。列车在夜间行进,像摇篮一样有节奏地晃动。他仍在读书,杨必华觉得他是一个不简单的、有思想的人物。苗条而秀气的张月棋是个农村姑娘,坐在雷锋对面。一看见雷锋手中的书名,便说:“组长抓得真紧,还没到鞍钢,就钻研起《钢铁是怎样炼成的》来了! 炼钢一定很难吧? 瞧这一大本……”

这句话很逗,差点把杨必华和小易惹笑,却又怕张月棋难堪。雷锋对她解释道:“这不是技术书,是小说,讲的不是炼钢,是炼人!”

“炼人?”张月棋似懂非懂地念叨了一句。在短暂的离乡的悲伤之后,她们的旅途是愉快的,她们在武汉下了车,看了“武汉三镇”风光。后来又在北京下了火车,爱照相的雷锋照了好几张相。其中有一张提了一只草篮照的,草篮上有两朵花儿。照片的背景是雄伟的天安门。后来各报刊都发表过那张照片,只是把篮子上的花儿“技术处理”掉了,当时,花儿被视为是“封资修”的东西,提在一个共产主义战士手中不太合适。

按雷锋本人填写的《工人登记表》,他的入厂时间是一九五八年十一月十五日。于明谦、白明利是雷锋所在车间的主任。李长义、阎志升则是雷锋的两位师傅。他们对雷锋的回忆形象鲜明、栩栩如生,塑造了一位模范钢铁工人的光辉形象。

据有关资料介绍,雷锋入厂后被分配到了鞍钢化工总厂洗煤车间。因为在他的履历表中发现他曾是拖拉机手,所以在此又委他为推土机手重任。原车间主任于明谦、这位从鞍钢化工总厂副厂长任上离休的老人谈起他初识雷锋时的记忆,竟与他回忆文章的语句不差分毫:

一九五八年十一月，我作为车间主任，到化工总厂人事科与他谈话，看见一个矮小的青年，白脸，挺精气，很大方地坐在哪儿，就问他："你是南方人。为什么来这里？"

他说："招工来的。"

我问："你个子小，能开大推土机？"

雷答："能开。"

我说："南方人刚到北方，会有很多困难，特别是开推土机的工作，又脏又累，很艰苦，能受得住吗？有困难吗？"

这时的雷锋大声答话了："我保证服从领导分配，困难是有的，但我能克服，我一定把工作做好，请领导放心！"

于明谦说："看他浑身的精神头儿，我一下子就喜欢上他了！"

如此，雷锋就被顺利地送到了老推土机手李长义面前，去当一名徒弟。据雷锋的这位师傅回忆：……鞍山刚下过雪，临近年底了，"大跃进"的年代，生产任务十分紧张。作业班缺少一名推土机司机，已经影响了推煤任务。白主任要求车间速派一名思想好、身体棒、懂技术的青年来。没过几天，于明谦主任果然给他们送来了雷锋，并介绍他原先开过拖拉机，还是县里的先进人物。可大家看他太单薄瘦小，学"C—80"恐怕不行。白明利冲着于主任说："好了，我收下他就是了，大不了让我当个保姆。"

雷锋听了此话很不服气，立即回答道："请白主任放心，我不会让你当保姆的。"

车间主任走后，白明利和雷锋聊起来："你在农场开拖拉机，每月工资多少？"

"三十二元。"

"你知道在这里当学徒，工资多少？"

雷锋摇摇头："没问过，不晓得！"

白明利说："在这里学徒每月只有二十二元，你不怕吃亏？"

雷锋愣了一下："吃亏？不，我不是为钱来的。"

“那你大老远来鞍钢为了什么？”

“为了炼钢，为了‘1070’嘛！”1070万吨钢是中央为一九五八年确定的全国钢铁产量。

这位白主任开始对他刮目相看了。他指着煤场上停放着的“C—80”推土机说：“今后就学它，先去见见师傅，他姓李，是个好老头，回头我再找他谈谈。”他说罢就去开会了，雷锋来到那台比他的“铁牛”大出许多倍的推土机旁，先转了两圈儿看看，然后钻进了驾驶室，摸弄着七八个长短不同的操纵杆。

李长义从车间办公室回来，远远看见车上有个小伙子，于是叫道：“喂！你是谁家的孩子，不上学念书，跑这儿淘气！”

他敏捷地跳下车，双眼上下打量着李师傅，笑一笑说：“您就是李师傅吧？我是新来的徒工，不是来淘气的。”

李长义明白了：车间给他派来个孩子。于是问道：“多大啦？”

“快满十八了。”

“骗人！你有十八岁？”

“一九四〇年冬天出生，您算算我多大？”

“我看你顶多不过十六岁！谁派你来的？”

“车间于主任。”

“见过白主任啦？”

“见过，他开会走了，叫我先来会会师傅，过后他再找您谈。”

“你倒挺会说话，”李长义坐进驾驶室，说，“跟我学徒，我要把丑话说在头里，这台‘C—80’推土机是苏式重型机械，驾驶起来震动力大，劳动强度大，技术复杂。冬天顶风冒雪在露天煤场作业，又脏又冷又累，脚手冻得像猫咬似的，你这南方小鬼受得了吗？”

“放心吧！师傅，我什么苦都吃过……”

在这样的时刻里，他想到他吃过的苦，想到了那位阴沉着脸不说话、脾气古怪的“铁牛”师傅。学徒是不容易的事，古今皆然，他一切都理解，一切都准备承受下来。李长义收下了这个徒弟，在白明利的主持下签订了为期一年的“师徒包教保学合同”。

据李长义回忆，雷锋从上班那天起，就早上晚下，勤勤恳恳，虚心求教，尊敬师傅。不过一个月就能单独驾驶了。全工段的工人都夸这个南方小鬼“真行”！

东北的冬季，雪大风大，寒冷异常。推土机在冰雪覆盖的煤场上作业，不是光有决心、觉悟就能受得了的。每当大风雪天气，推土机在“门型吊车”下推煤时，雷锋总是跳下车来，上下指挥，保证吊车和推土机司机在能见度很差的情况下安全作业，避免吊车运行不慎碰撞了推土机，万一出了这种事故便是塌天大祸！司机坐在冰冷的驾驶室内，浑身发抖。从南方的温暖中乍来北国的雷锋，将棉帽的两只帽耳紧系在颏下，口中呼出的热气在帽耳周围结成一圈白霜。煤粉飞舞起来，混合着雪散落在他脸上身上，弄得他像个小黑脸包公。

每当工间休息，师傅停下车，叫他去屋里烤火。他却担心水箱、发动机结了冰冻，坐在驾驶室中不走。师傅心疼地批评他：“人家休息你也不闲，看把手冻成啥样啦？快进屋烤烤去！”

李长义上了车，满以为他可以放心地走了，刚要落铲推煤，却见他一身霜花，又在“门型吊车”下举起了小红旗。他这个劲头儿干活，工友们都感动了，于主任、白主任和李长义碰到一起谈起雷锋，感叹颇多：唉！当初没看透这个小青年！白主任开玩笑说：“老李，给你换个大个儿来吧！”李信以为真，黑了脸道：“我和他订了师徒合同，你们敢撕毁合同，我就敢告你！”

李长义说：他开了半辈子的推土机，带过不少的徒弟，雷锋年纪最小，却学得最快最好。他善动脑，钻技术，推土机冬天作业，难以检修，清洗发动机滑油泵，雷锋一学会就不让师傅沾手了，每次都抢着钻入车底，仰面打开检示器，把油槽里的水放出来，作业服常被冰水浸透，浑身上下滚成泥猴儿。他吃了苦受了冻，却把发动机的构造、性能和“脾气”摸了个透熟。

一天中班，煤场上堆起了几座大煤山，推土机爬上一座“山坡”，发动机突然熄火，十多吨重的大家伙斜躺在斜坡上，开不走，推不动。机械出了什么毛病，一时很难判断。雷锋说：先把车子推下煤坡再说。征得了白主任的同意之后，他找来了一根牵引绳，一头拴在门型吊“大腿”上，另一头系在推土机牵引钩上，利用吊车动力总算把瘫痪的大家伙拖了下来。可推土机一放平，操纵杆一推，却又“嗵嗵嗵”发动起来了，实在奇怪。

雷锋问原因，师傅说这台老掉牙的机器早就有这么个毛病：只要爬四十几度的坡就会熄火。

雷锋问：“推土机不能爬坡，怎能推煤山？那会影响进度。”

师傅也懂这个大道理，可苦无良方。只说回去想办法，办法也实在难想。雷锋却真的用力想了，想了一夜，眼熬得血红。第二天见师傅，拿出“C—80”说明书说：推土机在坡度大的地方作业，由于发动机超负荷运转，造成汽缸里进油和空气比例失调——空气进得多，油进得少，发动机肯定会憋火。

李长义一听有道理，高兴得一拍大腿道：“对呀！是这么一回事！你小子比师傅强！”他们立即调整了汽缸里的进油量，爬几十度的煤坡果然不熄火了。那一个班，师徒一鼓作气推平了半座煤山，把头一班的欠缺也补齐了。在生产评比会上，白主任表扬这位“南方小鬼”，李师傅也自豪得直挺胸脯。

那一年春节，李师傅把徒弟领到自己家中，当做一家人过年。师徒俩喝了酒，还包了“硬币馅”的饺子，师傅吃到了钱，心里更高兴。厂里组织了踩高跷的秧歌队，活泼的雷锋有过男扮女装的经历，这一回又根据需要扮成了个“小姑娘”：穿花衣，戴红花，梳假辫儿，踩上尺多高的高跷，扭啊扭啊的蛮有滋味。不认识他的人以为他真是个女的，认识他的笑得眼泪直流。从湖南来的老乡们一边鼓掌一边叫好。本来过节时都要想家的，叫他这个“活跃分子”一带动，大家都乐不思“湘”，忘了想家了。

那一天晚上，厂里开了联欢会，同楼住的姑娘小伙欢聚一堂，猜谜、游戏、跳舞。管弦齐奏的舞厅，红绿黄紫的灯盏，满面喜色的男女，唱歌、跳舞、说笑。杨必华拉着雷锋，教他跳“快步”。全厅的人你和我跳，我和他跳，也是兴高采烈。小易坐在一旁看雷锋学跳，笑得弯了腰，附在张月棋耳边说:“你看雷锋的那身衣服,哪像个跳舞的?大过年的,也不知换件新的。”

他穿得仍是那件褪了色的蓝夹克,旧裤上打着补丁,一双胶鞋也是旧的,和爱美、讲究穿戴的杨必华一起跳舞,一土一洋,滑稽可笑。张月棋在有机会的时候说他道:“你看楼上楼下谁像你,连件像样的衣服都没有,你没钱买吗?”

当时的雷锋笑一笑说:“咱们都是徒工,穿的戴的,能对付就对付吧!”

他有着极其准确的“角色”意识,使得他在任何时候、任何场合都合时宜。当师傅的就是师傅,当徒弟的,也就应该是个徒弟的样子。举手、投足、言语、穿戴,概莫能外。他严格遵守交接班制度,按日常规定维护、保养机器。每次维修时,只要师傅伸手,他早已将图表看完,按照图表抢着干。有不会的地方就边干边学,直到保养维修完毕为止。推土机天天同煤打交道常常迸溅的润滑油,粘了满车的煤粉,确实太脏。可是,他从来不怕脏累。他个子矮小,坐在驾驶座上就看不见作业面情况,站起来,头又碰了顶棚。他必须站起来,还要弯着腰,才能正常驾驶,这一份苦累,没有亲身体验便很难得知。但是,虽然在严寒中他累出浑身大汗,却从没叫过一声苦,想从他脸上看出一点无精打采也绝难办到。

有那么一次,雷锋从煤场回库加油,光想着赶时间,却在横过运煤铁道时忘了提铲,将铁轨推出好远。李长义一改心疼他、喜爱他,甚至宠着他的态度,对他进行了极为严厉的批评。事后,却又后悔对一个没有父母兄弟的孤儿太狠,便找机会谈心。没想到他听了师傅的话后语重心长地答道:“李师傅,您批评得对,因为我工作有失误。您严要求的目的是让我今后工作加强责任感,工作中不再出事故。”

如果说先前的李长义对这位徒弟是喜爱和赞赏的话,听过这番话则变成由衷钦佩了:因为一个人勇于接受批评是难能可贵的。俗话说:师徒如父子。这师徒俩的亲近关系宛若父子,是鞍钢厂的美谈。爷儿俩的“合同”签订时间为一年,但在师傅的诚教与徒弟的苦学、巧学中,雷锋在入厂不到四个半月的一九五九年三月二十八日，即提前完成了合同项目，获得“冶金工业部鞍山钢铁公司安全操作允许证”证书，成为了一名优秀的推土机手。

后来，他的这位李师傅调到了更需要的地方工作，车间又派来了阎志升师傅，与他同驾一台车。这仍是雷锋的师傅，他的身份是徒工。据阎志升回忆，雷锋每天都早早来到车库，先清扫车，然后洗清过滤器，为车注油，认真做好开车前的全部准备工作。在工作中，总是让阎志升多休息，以自己年轻为理由，多干活。操纵推土机是笨重活计，可又需心细如发，因为放铲稍低一点，便会铲起泥土。泥土掺进煤内就会影响炼焦质量。但如下铲太浅，又难以推净煤炭，每次吊车抓煤底，他都协助指挥，一切顺利，他再上车开机。

阎志升师傅说：从苦水中泡大的雷锋，一刻也不忘记勤俭节约，他发现保养推土机的抹布损耗量太大，就注意用过后收起来，清洗干净，以备再用。厂里开展了增产节约运动，车间里建立了一个节约仓库，要求职工把节约回收的物品记在“登记簿”上，作为评比先进的依据。但是，雷锋回收的螺丝钉、垫圈、机器零件最多，却从未登记入簿。有人问他为什么不记？他笑着回答：“勤俭节约是我们每个人应尽的责任，我不是为了当先进才这样做的。”

“大跃进”之年，鞍钢的压力很大，化工总厂也搞了“钢铁元帅升帐”，在煤场一侧修了一座反射炉，抽调各班工人参加炼钢。因推土机手少，任务重，没有抽调他们，可雷锋利用休息时间主动参加炼钢。工厂昼夜三班倒，每班八小时，他就每天上两次班，一次推煤，一次炼钢，忙得吃不好，睡不安，干劲却十足。李长义看他天天如此，十分心疼，对他说道：“你小子图个啥，休班时去炼钢，人家给你钱吗？”

雷锋又一笑：“师傅，我不是为了钱啊……”

雷锋的言行，当时有很多人不理解。而且，人是肉身子，不是钢铁。笔者不由得再发一次感叹：一个人怎能做那样多的事呢？

这确实是他把精力、体力、激情、意志都充分调动到高潮的结果。除了工作、工作、再工作之外，人生的其他层面是否被他的“钉子精神”

挤掉了？恰恰相反，如在荷叶坝完小、望城县委和团山湖农场一样，他有着极为丰富多彩的业余文化生活，更有着美妙和谐的人际关系，这一切，都来自于“黄丽”对他评价的他自身的优良素质：学、钻、忍、勤、闯和助人为乐。

据当年的那位“苗条漂亮”的雷锋乡亲张月棋回忆：她初入鞍钢，被分配到了炼焦车间当“测温工”，整天在烟熏火烤之中。天气冷，手脚都冻伤了。一来到这里就上夜班，每天正睡得热乎乎，半夜冷丝丝地就起床。在家乡吃惯了白米，来这里吃包米、高粱窝窝头，实在难以下咽。空着肚子去上班，活又干不动，有一天竟晕倒在地。

回到宿舍，越想越委屈，想家，不想干了，蒙头大哭。同宿舍的杨必华、易秀珍看她那个样子，苦口婆心地劝她要经得起艰苦生活的考验。她越听越来气，心里想：你们俩文化高，杨必华当化验员，易秀珍当统计员，很是好过。若叫你们下车间干粗活儿，也会哭鼻子。她二人见劝不转张月棋，就找来了雷锋，对雷锋说：张月棋刚扔下绣花针，十六岁就给湘绣厂做手工，连做了几年，日子挺好，养成了一身娇气。实在干不了，就让她回湖南吧！免得把人丢在鞍钢！

雷锋说这样不好，一道来的老乡，吃住一起，让她一人回去心中不忍。咱们大家一齐来帮助她，体贴她，陪她散步谈谈话，打打羽毛球，看看电影，她会好起来……杨必华把他的话告诉了张月棋，她听了很感动，暂未提回乡的事。雷锋又拿着《钢铁是怎样炼成的》这本书来了，要念几段给她听听。他读了保尔的名言：“人最宝贵的东西是生命……一个人的生命是应该这样度过的：当他回首往事的时候，不因虚度年华而悔恨，也不因碌碌无为而羞耻……”

他一段段地读，张月棋从无心到入心，愿意听下去了。雷锋乘机做她的思想工作，讲了旧社会的苦，讲了新社会的甜，讲了祖国的宏伟的建设一日千里，她不再认为这是一本炼钢的技术书，慢慢地读起来，立刻被书中的英雄人物所吸引，所感动了。她偷偷地告诉杨必华、易秀珍说：“我看咱们的小老乡雷锋和书里的保尔差不多呢！”小易没读过这本书，也拿了去读，看那个保尔怎样像雷锋。

张月棋清理作业场地，左手腕被配煤工具碰肿，巧的是也在这一天，小易的手也被焦炭烫伤。她们俩在医务所包扎之后，一同回到了宿舍。同病相怜，百感交集，两个南方姑娘相对而泣。这时雷锋一手拿一瓶药水，一手端一盆大米饭和切好的香肠走进屋来，小易的哭声使他一惊，便安慰道："小易，刚才听赵医生讲，手指烫焦了一点皮，涂了獾油，不要紧的。我给你捎来了药水，手指离心大老远的，何必落泪？"

小易哭得更厉害了，顶撞雷锋道："你没伤手，又离心八丈远，用你来关心？真讨……"那个"厌"字没及说出，被杨必华摆手制止。雷锋一点也没生气，对杨必华说："杨姐，这是止疼药水，医生说睡觉之前抹一抹，碰伤、烫伤都管用。"

杨必华故意板了脸问："米饭是怎么回事？你带头破坏咱们订好的'公约'吗？"

雷锋解释说："今天情况特殊，食堂剩下了米饭香肠，师傅敲着饭盆卖。张姐和小易伤了手，大米饭慰劳一下嘛！"

两位伤员都感动了，只是说不出口。杨必华说："我代表张姐和小易给你敬礼！"大家一下子乐起来了。雷锋一走，杨必华就批评小易道："雷锋真心实意地关心我们，你刚才怎么那样说话？"张月棋接言道："我若是雷锋，永远不理你！"小易笑着说："人家可不像你。"言语之中，有着无尽的赞叹。

张月棋回忆"公约"的内容是这样的：她们咽不下窝窝头，有时买零食吃，甚至干脆饿着。每当食堂卖大米，湖南人就多打一些回来，留给下一顿。雷锋也吃不惯窝窝头，却每餐必吃，还表态道："上北方来，要有两不怕：一不怕冷，二不怕窝窝头！"

有一顿吃窝窝头，几位南方姑娘一点也没吃下，全丢在了桌上。雷锋找了张报纸，带走了剩窝窝头。当她们看完电影回到宿舍，却发现桌上放了满满一大盒米饭，盒下压一张字条："身体是革命的本钱，要锻炼自己，请不吃窝窝头的人吃下这盒米饭。"没有署名，但是雷锋的字迹。

易秀珍夺过字条，要找雷锋问是什么意思。杨必华说："问什么？小老乡向我们敲警钟了。”小易说:“敲警钟也吃不下,这人真是的!”杨必华说:“吃不下,要锻炼自己吃。”张月棋也说:“小雷是一片好心,咱们该改改娇气了……”

第二天一早,杨必华找来了小老乡,指着那盒米饭说:“请不吃米饭的人把盒饭拿走,今后我们保证和你一块吃窝窝头,谁也不许再往宿舍里打饭菜,今天就订公约,你同意吗?”

雷锋说:“好!公约订得好!我完全同意。不过,这盒饭你们还是吃了吧!食堂的早饭还是窝窝头。”

杨必华把饭盒往雷锋手中一推:“订了公约就不许破坏!”

这就是“公约”的来历。那时青年人多么可爱:一部好小说,一句锦言、警句,都可以当做座右铭鞭策、约束和激励自己。

生活中有了友情,有了志向,就有了欢乐,连窝窝头也变得香甜。南方姑娘的情绪好起来,上了班紧张地劳动,下班以后,打扮得漂漂亮亮,上街、散步、看电影、逛公园。她们总要叫着这个可爱的小老乡,同他在一起快乐多。公园里有秋千,雷锋荡得最高,像要飞走一样。小易荡得也不错,想和雷锋比高低。杨必华做裁判,让两人上两个秋千,一比高低。小易比不过雷锋,却逞强,越荡越高。雷锋怕她摔着,有意荡低一些,服了输。

总厂俱乐部每周有两次舞会,南方姑娘是常客。雷锋当了夜校教员,时间紧,就不学跳舞。一个周末,几人去俱乐部,拉上了雷锋,叫他学舞,他应着。进俱乐部,他却一头扎进了图书馆。舞厅的音乐一响,几个人便去图书馆捉他。他指着墙上贴着的“注意事项”给老乡看:“穿带钉子的鞋不得入场”,他抬起了脚,叫大家看他带钉子的鞋。

三个姑娘很扫兴,一向话语不多的小易提出了一个问题:同样是年轻人,同样去俱乐部,有人在读书,有人在跳舞,这是为什么?”张月棋说:“爱好不同。”杨必华没考虑透,默声不语。待到雷锋回来,杨必华重提了小易的问题,雷锋不假思索地回答:“这有什么?大家劳动一天,利用业余时间跳跳舞,读读书,都是好事情!”

张月棋追问:“那你为什么只读书,不跳舞?”

小易说:“你是不是反对我们跳舞?”

雷锋矢口否认:“不不!我不反对跳舞,下次换双鞋,一定跟你们去学习,跳舞并不难,几次就能学会。但我反对把业余时间老花在跳舞上,浪费时间就是浪费生命,浪费一分钟等于死亡一分钟……”

这是由衷之言。跳舞与读书,是个人爱好问题。对于求知若渴的雷锋,读书的需要大于跳舞。但是,雷锋不反对跳舞,而且还表态要学习。他的一切活动都在注意着社会效益,春节里的“高跷舞”除却自己的欢乐,不是还给大家带来了喜庆的气氛吗?

在雷锋身上,人们可以看到许多传统美德,却看不到丝毫的守旧思想:他吃粗粮,穿旧衣,勤俭节约,可他并不反对衣帽整齐。他是爱美的,从外表到心灵都在追求着完美。他的湖南老乡,单位上的师傅工友,都劝他讲究一下穿戴,春节过后,天暖风和,户外活动增多,穿得漂亮人也漂亮,走在街上街也漂亮,也有着积极的“社会效果”。

有一天,三位力劝雷锋添新衣的姑娘到他宿舍去,没进门就听见屋内的说笑声。推门一看,他正试穿一套新衣——棕黑色的皮夹克,深蓝色料子裤,一双簇新的皮鞋。床头还放着瓶“友谊”牌雪花膏。姑娘们被眼前的雷锋惊呆了:因为她们从来没见过这么漂亮的、英俊的雷锋——正是十九岁的青春,乌发白面,星眼剑眉,鼻梁高挺,口唇润泽而精气饱满。棕黑色的皮夹克穿在身上,显得落落大方,深蓝色的料子裤笔直挺括,正像是绿叶扶了红花。杨必华像是不相信自己的眼睛,上上下下地打量,连夸“不错,现代化的青年就该是这么个样子!”张月棋说:“小老乡打扮起来真够帅的!”张月棋回忆说:“小易在一旁左看右看,抿嘴儿直笑,眼里闪出了少有的喜悦……”

笔者在“雷锋生前所在团”营地的沈阳军区雷锋纪念馆中,亲眼看见了这件为雷锋的青春做过美好点缀的皮夹克。它已经老旧了,好多的地方皮质破损,皱缝断裂。但是,“光荣花”牌的商标仍然清晰可辨,“天津公私合营华光皮件厂”出口的字样也仍然醒目。它的定价为四十四元人民币,这对工薪每月二十二元的雷锋堪称巨数,但是,它确实为雷锋在自己短暂的二十二岁的生涯中,光鲜了一回,潇洒了一回。

与那件皮夹克同展的还有一只牛皮箱，小巧而美观，就是杨必华等同志回忆中装书的箱子。还有一块“英纳格”牌的手表，这在当时亦是时髦货色。可是，整整一个春天过去了，雷锋却没怎么穿那身“现代”服装。皮鞋是穿过的，那是和老乡跳舞的时候——他果然学会了跳舞。老乡们问他为什么不穿皮夹克？开始他推说穿着不自然，不习惯。后来见大家都有疑问，他拿出了一封信，答案都在那封信中。

原来，雷锋来鞍钢之后，并未忘记培养过他、疼爱过他的望城县领导和同志们，经常写信汇报思想、工作情况。他拿出的那封信，就是县委书记赵阳城同志写给他的。信的内容恳切、关怀、体贴入微，他希望雷锋“在伟大的工人阶级队伍中更加自觉地接受党的培养、教育，认真学习，努力工作，艰苦奋斗，永不忘本，把自己锻炼成为一个具有共产主义觉悟的真正的‘领导阶级’……”

雷锋告诉他年轻的伙伴们：“我在青年商店买来那套衣服之后，接到了赵书记的这封信。对照我到鞍钢后的思想变化，越看越感到不安，就像赵书记站到了面前说：小雷呀！你忘了自己是个苦孩子，可不能忘本……想一想，我从农场来钢都才几个月，正在学徒，还谈不上有什么贡献，现在就讲究起穿戴来，确实有点忘本了……”

如何看待雷锋的这些思想矛盾呢？我们仍要用历史唯物主义的观点加以分析。不能忘记的是，那是全国人民勒紧腰带干革命的一九五九年。中华人民共和国成立了十年，尚未有雄厚的物质基础。艰苦奋斗、勤俭干一切革命事业仍是那个历史时期唯一正确的行为规范。雷锋要成长为一个伟大的共产主义战士，从思想到工作到生活，就需要比别人更加注意防微杜渐。

在望城，六十一岁的张建文同志叙述了一件表现雷锋思想品德的“逸事”。过去，因为怕这个故事影响多数“工人同志”的形象，所以一直没敢讲出来。以今天的眼光看来，它不过是生活中的一件小事。

张与雷锋一同进了县委“交通班”，一同战斗在治沩工地，又一同来到了鞍钢，可谓“同志加兄弟”，也因而在共同的工作与生活中相知甚深。在鞍钢，望城县的老乡们相当团结，工作争先进，生活互关照，即使工余时间也多是集聚在一起。有一次，大家一起去鞍山公园。公园中有一个湖，湖中有船，大家有说有笑上了小船，争着划起来，歌声也就荡在了湖面：

洪湖水呀，
浪呀么浪打浪！
洪湖岸边是呀么是家乡！
清早船儿去呀么去撒网，
晚上回来鱼满舱。

还唱《上甘岭》插曲，男唱女和：

一条大河波浪宽，
风吹稻花香两岸。
我家就在岸上住，
听惯了艄公的号子，
看惯了船上的白帆。
……

这是快乐的一刻，又是思乡的时候，那歌儿唱得激情满怀，热泪盈眶。他乡的知己相聚，说不完的知心话。男同志说要聚餐，女同志也要请客。这时，一位老乡无意间在船的一个洞孔中捡出一个信袋，取出一看，内有人民币四十余元。热闹中就有人提出用此聚餐，因是“天赐的米团儿”，一呼百诺，大家响应。

但是，雷锋坚决反对，还讲了不少大道理。道理越硬，热头热脸的人越觉是劈头一瓢凉水。同游的四男四女，除雷锋滔滔不绝之外，谁都不愿再说话，就那样不欢而散。钱也就被雷锋交到了洗煤车间。

据张建文说，事过不久，大家都回想过来了，认为雷锋觉悟高，是个有道德的人。这种想法的改变是因为他做了两件好事，使人觉得他不只把拾来的钱交公，也把自己的钱助人：有个青年工人刘大光，家里生活困难，母亲来信要五十元钱，他只有二十元，有些犯愁。雷锋得知此事，当即拿出省吃俭用积存的三十元，陪他同到邮局寄出。

炼焦工人王大修，不慎丢失了当月的工资和饭票，雷锋得知后，发动工友集资为他买饭票，自己又捐出了仅有的十元钱和八斤饭票。湖南老乡看他那个热诚样子，又把丢钱的工友比作了自己，回想那拾金欲昧的做法委实不该，一起后悔了。

在鞍钢，雷锋坚持写日记，将自己的行为轨迹，思想活动踏实地记录下来，同时也在不间断地将望城同志的来信，以及那些饱含着乡亲、同志、朋友、领导一腔热情的临别赠言记录在日记本上作为激励自己不断进步的动力：

祝你在新的工作岗位上，献出你一身的光和力，争取当模范，亲自和我们的领袖握手，并和他在一起照相。

望城农技站

熊旦云

五八.十一.一

雷锋同志：

你是一个优秀青年，望你在祖国的钢铁战线上，不断努力，以苦干、实干的精神，建设社会主义，以实现自己的理想——加入中国共产党。

兄×××上（名不清楚）

这些赠言人的名字未见经传，却一如雷锋优秀的战友一样，在赠言中对他表现出极高的期望值。在这样的激励中，雷锋没有忘记他的作家梦、诗人梦，他又开始了激情满怀的诗歌创作：

歌颂领袖毛泽东

河流奔腾向海洋，
海上升起红太阳。
伟大领袖毛泽东，
领导我们走向胜利和解放。
您领导我们生产建设，
把困难贫穷埋葬!
您领导我们战胜敌人，
把祖国变得繁荣富强。

——一九五八年写于日记本上

他的又一首“自由诗”堪与当时的“诗人”们并肩为伍：

台湾

我不是音乐家，我不会歌唱，
我也不是个作家，我更不会朗诵，
可是我的心正在燃烧，正在激荡!
它已长上了翅膀，到处飞翔，
越过那起伏的高山峻岭，
飞过那碧波万里的海洋，
飞向那遥远的地方。

台湾，
自古来就是我国的领土，
是我们最可爱的家乡，
那里有着无数的珍宝，
埋藏在那宽大的胸膛。

一片黑黝黝的森林呀!
可以盖上那千万座高大的楼房,
遍地丛立着粗壮的甘蔗,
制造出许多雪白的方糖。
那鲜嫩的乌龙茶叶,
驰名于国际市场。
那盛产菠萝和香蕉的园林啊!
吐露着扑鼻的清香。
那一年两熟的蓬莱米啊!
做起饭来焦黄喷香。
煤呀铁呀更是不可计量……
台湾人民世世代代、子子孙孙,
热爱生活,热爱自己的家乡。
……

——一九五八年写在日记本上

从诗中可以看出，雷锋在当时只对台湾有着较为一般的理解:他知道那儿有菠萝和甘蔗,却不知提及“阿里山”和“日月潭”作为宝岛的象征。而且,据我所知的“乌龙茶”是出自武夷山的。但是,他有着“位卑未敢忘忧国”的赤子情怀!

下一首诗的标题十分朴素,名为——

翻车机

我第一次走近翻车机的身旁,
仿如空中霹雷响,
吓得我倒退两步心惊慌,
啊!
原来是翻车机把一列煤车来个底朝上!

只听那半空中刷刷响，
满满的一列车煤呀！
翻得又净又光。
马达在轰鸣，
翻车机好像个大蛟龙，
上下不停地翻腾搅动。
你的力量无尽无穷，
你的任务是多么重大而光荣。
你有时有点小毛病。
我们工人的心啊！

比失掉自己的双手、眼睛还痛。
翻车机，翻车机！
我在你身旁工作是多么的骄傲。
我愿意在你身旁尽忠效力，
伸出你友谊的手吧——翻车机，
你我共同走向共产主义！

——这首诗是雷锋同志一九五九年二月在鞍钢化工总厂当推土机手时写的。
（《雷锋文集》编者注）

这首诗有两点是引人注目的：其一是“吓得我倒退两步心惊慌”！把一个初入工厂——“刘姥姥进了大观园”的青年的形态写得活灵活现。另一句“比失掉双手、眼睛还痛”，则是描写工人——连同他自己爱惜机器的心态，他把机器看做了为人民贡献的宝物，还要与它“共同走向共产主义”！

在《我的感想》一诗中，这位没有父亲的孤儿把人民领袖比作了“父亲”：

毛主席啊像父亲，
毛泽东思想像太阳。
父亲时刻关怀我，
太阳培育我成长。

——一九五九年写于日记本上

如果创作《台湾》一诗是为爱国，他的直抒胸臆的诗作《我可爱的工厂》，则在向人们展示爱厂的情怀：

我可爱的工厂

汽笛，对着初升的太阳，
情不自禁地高声歌唱，
迎接英姿焕发的工人走进工厂。
啊！
钢铁的心脏——鞍钢，
为了祖国的工业化，
你永远不知疲倦地繁忙。
你那高大的厂房，
建筑在数十里的土地上。
红彤彤的铁流，
像滚滚的长江水一样，
昼夜不停地奔忙。
如果谁要在远处瞭望，
就能看到鞍钢全部的景象：
从森林般的大烟囱里，
吐出一股股黑黑的浓烟。
夜晚像无数条火龙在闪闪发亮，

把浓烟映得像五彩缤纷的彩云一样。
在这浓烟下面,
就是我们工作的厂房。
呀!
真仿如神话般的天堂,
这里的工厂主人,
都在日以继夜地繁忙,
热情地歌唱。
歌唱我们的新生力量,
歌唱我们的厂房——
鞍钢焦化厂。

——一九五九年写于鞍钢

在雷锋描绘这一派鞍钢景象的三十七年之后,笔者又到了这座钢都,亲眼看到了什么才叫做"大工业"的场面:站在高层的楼顶极目四顾,百里方圆中,全是烟囱高耸、高楼林立的工厂,它的气派、它的氛围令你不得不明白一条道理——原来"钢铁是这样炼成的"!

从望城到鞍钢,雷锋获得了"小作家"的美称。鞍钢办职工夜校,他动员老乡同读。有一天,老师晚了车,班上没人讲课,空等着。这时的雷锋上了讲台,指挥大家唱歌。这是青年男女都喜欢的事情,人一多,好比燃着的柴凑到了一起,互相烘烤,越烧越旺。一歌唱罢,一歌又起。雷锋又打拍子又领"头儿",活跃如鱼。老师来了,站在窗外偷看,笑这个学生真是有趣!

这所业余文化学校缺少教师,同学们知道他读书多,推举他做语文教员,他当然乐当此任——因为他在乡里曾经当过"小老师"。

为了圆满地完成任务,他积极备课,找资料,写教案,背"台词",不亦乐乎。他担心人家听不懂他的"湖南普通话",总是笑着征求学员们的意见,每个字的发音都要念熟,才肯上台。像演戏一样:"台上十分钟,台下十年功。"别人心疼他太忙,问他哪来的时间搞那么多事,他的日记中所记成了名言：

> 一块好好的木板，上面一个眼儿也没有，但钉子为什么能钉进去呢？这就是靠压力硬挤进去的……

这就是他所倡导的“钉子精神”，善于“挤”和苦于“钻”。

一个会写诗、文，会教学、会唱歌、爱交友、爱帮助人的人，一个具有良好的思想风貌、道德品质的人，一个吃苦耐劳、永远谦虚、好钻研、懂技术的人是惹人喜爱的。不只是领导、工友、老乡喜爱他，他成了谁见了都喜爱的人。钢铁，就在这样的条件下逐渐炼成。

一九五九年八月，鞍山钢铁公司在弓长岭矿山新建了一座焦化厂，急需一些人到那里参加基本建设，因为焦化厂建在远离市区的山沟里，所以动员文件下达之后，大多数青年工人都不愿报名，不愿离开新兴的热闹的鞍山市，远调到那个“开生荒”的地方去。

可是，年轻的推土机手，会写诗作文的雷锋第一个报了名，令车间、工段和班里的领导、师傅们大惑不解。其实，这位小个子的英俊后生的所作所为，已经令一批又一批的人大惑不解了——荷叶坝小学里的报名回乡，望城县委里的要求下农场，农场里要求到鞍钢——全是“每况欲下”，全是别开生面。可是，无论哪一位师傅和领导，都不同意他离开化工总厂而去弓长岭。

于是，他像当初从县委下团山湖农场一样，开始找有权的领导人——车间主任于明谦反复交涉。雷锋在于明谦主管的洗煤车间工作了九个月，给车间作出了极大的贡献并带来荣誉，他车间主任是率兵之将，能情愿放走这个好兵吗？

于明谦回忆道：当时的车间规定，推土机作业班每周评一次生产标兵，每月四次。连续三个月全是“标兵”者，就成了“季度先进生产者”。雷锋在该处干了三个季度，十二次被评为“标兵”，也当然是“季度先进生产者”的“三连冠”得主了。而且，还有五次被评为“车间红旗手”，一次被评为“职工夜校优秀兼职语文教员”，出席了“鞍钢青年社会主义建设积极分子大会”呢！这样的一个台柱人物，谁舍得撒手放走？

于主任告诉他：“这里才建设就绪，一切都比较完善了，不容易。新开张的弓长岭矿山焦化厂里，住工棚，吃野炊，出门见山沟，没法和市里比，你考虑一下，好好合计一下，还是不去为好……”

于主任的劝词还比较含蓄，班组里师傅、工友的话可就一针见血了：“小雷你是个傻瓜！鞍钢这么好，你图啥到那个吃没吃、住没住、玩没玩儿的荒山野岭去！大伙儿都不愿去嘛！”

雷锋反驳说：“正因为那边苦，没人愿意去，我才坚决要去！我是一个共青团员！”

大伙儿暗暗摇头了：这个小傻瓜，像钉子入了木、蛇钻了窟一样不回头，真叫人想不通。其实他这种“傻劲儿”不是第一回，更不是最后一回。在此之后的发展中，他越来越“傻”，而且以笔言志——要做个“革命的傻子”，谁有什么办法？

于明谦主任劝不转他，只好惋惜地说：“真想去你写个志愿书吧！”

他爽快地答应了。于主任又加了一句：“以后想回来可就难了！”

他非常淘气地笑起来，飞奔而去，不多时就交来了志愿书，令所有的人目瞪口呆。他不单一个人要去，还要拉一批人去。原鞍钢弓长岭矿焦化厂总务股长陈日东同志在回忆文章中叙述：“……弓长岭矿焦化厂决定，派我到鞍钢化工总厂去领人。调给焦化厂的工人百分之九十五是青年，都不愿到山沟里，想留在鞍山市。我和他们谈了几次，思想仍不通，我很焦急：这个任务我能否完得成？后来有个雷锋，主动找我谈心，开头就说：‘我叫雷锋，是共青团员，是孤儿，是共产党把我培养大……我坚决服从组织分配！’

“当时我说：‘你可以在会上谈谈你的想法。’他就在分配会上表了决心：‘调我们到弓长岭矿焦化厂是工作的需要，也是组织的考验，我坚决服从分配，到最艰苦的地方去，坚决把党交给我的任务干好……’青年们被他的话鼓起了勇气，不再强调苦累偏远，我才顺利地将他们带到弓长岭……”

雷锋离开化工总厂的态度似乎是义无反顾，但他在告别的细节处理上则是充满了人情味：他与每一位领导、师傅、工友话别，在人家的日记本上签名赠言，并要求人家的赠言鼓励。

张月棋的回忆文章记述了他临别的细节："……总厂批准了雷锋的申请，因为新的建筑工地不仅需要推土机手，更需要朝气蓬勃的青年骨干。临行那天，雷锋到我们宿舍告别。说真的，我们舍不得这位小老乡离开。杨必华像亲姐姐为弟弟送行一样，东叮咛西嘱咐，话儿很多。小易在一旁看着雷锋，眼巴巴的，一再说'走了别忘了来信'。这时，我忽然想起我们几个共同看过的《钢铁是怎样炼成的》，赶忙找出来想还给他：'谢谢雷弟弟，我不会忘记保尔，也不会忘记你的。'

"雷锋说：'我不能带很多东西去，把书留给你们吧！'说着话又从裤袋里掏出那瓶"友谊"牌雪花膏，把它放在桌上道：'这是和皮夹克一块买来的，一次也没用过，把它留给你们吧！特别是张姐那双绣过花的手，还是需要用它保护的……'

"送走了朝夕相处一年的雷锋，我们的确都产生了一种失落感。但一想到雷锋不怕艰苦、直面困难的精神，就使我们联想到：雷锋真是中国的保尔。在他的身上，我们学了许多可贵的东西，激励着我们奋勇向前！"

易秀珍的回忆文章则叙述了她追随雷锋去弓长岭的动人故事，"恋雷情结"明白如镜：

> ……我这人觉悟不高，当初能舍得离开鞍钢那样好的环境，主动要求到大山沟里，嘴上说是为参加焦化厂的建设，心里想的多半是愿意和雷锋这样的人在一起。他临去之前送给我一个日记本做纪念，上面写了这样两句话：船，能够乘风破浪才能前进；人，能够克服困难才能生存。
>
> 他的心意我是懂得的，因为从长沙车站认识他那天起，在各种困难面前我不知流过多少泪。雷锋总是迎着困难前进的，他也

希望我和周围的同志能成为勇于战胜困难的人。雷锋比我早去半个月，那段时间，凡是见过雷锋的人一到鞍山都说，那儿的环境如何如何艰苦，雷锋干活如何没深没浅，没日没夜。有时忙得洗不上脸，吃不上饭，夜里还点灯熬油地看书，都对他赞不绝口。我心想，雷锋能吃得苦，我为什么不可以去锻炼锻炼？于是坚决请求领导批准我到那儿去。

我的心事瞒不过张姐和杨姐，她们板着脸逗我：弓长岭工地有雷锋，可那里也有大蛇呀！

这个传说我早就听到过，雷锋也知道，说工地附近的姑嫂城有几条大蛇，每条都有碗口粗，几丈长。夜间躲进山洞里，白天到太阳底下晒鳞，你说吓人不吓人？小时候，在家乡我被蛇咬过一次，谁一讲到蛇，我心里就发毛。但我不顾这些，还是去了。

雷锋八月二十日离开鞍钢，我九月十日就到了，先到工地办公室报了到，连行李都没往住处搬，就跑到热火朝天的工地找雷锋。在太子河边修建宿舍的地方，我远远就看见他正挽着裤管，打着赤脚，同大家在一起和泥。他只顾埋头干活，没看见我。我喊了声“雷锋”！他回头一看是我，既高兴又吃惊，赶忙将手中铁锹往泥里一插，光着两只泥脚朝我跑来。他一边在衣襟上擦着沾满泥浆的手，一边慌着问我：“小易！你怎么到这儿来了？”

“这地方只许你来，不许别人来呀？”

“这一批又来多少人？”他擦着汗问。

“就我一个，嫌少了吧？”

“不少，不少……多一个人多一分力量！”

就这样，我们又一起工作了。那里的生活条件的确很不好，住的是土民房，破旧不堪，四面透风，连女同志睡的都是大通铺。食堂是临时搭起的大席棚。吃水困难，洗脸用水要到二里外的姑嫂城去挑。太子河旱成了干河套，想洗衣服就更难了。但是，我每天看到雷锋乐哈哈地面对这一切，在任何困难面前都不叫一声苦，皱一下眉。

推土机手一时没有机车开，让他做力工他也不在乎。运木料，他拣大的扛，运石头，他拣重的担。发现了好人好事，他编快板，写墙报，进行宣传鼓动。有人说他赚钱不多，管事不少，他不在乎，你说你的，我干我的。领导上把他编入青年突击队，共青团员们选举他当了团支部宣传委员。

转眼到了“十一”，那年是建国十周年大庆。工地工人和姑嫂城举办了工农联欢活动，敲锣打鼓，热闹了好几天。工人秧歌队扭到了姑嫂城，发现妇女们都在忙积肥，一边劳动，一边看秧歌，雷锋回来对我说：“北方农民种粮食比南方还要难……”从此，他起早贪黑地积起肥来。开始大家不理解：他积肥干什么？是为了卖钱，还是为了开荒种菜？后来见他把肥全给了姑嫂城的生产队，大家才理解了他的心意。

这是易秀珍叙述中的一段。当时，这位年轻而美丽的姑娘为了追随雷锋，沿着他走过的大路紧步后尘，追到了弓长岭。她不怕艰苦、脏累，不怕离开城市和大厂，甚至不怕姑嫂城中的大蛇。雷锋的思想以及个人魅力影响了不少的人，使他们成了勇往直前的战友。

入冬以后，关外的山区格外寒冷，建筑施工更加困难了。领导把挑水和泥这件最脏、最累的工作交给了青年突击队雷锋所在的小组。干了几天后，他发现砌墙的同志上班后闲在那儿等泥，每日窝工一个多小时，影响了施工进度。因此，他发动“和泥小组”的几名共青团员，每天在别人熟睡之时先去和泥。砌墙工一上班即可干活。开始时没经验，用土黏性小，砌墙不牢固。经过细心研究，他们把沙子、蒿草和土掺在一起，解决了这个难题。但是，用铁锹、二齿钩拌和的泥浆中有生土疙瘩，砌墙的工人提出了意见。他脱下了鞋，赤脚踩进冰冷的泥中，摸寻着去踩碎泥土疙瘩。

工段的领导发现了，怕冻坏他的脚，连忙送来胶鞋叫他穿上。可胶靴却被泥浆粘住，踩下去，拔不出来。劲费了不少，却踩不碎泥块。工段的领导一走，他又甩掉了靴子，赤脚踩泥了。共青团员们学着干，继而，全组同志都赤脚了，刺骨的寒冷使他们不住地打抖，沙石、蒿草戳硌着腿脚。人在有一种精神鼓舞之时是不怕这些苦的，质量很高的泥在他们的脚下制造出来。运砖人、砌墙工感动得直叹气，不再耽误眨眼工夫，不再浪费一滴泥浆。

砖墙越砌越高，运泥工却跟不上了。雷锋双脚踩着硬泥，脑子却并未休息，双手便比画起来。湖南老乡小叶好奇地问："你比画什么？"

雷锋从稀泥中拔出脚来，皱着眉说："我想搞个土吊车运泥，你帮我参谋参谋！"

他蹲在地上画图，赤脚大仙们好奇地围拢过来，看他画，听他讲。听出了道理，看出了门道，就指点修改，逐渐圆满了设计。雷锋向工段里报告了主意，领导立即支持，当天就在工地上架起了新式武器——"横杆吊斗"，经过试验，完全适用，无论吊泥、吊砖、吊瓦、吊棒都行，大大加快了施工进度。众人夸他说："真是个能人儿！"

一九五九年八月二十六日，也就是他来到弓长岭第六天的晚上，他写下了一篇新的日记：

> 自从由鞍山转到弓长岭以来，自己就抱定决心：一定要很好地工作、学习，争取加入中国共产党。对各种学习任务都能认真完成，自学较好，每天早晨学习一小时，晚上总是要自学到深夜十到十一点钟。早晨坚持做早操，没有违犯过纪律，都能按规定去做。今后，我应当继续加强组织纪律性，向违法乱纪作斗争，严守纪律，听从指挥，做好机器检查和保养，保证安全，消灭事故。努力学习政治，开展思想斗争和批评与自我批评，加强团结，虚心学习。

又过了四天，一九五九年八月三十日，他又写下了一篇表述衷心的日记：

> 党和领导叫怎么做，就不折不扣地按党的指示去做。这样，就是有再大的困难，也有办法克服；再艰巨的任务，也能完成。相反，

如果脱离了领导，不听党的话，光凭个人的心愿去做事情，是很难做好的，甚至要犯错误。有些同志思想进步慢，工作成绩差，是什么原因呢？我认为原因只有一个，就是自以为正确，不听党的话，不听群众的话，明明自己的看法不对，也不改正；明明领导和同志们的意见是正确的，也不诚恳地接受，这样，就会落后。

党的声音，就是人民的声音。

听党的话，就会开出事业的花朵！

在这篇日记中，我们看出雷锋的觉悟能力：他在“听领导的话”的同时，也在虚心“听群众的话”。而且非常有见地地认为：“党的声音，就是人民的声音！”

他在望城县开始写日记，这个良好的习惯保持了他短暂的一生。对于他日记内容的丰富多彩和健康明丽，易秀珍的叙述文章清晰可见：

……有一天晚饭后，我想帮雷锋洗洗衣服，就来到他的土屋里，见他正坐在通铺上埋头写什么。我悄悄凑近跟前一看，原来他在写日记。他扭头看见了我，赶忙合上了日记本。我说：“不要对我保密了，什么‘青春’啊！‘美好’啊！我都看见了！”

他冲我一笑，索性把日记本塞到我手里：“拿去看吧！管看够，我的日记对谁都不保密。”

我翻开头一页，立刻被黄丽那篇“临别赠言”吸引住了。看完了，我就问：“这位‘黄丽姐姐’是谁呀？对你抱的希望还不小呢！”

他对我讲了黄丽的情况，还夸她如何好学，如何懂事。我好奇地问：“你把她夸得这样好，分别这一年多，你们一定没少通信吧？”

“一封也没有。”

“那为什么？”

“没时间，也没精力呀！”他回答。

> “我不信！”我说。
>
> “不信？你以为我会说假话？”雷锋声调提高了，有些急。
>
> 我笑着说：“不！我不过随便问问。其实，你们通不通信与我有什么相干？”

这是一段非常精彩的对话。从易秀珍的问话中，我们看出一个年轻姑娘的敏感和好奇，并能看出她是一个颇有心计而淘气的姑娘。从雷锋的答话中，我们同样看到一种不自觉的掩饰情感，甚至“有些急了”地否认着什么。如果不是对着一位姑娘，或精确地说是“小易姑娘”，他甚至没有否认某些东西的必要。因为他确实没给他的“黄丽姐姐”回过一封信，而心中的怀念，是能否认了的吗？

易秀珍的回忆接着写道：

> 我不再追问了，翻过这篇赠言，日记里的每一篇都很简短，记了那个时期生活、劳动的情况，也抒发了一些感想。他的日记很少叙事记人，多是抒怀言志。什么“一花独放不是春，百花齐放春满园”啦！什么“一个人先进总是单枪匹马，众人先进才能移山填海”啦！等等。那篇“青春啊！永远是美好的，可是真正的青春，只属于这些力争上游的人，永远忘我劳动的人，永远谦虚的人”后来登在报上了……

在写下这些誓言、感言的同时，雷锋也在忘我地劳动。他已经不是一个简单的“力工”，而是一位领头人、“参谋长”和好师傅。原弓长岭焦化厂工人周玉凤在回忆文章之首写下了这样的标题——《雷锋是我的师傅》：

> 一九五九年，我在焦化厂当工人，领导上送我和四个新工人到鞍钢化工总厂去学习技术——分配学习驾驶“C—80”推土机。雷锋在那里担任教员，当时，他只有十九岁，结实的身材，明亮的

眼睛,天天有说有笑,异常亲切,我们四个学员都喜欢接近他。同我们一道去的小张同他签订了“师徒包教保学合同”,雷师傅毫无保留地向小张传授技术,不嫌他文化水平低,一面操作一面教他,工间休息时总是指点着车上的零件详详细细地讲这个,讲那个。

他没有一点“架子”,常常放下手中的活计,添油擦车。记得有一次小张驾驶机车失灵,推煤太多,车身不平,发动不起来。正在着急的时刻,雷师傅示意停止发动,转身跳下机车,以锹铲煤,给机车整平了道路。这样,机车很快就发动起来,我们眼看着他一切抢着干的劲头儿,内心十分敬佩他。

他工作不计时间,每次我们接班,都要等他十几分钟,甚至半个钟头他才交班。尽管干过了工时,仍是仔细地检查机车,把油添足,将检修工具一一清点完毕。在我的记忆中,他交班的机车没发现过毛病,没少过零件。

同我签订“师徒包教保学合同”的赵师傅看我年纪小,又是个小姑娘,就有些不高兴,并不止一次地对我说:“女孩子干这玩艺儿够呛!为啥你偏要学这行!”他有活不让我做,也不教技术,甚至连车都不让我坐,我心里十分难过。一天,我把赵师傅不乐意教我的事向雷师傅说了,他听了以后说:“赵师傅经验丰富,不爱说话。可他爱的是实干家,只要你抢着干活,主动钻研技术,时间长了他会喜欢你的。”

……虽然他没和我签订合同,可他关心我,在工余时间主动教我技术。讲解机车的构造原理,讲革命故事。我照他的指点工作,赵师傅也逐渐改变了对我的态度,同我建立了良好的师徒关系,不到半年我就掌握了一般技术……

对于周玉凤的这一段叙述,有雷锋写于一九五九年十一月二十日的日记为证:

我在鞍钢开推土机时,车间主任给了我一个任务,要我带三个学员。自己的技术不高,又怎能教好学员呢？可是,我想到这是党给我的任务,我一定要坚决完成。在驾驶和学习机器构造原理时,我和他们互相研究,我不懂就去请教其他师傅,而后再告诉他们。他们只用四个月就会了推土机。毕业后,工厂要给我三十六元带学员的师傅钱,我没要。我学的技术是党培养的,今天告诉别人是应该的。

雷锋的日记中记载了许多非常珍贵的历史史料——一九五九年十一月十四日的日记中,就详细地叙述了那个闻名遐迩的“雨夜护水泥”的感人故事：

今天,我感到特别的高兴,一天紧张工作过后,一点儿也不觉得疲劳,我感到浑身是劲。夜晚,我还坐在车间调度室里,看一本学习毛泽东同志的思想方法和工作方法的书，真使我看得入了迷。越看越使我感到毛主席的英明和伟大。

深夜十一点钟了,走出门外,天黑得伸手不见五指,这时突然下起雨来了。陈调度员说,我们建筑焦炉工地上,还散放着七千二百袋水泥。陈调度员急得一时手足无措。雨越下越大,这时,我猛然想到了党的教导,要我们爱护国家的财产,又想到了我是一个共青团员。想到这些,一种无穷的力量鼓舞着我,急忙跑到了工地,用自己的被子,并脱下了衣服,抢着盖在了水泥上。后来,我又跑到宿舍,发动了二十多个小伙子,组织了一个抢救水泥的突击队,有的忙着找雨布,有的忙着找芦席,盖的盖,抬的抬,经过一场紧张的战斗,避免了国家的财产受到重大的损失。

这时,我才松了一口气,抹掉了头上的汗,带着乐观的心情昂首阔步回到了宿舍,回忆自己为国家、为党做的一点点工作而高兴。

关于这件抢救水泥的故事,他自己的描写仅仅是一种过程,真实的细节要比这丰富、感人得多——人们可以想象得出脱掉衣服的雷锋在雨中拼搏的镜头，淋了雨的水泥糊满了他的头脸。当盖罢了水泥，他顶着这样的头脸却又“昂首阔步回到宿舍”的时候，他的伙伴们将是怎样的心情？他的被子和衣服已经让给了沉默不语的水泥，那半个夜晚他将怎样度过？

十二天之后，也就是十一月二十六日，他的日记续写了这一切：

中午十二点，我刚从车间开完会回到宿舍，一进门就被大家围住了。小王拿着一张报纸跑到我眼前说：“雷锋同志！你看，你上次在雨夜抢救水泥，登了共青团员报了！”当时，我也和大家同样感到高兴。这对我和大家来说，都是很大的鼓舞。……我这么一点点贡献，比起党对我的要求和希望还是做得很不够的，但是我有决心忘我地劳动，赤胆忠心，不骄不傲地乘胜前进，多为党做一些工作，这就是我感到最光荣的。

以《抢救水泥》为题，撰写报道的两位作者名叫李廷波、赵洪吉。在抢运水泥的一举发生之后，还有这件故事带来的“花絮”，它同样证明着被感动的同志对他的敬佩和疼爱。甚至比李、赵两位作者的文章更具有幽香的人情味。挥舞着“花絮”悄然歌唱的是他的乡亲，具有美丽的外表、美好的心肠的易秀珍。她自己在回忆文章中描述了细节末梢：

……有一天晚上，外边又打雷又下雨，我刚要躺下睡觉，忽听窗外响过一阵脚步声，还影影绰绰听见有人说什么东西遭雨淋了。等我披起衣服跑出去一看，雨大天黑，什么也没看见，我又转身回屋里睡了。第二天醒来才听说，是工地专用列车上昨天没卸完的几车皮水泥没盖好，下雨时装卸工人都不在。雷锋正在新建的调度室里看书，忽然想起这件事情，急忙跑回住处又找东西又叫人。一时找不到遮雨的东西，他伸手就把自己的被褥抱出来，盖在了水泥上……

第二天,我在车皮上看到了他的蓝花布被褥。大家七手八脚将被褥里的雨水拧干,没一个不夸雷锋舍己为公的。团总支李书记当即指定我和于姐(一位女技术员)帮助雷锋拆洗被褥,我连早饭也没顾得上吃,和于姐抓紧拆洗被褥,取出棉絮,到烧水房中去烘干。于姐干了一会儿就上班去了,我担心当天做不完,晚间雷锋盖不上被子,就挑起水桶,想挑些水来洗被褥。雷锋从食堂赶来了,他一手递给我两个烧饼,一手夺去我肩上的扁担,说:"你先歇歇吧! 我去挑水,回来我自己洗,过后你帮我缝好就可以了。"

我争着说:"你把这个任务交给我吧! 你昨晚没睡好觉!"

"没得事!"他说,我拗不过他,只好由他去了。他挑回了一担水,我催他上班去了。洗干净被褥的里、面儿,再晒干,整整忙了一上午。最急人的是棉絮,左烘右烘也干不透。同时我发现,经雨水浸泡过的旧棉絮,一烘烤变得硬撅撅的,一点都不柔软,这样缝起来盖在身上,肯定是既不暖和又不舒服。这可怎么办?去买新棉絮吧! 当地无处买。去向公家要一床,雷锋肯定不同意。想来想去,我忽然想出一个主意:先把我的棉絮悄悄换给他,以后我进城再买床新的。雷锋这人的脾气谁都知道,他肯定变着法儿帮助别人,决不肯让别人为他做任何牺牲,哪怕是一针一线。所以这件事不能让他知道。

我终于巧妙地达到了自己的目的。而且我相信,包括于姐在内,没有一个人看出任何破绽。晚上,我抱着缝好的被褥走进他的土房,把被褥交给他,他和伙伴们一再向我表示感谢,说幸亏我针线好缝得快,不然,雷锋非当一夜"团长"不可。雷锋十分高兴地拍拍缝好的被子,好像突然感觉到什么,用手仔细地抓抓被头,莫名其妙地"嗯"了一声,马上问身边的伙伴:"你们说,这棉絮经雨水泡过再晾干,是会变软呢,还是会变硬?"

有个小伙子说:"当然要变硬,怎么会……"

我看这事要露馅,马上抢过话来说:"棉絮晾干了再用竹竿猛敲打,比弹过的棉花还要软哩!"

“是不错！”雷锋又拍打了一下被头，“感谢你为我劳累一天，更感谢你能把雨水泡过的棉絮变得这么软和……”

……

雷锋从辽阳市兵役局拿回“入伍通知书”那天，他那高兴劲儿就不用说了。我们帮他整顿行装的时候，他把自己穿用过的旧衣物包了一包，托我代他送给姑嫂城生产队的五保户、牧羊老人吕长太(他和这位吃了一辈子苦的老人结下了很深的友谊)。又把我给他拆洗过的被褥叠得整整齐齐地交给我，当着大家的面说是让我为他保存起来，过后却悄悄对我说：

“小易，山沟里天冷，不要再盖我那床硬撅撅的棉絮了……”

“你怎么晓得了？”我问。

他深情地说：“你的心意我是知道的，你拆洗被褥的第二天，趁你不在屋，我去翻看了你被子里的棉絮。于姐也告诉了我，你别以为谁都不知道……”

三个聪明人，三个有心人。美丽的姑娘有着美好的心肠，想那么悄悄地、不为人知地向她所敬慕的男子献上一床包罗万端的棉絮。老成持重、不动声色的于姐深知这青春闺秀的内心，佯装不知所以，免却她少女的一羞。而那位看似率直、豪壮、不拘小节的雷锋却一切都感觉到了，体察到了，又不忙道情或推让，而是将这一份幽香的纯情埋藏心底，等待着一个适当的、不为局外人所知的时机和场合，以那种深沉而自然的方式回报了她的情谊……

在易秀珍下一节的讲述里，记录了他们的情感发展的继续，他们难分难舍的别离：在雷锋参军送行的欢送会上，易秀珍“亲手给他戴上了光荣花，而后一直把他送到辽阳南林子新兵集结地”。新兵们都有父母兄妹送行，雷锋没有自家的亲人，却有着满满一卡车形同兄妹的工友和同志。易秀珍站在送行的人群中，时而靠前，时而退后，在雷锋的眼前发出着异样的光彩。她一直在笑着，但她的眼中滚动着泪珠。从长沙火车站一直到今日分别的片断，像电影的镜头在脑中闪现，而湘江

西畔家乡的歌谣,两个人倒是实实在在默唱在心里的,那首歌名叫做《送哥哥》:

送哥送到后山坡,
后山坡上人儿多。
人家问我送哪个,
只说表妹送表哥。
送哥送到枞树坡,
手扳枞树叫哥哥。
为人要学枞树样,
四季青青好精神。

参军之前,他送给她一个笔记本,内中的题词是:"生长在毛泽东时代,生活是多么幸福,前途是何等广阔,望你努力去追求它!"

雷锋牺牲以后,她在《鞍钢报》上发表了一篇纪念文章,题为《我和雷锋》。文章中的字字句句浸透着她对雷锋的思恋:

雷锋是我的老乡,又是我的好朋友。听到他牺牲的消息……我不知哭了多少场!因我第一次离开爹娘走出这么远,开始总想家……雷锋总像亲哥哥似的用他那饱满的热情开导我,安慰我。每当他见我愁眉不展想家时,他不是找我出去玩,就是拿给我一些书看。我是南方人,初来东北有很多地方不习惯,比如天气冷,吃粗粮,劳动强度大等等……每当食堂吃大米饭时,他一口不吃给我送来。

……

雷锋参军前夕,工地团总支书记分别问过我和雷锋,在爱情问题上有什么需要他帮助的?雷锋回答说:"我和小易好像兄妹一样,我们都很年轻,从没谈过这些事情。"当时我也说不出什么来,只知雷锋对我好,他走了我会想他。一九六〇年秋天,雷锋到辽阳作报告,顺路到矿山来看望我们。那次我看他,觉得比以前高大多了。晚上我送他到火车站。谁知这次分手,竟是永别了……

这是一种少男少女朦胧情感的自然流露。

正因如此,它才是含蓄深沉而动人的。

关于雷锋逝世后的情节,本来该在本书的最后交代。但为了完整展现易秀珍情感脉络,我不妨因意识流动而打破时空概念,提前叙写易秀珍的凄切与悲怆:

……听到雷锋因公牺牲的消息,焦化厂、化工厂的工人,姑嫂城的农民,人人落泪。一天傍晚,我在太子河畔漫无目的地走着,猛然发现在姑嫂城的山根下,有个人在烧纸。我知道一定是村里死了什么人,就走到跟前去看,原来是牧羊老人吕长太蹲在山根一棵大树下,用一根小木棍拨拉着,在烧一堆黄纸钱,一串串火星随着晚风四野飘落。

我觉得奇怪,便上前问道:"吕大爷,您这是给谁烧纸呀?"老人抬头发现是我,神情黯然地说:"傻姑娘,你不知道?咱们的雷锋没了……"

他一边烧纸,一边对我诉说起雷锋对他家种种的关怀和帮助……我渐渐止住了哭泣,接过老人手中的小木棍,学着老人的样子拨散纸钱燃起的火星。老人动情地说:"我永世忘不了雷锋对我的好处,那年冬天你替他送来的衣服,救了我们一家人,不然出不了门呀!今天,我特意为他买了八角钱的黄纸钱,他在九泉之下会知道的……

从易秀珍的诉说中,我们得知一位老人对他的哀思。关于他何以认识了那位牧羊老者,原弓长岭矿焦化厂总支书记李钦荣细说了端详:

姑嫂城大队有位老贫农名叫吕长太,在旧社会是个受苦受罪的人,与雷锋有着共同命运的苦难家史。解放后,他虽然翻了身,但因家庭……仅他一个劳动力,在大队里是一个特困户。

雷锋每天拾粪送给大队,清晨常常碰到吕长太,得知了吕长太生活的艰难。雷锋怀着无限的同情到他家探望,时间长了,感情越来越深。这位穷苦过的孤儿要认穷老两口为干爹干妈。从此,在他三十四元五角的工资中,精打细算地省出一部分资助吕家,像一个真正的孝顺儿子一样时刻关心着这个穷家。

在雷锋参军之后——一九六〇年十一月五日的"忆苦思甜"报告会讲话的录音整理文件中,也有一节提及了这段经历:

……党的八届八中全会以后,人民公社成立了。我学习了八届八中全会文件,自己想:我为人民公社做了什么?我每天开始捡大粪积肥,一个月捡了七百多斤,送到了公社。公社要算钱,我说我没有什么礼物送公社,这些大粪就作为我的礼物吧!

有一次,碰到一个老人在冬天早晨没有穿棉衣,我就脱了自己的棉衣,送给了他。毛主席说关心他人比关心自己为重。老人说不出话来,约我到他家去。他给地主放过二十多年羊,是个工人。有个母亲七十岁,爱人五十岁和三个孩子。我后来又送了几件衣服给他家,我常到他家,他还要我做干崽,我很爱他家。这是毛主席思想教导我所产生的阶级感情。

在业务工作中,雷锋有着非常细致的负责精神:一次出车前,雷锋和助手小韩检查车辆时,发现有一个豆粒般大小的火花塞帽不见了,找了半天也没找到。小韩急着出车,便找来一个新的火花塞帽,说:"换这个新的,赶紧出车,今天的任务很重!"

"任务再重也不能这样开车。要是火花塞帽掉进汽缸里,一开车就会发生事故,给国家造成损失。不找到这个火花塞帽,我们就不能出车!"

助手小韩见他这样坚决,就跟着他拆开了机件,细心查找,终于在汽缸里找到了火花塞帽。这件事使小韩受到了极大的教育。

雷锋在弓长岭矿焦化厂仅工作了四个多月，就被评为“先进生产者”，并且两次被评为“红旗手”，三次评为“节约能手”，光荣地出席了一九五九年共青团鞍山市委召开的“青年积极分子代表大会”，获得了奖励。

一九五九年十月的一天，他激情满怀地站到了授奖大会的主席台上：

> 我这样一个孤苦伶仃的穷孩子，今天能够参加这样的大会，感到十分光荣，万分感谢党对我的教育和培养。我的一切都是党给我的。光荣应该归于培养教育我成长的党，应该归于热情帮助我进步的同志们。
>
> 我认识到一朵花打扮不出春天来，只有百花齐放才能春色满园的道理。
>
> “一花独秀不是春，百花齐放春满园。”

参加了这样的大会，雷锋激动万分，百感交集。但他远远没有满足，他有着更高远的理想——他想见到毛主席。在荷叶坝小学读书的时候，学校曾组织鲜花般的学生，到他们的乡亲领袖毛泽东的故居参观，在故居前的两口水塘边，雷正兴看着水中的莲花，看着塘中映照着的韶山，曾幻想自己变成一只小鸟，飞到毛主席的窗前唱歌。

一九五九年十月初，他的一篇日记写出了这样的心情：

> 一九五八年入厂的时候，我只是一个抱着感恩的思想埋头苦干的工人……后来，在党的教育下，才使我的思想和眼界变得更加开朗和远大……

几天之后，他的又一篇日记则是直抒了胸臆，强烈地表达了他想见毛主席的愿望：

昨天我听到一位从北京开积极分子代表大会回来的同志作报告。他说：毛主席在北京接见了他们，毛主席的身体很健康，对我们青年一代无比的关怀和爱护……当时我的心高兴得要蹦出来。我想，有一天我能和他一样，见到我日夜想念的毛主席该有多好，多幸福啊……

我决心听党的话，听毛主席的话，永远忠于党，忠于毛主席，好好地学习，顽强地工作，为党和人民的事业贡献自己的一切，做一个毫无利己之心的人。我一定争取实现自己最美好的愿望，真正见到我们伟大的领袖毛主席。

人生的意义是什么？不是平稳恬淡，不是灰色的迷茫，不是占有权力、财富，不是在人生的调色板上堆满装饰时尚的颜色：他要报恩，他要贡献，他要为了吕长太一样的还欠缺幸福的人付出血汗，他要忠于党，忠于毛主席。

从这种思维逻辑便可推论：在那个时代里被拯救获得了幸福的人对党、对领袖的感情有多么深。不是党叫他献出生命他才献出，而是为了报恩，为了反哺自愿付出血汗、青春和宝贵的生命；献身，便是愿望的光辉的顶点。在他牺牲的半年之后，诗人郭沫若曾为他的此番赤诚留下诗句：

我是大海中的一滴水，
我要无保留地为人民贡献。
党要我入地，我就入地，
党要我上天，我就上天。
……

第七章

参军情结

“好男儿为国捐躯”，这是每一个炎黄子孙谙熟不陌的道理。对于雷锋这样的为了感恩党和人民而时刻准备献身的人，日夜盼望着的，也就是参军入伍，拿起五尺钢枪，为国戍边守土。

今天，我们都熟悉年轻的英雄遗留下来的一张珍贵的照片——头戴“火车头”军帽的雷锋怀抱着一支冲锋枪，英姿飒爽地站立着，像一棵挺拔的青松。他的帽耳放了下来，帽檐上的红星熠熠生辉。他的双眼直视着前方，犀利的光芒穿透了云层，掠过山尖与河谷望着遥远的地方。他成了一名军人，实现了梦寐以求的理想。他参军的情结令人赞叹，而参军的情节令人心悬：人人捏着一把汗水。

原弓长岭矿焦化厂党总支书记，也就是雷锋日记、讲话中提及的李书记，撰文回忆了雷锋应征入伍的情况：

> 一九五九年年底，国家的征兵命令下达之后，辽阳市从十二月一日开始了征兵工作。焦化厂党总支为了把征兵精神贯彻下去，于十二月三日午后一时召开了应征青年会议，雷锋同志第一个发言：“当兵是我们的义务，保卫祖国是我们的光荣职责。我坚决要求党总支批准我报名应征……
>
> 当日午后五时，党总支召开了全体职工动员大会，我在会上做了动员报告，号召青年报名应征。我的话音刚落，雷锋第一个登上讲台，发言表决心。在他的带动下，相继有三十多名青年表示应征，掌声雷动。

当天晚上，我躺在办公室的床上，心情很不平静，一时难以入睡。十点钟过去了，雷锋忽然来到办公室，一进门就说："李书记，我能入伍当兵吗？"

当时我说："小雷呀！外边下着这么大的雪，你又没穿棉衣，不冷吗？"我当即把棉袄披到了他身上，并说："你赶紧回宿舍休息，我一定大力支持你的行动，想办法送你参军……"

我话是这么说，思想上却非常矛盾。像雷锋这样的青年工人到厂才几个月，就处处表现突出，作为厂的书记，我怎舍得放他走呢？可是，又不好正面阻拦他一心应征报国的行动，所以，第二天只好同厂征兵办的同志顺便说了一下，让他们设法：最好能留下雷锋……

从这段回忆我们可以看出，雷锋参军伊始就受到了来自领导的挽留，因而预示了参军情节的曲折与丰富。

据焦化厂总务股长陈日东回忆：李钦荣书记亲自提名要他搞青年应征检查具体工作，并受到了李书记的专门交代："日东同志，你先把雷锋同志的有关材料查一下。"

看来，这位有经验的李书记先要摸清雷锋的底细，再做计议。但是，雷锋参军的决心是坚决的，他追赶陈股长到了食堂里，急切地向他表白心愿："陈股长，我是你从鞍钢化工总厂调来的，这次当兵，我决心下定了，坚决去保卫祖国……"

当时的陈日东股长回答："现在征兵刚开始，必须通过市兵役局和新兵体检站检查身体，合格了才能确定，你的情况我了解，你回宿舍休息吧！我吃饭去。"

陈日东同志接着回忆道：

当时我想：去检查身体的应征青年身体都很好，恐怕雷锋是条件最差的一个了。

十二月二十二日，我和参加体检的青年早早地进了食堂，大家高高兴兴地吃了早饭,便乘解放牌汽车于早七点到达小屯新兵体检站。那里早已挤满了人,都是送孩子去体检的。我们一下汽车,就听见老百姓议论:"那个小个子,就是雷锋。"

当时我感到很奇怪,他们怎么认识雷锋呢?有几位老大娘说:"这个小伙子,在这里讲过家史。他的命可苦啦!还是个孤儿,就是说话太快,有时听不懂,是个湖南人……"

这时我才知道,他已经来过小屯,还去过辽阳市兵役局哩!

八点十分,体检开始了,下午一点才轮到焦化厂。青年们集中在一个大房间里,可雷锋却是东走西串。体检的青年都是各单位选拔出的,唯独雷锋体轻个矮,自己唯恐不合标准,精神上比较紧张。焦化厂青年开始体检时,可小雷不知哪里去了。我们焦急万分,等他回来我就说道:"小雷你怎么搞的?一点纪律性也没有!"他笑着说,他找接兵的首长谈话去了。

轮到雷锋了,他把身子挺了又挺,还踮起脚来,才一米五四高度,体重四十八公斤。当时我就站在他身旁,看见戴着花镜的老医生说:"雷锋,你身高、体重都不合格。"

雷锋说:"这两天感冒,今早到现在还没吃饭。"

当时我说:"小雷,说话要实事求是,今天早晨,我们不都是吃了两个酥火烧,还有一大碗酸菜吗?"

体检完毕,天色已黑。回厂时,雷锋也不戴帽子站在车上。寒风刺骨,寒冷难当,他却使着劲儿唱歌:"雄赳赳气昂昂,跨过鸭绿江……"

这时的雷锋,心情是难以平静的。他的迎风而立和放声高歌,很可能是他消散郁闷心情的一种方法,是在将心中的惆怅、不悦发泄出来,而他仍在做着身穿戎装、手握钢枪、雄赳赳气昂昂的军人美梦。

为了达到从军的目的,他展开了全方位的进攻,一九五九年十二月九日,弓长岭矿《矿报》上发表了他《我决心应召》的申请书:

……参军，是我从小就有的愿望，人民解放军不仅是一个团结友爱的大家庭，而且还是个培养青年的大学校。现在我的愿望就要实现了，怎么叫我不高兴呢？

当我在入伍簿子上写到我要坚决“参军”二字时，一段辛酸的回忆涌上了我的心头：

(略去诉旧社会苦一节——作者)

……那时我真想，要是有亲人来搭救我，我一定要拿起枪，粉碎那些狗豺狼！为爹妈报仇。

光明伟大的党啊！您挽救了我，给我吃的、穿的，还送我念书，高小毕了业，进入了初中(大概是进了文化学校的误笔)，戴上了红领巾，加入了光荣的共青团。参加了祖国的工业建设，一天天的成长起来。

伟大的党啊！您是我慈祥的母亲，要是没有您我很难想象到自己的一切。今天您需要我，我一定挺身而出，不怕牺牲和一切困难，永远忠于党，忠于人民，继承长辈优良的革命传统，为建设现代化的强大的国防军，为保卫社会主义建设，保卫世界和平，我要把自己可爱的青春献给祖国最壮丽的事业！做一个真正的共产主义革命战士，粉碎帝国主义！早日解放台湾。

焦化车间工人——雷锋

辽宁辽阳弓长岭

一九五九年十二月

申请书呈交之后，体检却没能过关，这并不能使雷锋的希望之火熄灭，他开始了艰苦的多方位的说服工作，找了每一位需要找的人。

据原弓长岭焦化厂保卫干事、当时的“征兵办”工作人员金守成同志回忆：

雷锋真要参军了，这可急坏了李钦荣同志，他的本意是舍不得放雷锋走，想让“征兵办”设法把他留下。雷锋从鞍钢化工总厂调到我矿焦化厂不足半年，就成了生产骨干，领导的得力助手……李书记怎舍得放他走呢?

在体检站内，雷锋找接兵的同志哀求:“我要当兵，让我参加体检吧!”等待体检的，有的结伙上街游玩，有的三五成群闲谈，只有雷锋拿了笤帚扫院子，扫那些临时宿舍，并向成群的应征青年宣传为什么要当兵。他拉着一位中尉军官的衣襟，苦苦哀求，非要他批准他当兵不可……后来我们才知道，这位军官就是接兵部队负责兵员工作的戴明章参谋。

后来，人越来越多，集结了一大群，他就以自己的家史、童年史控诉旧社会，歌颂伟大的党。但是，他最终还是被淘汰出队。他不气馁，几次去了辽阳市兵役局找寻余新元政委，又找接兵参谋戴明章，对他们表示:“如果不给我换军装，我就穿便衣去!”

他的这种执著态度和顽强的决心，首先打动了应征的青年和焦化厂的领导。厂领导转而支持他参军，于是，雷锋把进攻的路线确定为辽阳市兵役局和接兵部队。我们今天得到的印象是:任何人都抵挡不住这位热血青年的凌厉攻势——因为他是为了保卫祖国，报效于人民!

一九九六年六月十五日，我随同着戴明章老人自沈阳转道鞍山，观览了百里钢城，来到原兵役局政委余老的独立家屋。这是一栋别墅式的三面临路的住宅，院中的瓜蔓花株向客人表现着一派鲜爽之气。戴老按响了院门的电铃，我一眼就看见一位高大的、穿着蓝色条纹衬衣的老人走出房门，用响亮的声音对着戴老招呼:“嗨!又来了!”

从这一句话中，我不但得知戴老常来他的这位老友家中，而且从戴老口中得知，三天前——也就是我刚到抚顺城的那一天，他正巧带领一位搞电影的同志来访了余老以及那些我要找的大多数的人们。他并未嫌怨戴老的频频叨扰，而是非常热情地邀我们进屋，命令他的儿媳切瓜款待。

应该承认的是，我们的到来不太是时候，余老的老伴正躺在床上发着高烧，刚刚拔掉了“吊瓶”的针头。余老却非常的健谈，这位从鞍山市警备区副政委、顾问任上离休的老领导立过赫赫战功，受过重伤，右脚因此换装上了假肢。他的头发已经花白，但双目明亮，精神焕发，满面红光，使你无论如何也难相信他已是七十四岁的老人。在我的询问下，他谈起雷锋参军的经过，口若悬河，滔滔不绝：

……在目测跑步中的应征青年时，雷锋便因个头矮小而被刷下去了。当时的标准高度要一米六〇，而他只有一米五四，体重也差了几斤。在正式的体检中，又查出了“副鼻窦炎”病状，可以说全无入伍的希望。

但是，雷锋的全面进攻开始了。他向厂团总支请了假，从弓长岭到了辽阳市兵役局，边德莫同志接待了他。他向边陈述了参军的请求，边同志给他讲了兵员的身体要求，讲了招兵原则，但雷锋毫不退却。边德莫回答说：“你有事去找你们单位，这里管不了那么多！”

这一次进攻没有奏效，他暂时回到了矿上。没想到第二天一大早，他又来了，不再找边德莫或其他任何人，直接找“兵役局领导”。当时我有事外出了，他就等候我，不见不走。我白天没来，他又夜里等。夜里没来，他就在值班室中蹲了一宿。

第二天，雷锋看见了戴中校军衔的陈炳生，便黏上了他。陈正没办法，看见我回来了，便叫我处理。我听了原委就问他：“你是哪里人？”

雷锋答：“弓长岭矿焦化厂工人。”

我问：“有什么事？”

他答：“想参军！”

我说：“你去找基层单位。”

他说：“找了没用，目测时拿下来了……”

我简洁地答道：“那就说明你不合格！”

他听了这句话。一下子握住了我的手，急切地问道：“你这位首长是干什么的？”

陈炳生告诉他我是政委，他更来了劲头，不歇气地说道：“弓长岭六十多位同志报名，就我不能体检了，我要当兵，保卫伟大的祖国……”

接着，他讲了自己的出身，讲了旧社会一家人的悲惨命运，解放军救了他，他一定要参军……我顺水推舟地告诉他说：“你先回去吧！我打电话问清你的情况，再商量一下！”

雷锋双眼一亮，立刻穷追不舍道：“你说话可要算数！”

我说：“算数！”

雷锋说：“那我明天再来！”

我说：“你不要来，如果同意你当兵，就参加体检。”

他走后，我打电话问了弓长岭矿的李书记，李钦荣答：“个小，体重不够。”我心中有数了。

第二天，他果然又来了，以恳求的眼光看着我，问我了解情况没有。我客观地说明了新兵的标准和送兵的规定，告诉他要知难而退。他却不退，缠着我讲参军的愿望，讲自己的苦难史。几句话讲罢了，我回问了一句：“你家有什么人？”

他神色黯然的答道：“什么人也没有了……”

这句话对我的震动极大，如今可以这么说：他参军成功就凭了这句话——因为我听了这句话，才知道他是一个孤儿，才有心思听他讲一讲何以成了孤儿。不讲则已，一讲就把我讲出了眼泪。我忽然产生了一个奇怪的想法：明知他不能入伍，却愿意听他讲下去，并希望我身边的工作人员都来听，都同情他……

应该肯定的是，雷锋的表达能力是超群的，语调不急不缓，语言不累不赘，故事完整，情节起伏，逻辑严谨。大群的人都围过来听，全都动容、动情。后来有不少的人都成了他参军的“说客”，长一声短一声地给我吹耳边风。

由于同病相怜的缘故，我乐意听他的讲述，并随着情节的起伏而心潮起伏。家史讲完了，出现了暂时的沉默，奇怪的是听众都不走,好像还愿听新的内容。雷锋擦一把眼泪,转了话语:“政委,我的身体条件不合格,是旧社会的苦折磨的,你想,一个挨饿受冻几乎丢命的伢子能长出好身体吗?但是,旧社会的折磨却记到现在的账上,您说能合理吗?”

这句话又对我产生了一种震动,比第一次还要强烈。他又追问了一句:“政委,兵役法规定:保卫国家,人人有责。我这样的人有没有这样的责任呢?”

我脱口应了一声:“有!”但又觉失了言,立即补充一句:“但身体不行啊……”

他立即抢答:“我可以进部队去锻炼!您是政委,又是老红军,你叫我去我去,不叫我去我也去。穿军装当兵,不穿军装我也当兵!”

他的这句话有了漏洞,我顺水推舟说:“对呀!前方后方都是战场。”

他反驳道:“如果前方、后方都一样,那怎么还分前、后方?怎么还分前、后方的身体条件?”

他一下子又抓住了我的漏洞,机智而灵活。我从同情他变成喜欢他了,但仍坚持了一下:“工人也一样建设社会主义。”

他激昂起来:“岗位不同贡献就不同,蒋介石要窜犯大陆,我要保卫社会主义,拿枪去打仗!”

我坚持不住了,换句话说,就是“我真服了”!我回答说:“雷锋,你先回去吧!我找你们李书记好好说一说,争取复检一次身体。咱把话先说前头:复检上了就入伍,复检不上,我就没办法了。”

他双眼一闪立即答道:“行!检不上再说!您能不能保证让我复检?”

我下了决心,说:“保证!”在说这句话的时候,我好像已经愿意为他出力了。很少能看到思想觉悟条件都这样好的青年,又有着这样一颗爱国的心。可我心中没有底,眼看着他匆匆走去的瘦小身影，我有些发愁。

又一个第二天，他早早地来了。这一回来头不善，把一个棕色的皮箱也提来了。他一眼看见我，提着箱子就跑过来，气喘吁吁地说："政委，我这点家当都带来了，这回就不走了，叫当不叫当都这样了！"

他放下皮箱，就开始抹桌扫院，打开水。他是个极有"眼神"的青年，你想做什么，他就做到了前头，令你哭笑不得。"说客"多了起来，有他单位的：说他是一个思想好，觉悟高，工作好，人缘好的好小子。有老百姓：说这个青年长得精神，嘴巴甜，想当兵保卫祖国，有什么好难为他的？更有意思的是有我们兵役局的同志，说雷锋出身好，家史苦，是可靠的好兵，看那个勤快机灵的样子，一定会当个好战士！还有更有力的促动，矿上的李书记也当"说客"来了，自称完全理解了雷锋的心情，准备不存私心地将这个好青年送上部队，增加国防力量！我被四面包围了，天知道他雷锋有多大的本事？

随着众人同雷锋的相熟、相知，第二攻击波比第一次更加猛烈：应征青年，老乡，兵役局的参谋、干事，这些人异口同声地说："说一千道一万，他是想保卫祖国！"竟有人出主意："送不走就留在局里，当通讯员。"更加不可思议的是，担任体检工作的医护人员也开始说情了：他为各房间打扫卫生，宣读参军愿望，表示决心。古语云：精诚所至，金石为开。那时的医护人员坚守原则，只说情，不徇私，正义之感令人难以拒绝。说实话，我在原则与感情之间产生的矛盾心理，逐渐向"他是为保卫祖国"的理由上倾斜了。

最厉害的招数还在后头：雷锋竟拎了那个小皮箱，直追到家里来了。按一般的道理讲，家属孩子大都厌烦为工作有外人闯入家庭，但他到了家里更有"眼神"：扫地、打水、擦玻璃、生炉子……我说："你那个皮箱放在那里，有什么金银财宝？"

他一下子就打开了皮箱，里头除了随身所用的东西外，全是书。那时还不普遍的三卷毛主席著作中，每篇文章里都画满了符号,做满了眉批。看了眉批内容,更加惊奇、服气:他的理解能力,评判文笔相当厉害,我对他了解又深了一层。开初印象中他虽然思想进步,却有点嘴巴乖巧,现在看了眉批,听了众人的反映,知道他是一个有觉悟、有水平、有威信、有成绩的实干家了。那一晚,他给我背诵“老三篇”,一字字,一句句,大河流水似的,我暗暗地想:这要用多少功夫?不是真心干点事业的青年哪里会有这样的恒心?

由于他有口有心,有眼神,会做事,我的家属孩子都喜欢上了他,孩子天真活泼,巴不得有人逗着玩,追着叫“小叔叔”!我的爱人田儒文,是当时的辽阳医院外科大夫,也是个极富同情心的人。当她逐渐了解了雷锋原来是一个上进心极强,威信极高,并有着很坎坷的经历,获得过耀眼的荣誉的青年之后,她不再把他看做一个普通的应征青年,而把他看做一个有出息、有作为的少年英雄了。

有了这样的印象,就给我吹起了“枕边风”:“这小伙子这么年轻,就这样努力,到部队上培养培养,没准是个大人才!”

我说:“验不上怎么办?”

她说:“送去呗!这样的兵不要,要什么样儿的?”

我又强调说:“体检不合格,身体不好,怎么送?”

她说:“身体不好,还不是命苦饿的?到部队上吃点好的,不就长高长胖了?共产党不是救穷人的吗?”

她受了雷锋的感染,竟也振振有词,还义正辞严的样子。我顶了她一句:“你看着好你就送去!”

她高声道:“我要有权早就送了,你认识好兵吗?”

家里也出了“说客”,而且强硬无比,我只好拿大帽子压人:“军委有命令,送不合格的兵要负责任!”

她沉默了一下,声音变软了,但话儿却这样说:“命令就不能改一改……”

我又好气,又好笑,不再和她理论。雷锋还是一天一趟地来,和我爱人亲得像娘儿俩似的，商商量量。后来我才知道，田儒文给他出了这样的主意："你就跟着你余叔，走哪跟哪，他吃你吃，他睡你睡！"

于是雷锋就真的那样跟着我了，我只觉事情难办，却又喜欢上了他。不光是我有这种感觉，所有的人都说他好；我走到哪里，他跟到哪里，说情的也就围到哪里。我觉得我成了有错的人似的，说原则话压不住任何一个"说客"了。

我从来没遇到过这样难办的事情：我错，雷锋对？雷锋错，大家错，我一个人对？不知不觉中，我已开始考虑怎样送他走了。我这个人办事一条肠子通到底，既然要帮他，就要实心实意。实心实意地犯错误那还了得？我还有上级嘛！找辽阳市市委书记曹奇同志去！汇报这个雷锋同志的难题。于是我从他的家史、成长史、贡献史讲起，更寻章摘句描绘的，当然是强烈要求参军的举动，绘声绘色。把众多人的意见我也汇报上去。

曹书记被我这个大说客感动了，高喉大嗓地说："老余你就送他去当兵，市委负责任，好青年嘛！身体不合格，政治条件合格不更好吗？"

有了这一把尚方宝剑，我的底气足了。但军、地协同负责征兵工作，不是市委书记、兵役局长说送就送的，这要和军方——临时新兵营的负责军官好好协商。我出面协商是一个方面，雷锋这个"过河的卒子"也要摆到"老将"面前去，我已经领教了他的厉害，也要叫新兵营的军官们领教领教！

我要给雷锋一个职务——新兵营的便衣通讯员，直接派到"大本营"中接近军方负责人。这是最后的一招，因为雷锋在几天、十几天之内不可能长高、长胖，反而会瘦下二斤肉来，"复检"仍不会合格。所以我直接带领他到新兵营，把他交给了军务参谋戴明章，并且开门见山地告诉他："戴参谋，你正忙哪！我给你送来一个小便衣通讯员。这个小雷锋老跟着我不放，非要闹着当兵不可。你看怎么办？我看你先收下，以后再说……"

后来,我直接找了新兵营教导员李恒基,告诉他雷锋是辽阳市的一棵好苗子,是弓长岭矿的红旗手,并拿出报上登载的雷锋的"应征决心书"给他看。他早已听了戴参谋的报告,知道雷锋的情况,因而以山西口音硬邦邦地说:"那不行!上级有命令,带了不合格的兵,要负责任!"

我说:"我们辽阳市委和兵役局都同意雷锋同志入伍,你们还是再研究一下。"

李恒基说:"我们还是按照军委的'好中选好,优中选优'的命令办。"

我当时说:"军委的命令并没有单纯地指身体上好中选好,优中选优,而是包括思想政治方面的全面衡量呀!"

李教导员好像火了,说:"你送我不管,你找戴参谋。你的官儿比我大,我有什么办法?"

当时,出现了短暂的僵持局面。我就找了这位戴参谋(在座的戴老大笑),戴参谋问:"体检表怎么办?"

我说:"我办!我填'全部合格'。"

说填就填,表上要主检医生吴春泽签字、盖章,吴春泽说:"我不盖,要犯错误!"

我说:"有我哪!处理我担着。"话虽这样说,心中也要犯嘀咕,最后留了个小心,在"甲乙丙丁"几类表中,我给他填了个"丙"字。因为每一百个兵里有五个预备数,如有一人到部队里复检不合格,地方上再补两个。

李教导员和其他负责同志看我决心大,最后表态说:"既然地方党委和武装部门一致同意送雷锋入伍,我们可以考虑。"

这句话就是问题转折的关键,为了这么一句话的讲出,不只是我们的努力,雷锋本人的努力更是可夸,真是呕心沥血的结果。不过,李教导员又问了我一句话:"如果部队退兵怎么办?"

我笑着说了句硬话:"你要能退回来算你有本事!如果非退不行,发一千元的费用你们负责,人出了事你们负责!"

说完这句话我就找了雷锋，悄悄地告诉他："如果到了部队复检时退兵，你坚决不回来！"

雷锋胸脯一挺说："余政委放心，揪掉我的脑袋我也不回来！"

有了他这句话，我放了些心。有了我这句话，雷锋的"便衣通讯员"干得更称职了，更惹人喜欢了——在那一段时间里，他哄住了所有的新兵营的同志。后来我和李恒基、戴明章交换过情况，他们都感谢我有眼光，就是我反悔不放雷锋走了，他们也会强带了去，好兵就是好兵！

我再讲一讲他离开辽阳的情况：

雷锋终于要入伍，这是我们全家的大喜事。田儒文给他准备了衬衣、袜子、裤衩，还给他煮了二十个鸡蛋。一九五九年到一九六〇年，是三年自然灾害的时期，我的孩子见不到鸡蛋，但要给亲儿子一样的他煮鸡蛋。一九六〇年一月八日送兵，辽阳市十万人夹道欢送。车站上挤满了送儿参军、送兄送弟参军的人群。雷锋没有父母兄妹，田儒文就是他的"大娘"前来送行，二十个鸡蛋是按他二十岁煮的，图个吉利。

我忙于那种场合的礼仪，车要开时才看见田儒文搂着雷锋，娘儿俩哭得眼泪涟涟：她嘱咐他到部队听领导的话，锻炼身体，争取当"五好战士"。他点头应着，像一个听话的儿子。

后来，他就像我们知道的那样，不但没被退回来，还成了模范和榜样。他临走时赠给我的那张着色的立姿四寸照片，背面写下了赠言——

赠给：敬爱的余政委留念。

雷锋

六〇年元月三日留言。

我们全家人常看着那张照片念叨着他。到了一九六〇年十一月六日，这个"想家"的好战士请假回到了辽阳，来看我们一家人和他的工友。在看过我们的那一天晚上，他还写下了一篇日记，成为老伴每看必哭的纪念……

余政委讲到此处，已是感慨万分，激动异常。我与戴老看望了一下正在病着的雷锋的“大娘”田儒文老人，她已是泪流满面。为了让她安心休息，我关上了内间的房门。余老的儿子来了，他叫余锦满，鞍山市公安系统某部的负责同志，我们谈了一阵采访的事情，他去看望病了的母亲，我便有机会查阅戴老赠送我的《回忆雷锋》一书中所载一九六〇年十一月六日的《雷锋日记》：

昨天我向于助理员请好了假，去辽阳化工厂看我原来的厂领导和工人。今天早上从沈阳乘火车到了辽阳市。因没赶上火车，我到了辽阳市武装部，见到了余政委。他像自己的父亲一样，左手握着我的手，右手抚摸着我的头，微笑地说：“小雷锋，我昨天在日记本子里还看到了你以前给我的那张照片，我还想起了你，真想不到你今天来这里。”

他带我到办公室，亲切地问我在部队的情况，我激动地向首长汇报了自己的工作和学习情况。余政委听了说：“好，应当好好干，把自己的力量献给党的事业。”

八点钟了，他送我到车站。下午七点钟，我乘火车到了安平……

余政委重新端坐面前，继续讲述他的“小雷锋”，如数家珍，如同讲述自己的儿子：

一九六一年，我把雷锋请回了辽阳，做了整整四场报告，场场人满，影响非常大。人们都还记得那个闹着要当兵的湖南娃娃，听着他的报告，被他苦难的家史感动得流泪，又被他高涨的情绪感染得兴起。一九六二年，他又一次到了我家。那时候，他在部队已经成了“气候”,我们全家当英雄迎接他。

田儒文跟他说了许多话,不像“大娘”而像亲娘。在上火车站前一个小时,他还帮我们家擦了玻璃窗,临走时称呼我:“叔叔,我走了,以后还会来看您们……”

我说:“有事就写信给我。”

田儒文给他煮了七个咸鸭蛋带上,后来才知道他没舍得吃,给了部队医院的病号。大约一个星期以后,我忽然在《辽宁日报》上看到雷锋牺牲的消息,当时就有头皮要炸的感觉,愣怔了起来。证实了这个消息后,我跑到家里报告噩耗,老伴立时哭得昏死过去。大儿子、大女儿也都哭得抬不起头。在雷锋死后的二三年里,我们家都哭声不断,没有平静过。人民失去了个好儿子,国家失去了个好战士……如今,我已经离休多年,所剩的时光里也就是讲雷锋了。工人听讲,学生听讲,战士也听讲。至今日,我已在八百多场报告会上讲过,听讲人超过了七十万。我讲完了还要唱两支歌,一支是《没有共产党就没有新中国》,一支是《学习雷锋好榜样》。大人孩子都知道有个“余爷爷”会讲雷锋的故事,都知道我是鞍山市“关心下一代报告团”的团长……

他的话讲完了,房内一派沉默。鹤发童颜的余老,刹那间显露了老态的苍凉。我与戴老告别了他的全家,告别了他的爬满青藤的宅院。那位同余老一样高大的余锦满带来了车子,送我们去宾馆,并且给我们扯起了有关雷锋的“闲篇”:

雷锋缠着余政委要参军的时候,在余家结交了小小的余锦满,雷锋逗他玩,抱他玩,帮穿裤,帮穿鞋。他参军走时,小锦满追着哭,要跟着去部队。他回来“探亲”之时,小锦满看他的领章上有“两星一道杠”,上带“小汽车”,便觉得好玩,要用爸爸的领章换,雷锋没给换。他还记得雷锋从一只提包里掏出了两只长面包,又甜又软又香,是一辈子没吃过的好东西。那时的辽阳市属于重灾区,以糠麸做食品,吃得大便不通,有了这样的面包,真是梦中的景儿。所以雷锋走时,他又要跟着走。

在他的心目中,雷锋就是自家人,就是有甜面包的亲叔叔!

后来听爸说雷锋死了,妈却不信,神经兮兮地问这个,问那个,后来看了报,哭昏过去,醒了仍不信。她哭时,孩子们也跟着哭……

我与戴老都不以为余锦满的故事是"闲篇",他是以一个儿童的眼光真实地为雷锋摄影。他的独特感受和记忆,也在为这个杰出的人物丰满着形象。

另一位能够、也有责任为雷锋丰满形象的人物,当然是携我采访的戴老明章。关于雷锋的参军细节,他可以从另一个侧面描述个惟妙惟肖。而且,我已知雷锋之所以能够好梦成真地入伍,幸亏了这位足智多谋的"军务参谋"诸多"技术性"的安排。

为撰写《雷锋传》,我采访的第一站在郑州。熟知雷锋军中详情的原郑州铁路局党委办公室主任洪建国,一开篇就谈到"对宣传雷锋很有贡献"的戴明章,并给我写了亲笔介绍信以便结识这位重要人物。在湖南雷锋馆,热情满怀的雷孟宣馆长又敦促我一定要找到戴明章。到了抚顺雷锋馆中,那位张馆长和木刻艺术家郭忠诚科长也异口同音地告诉我:"要找戴明章",郭科长为我进行了电话联系,才知道他带领一个创作"雷锋"影视作品的同志去了沈阳、鞍山、大连和旅顺。于是我先去采访了几十里以外的雷锋生前所在团,又回到雷锋馆中,边寻找资料,参观展览,边等待着这位运用了他的智慧、经验、技巧和赤心接走了雷锋的当年的"军务参谋"。他是军方第一位结识雷锋的人,可以说没有这个"第一"就很难见得到"第二"。

三十余年来,他一直将自己的身心,投入到宣传雷锋中去,无数次应邀宣讲雷锋,并先后被聘为抚顺市雷锋纪念馆名誉馆员,抚顺市望花区学雷锋研究会名誉会员,抚顺市雷锋中学少先大队辅导员,抚顺市雷锋纪念馆顾问、名誉馆长。

一九九六年六月十三日,我在那位版画艺术家郭忠诚的引导下跨进了这位老前辈家的门槛,适逢他从大连刚刚回家,征尘未洗。他已从老伴邹荣老师那里得知我要造访,并且刚刚接到了我求见的电话,因此见面之时便没了询问情由的必要,连说了两句"欢迎"便捉住了我的手，握力很重地摇了几摇，凝神地审视了我一霎，像在看我是不是个“真正货色”。

如我见到过的照片一样，他高大魁梧，广额亮目，穿一件白色短袖夏衫，嗓音洪亮，底气充足——后来我才知道，他唱得一口很好的京戏，还会演奏多种乐器。那一天开头的问话却无京戏音韵的悦耳，而是颇有声威的提问：“你要采访雷锋资料？”

我点头唱喏。他又问：“是要写《雷锋传》？”

我连连称是。他说：“说说你的打算！”

我说我没有打算，洪建国老主任介绍我来找您，就是请您指导采访，帮助完成采访任务。

他看了洪老的信，看了我的采访信件，又问我住在了哪里。我回答说：昨夜住在“雷锋生前所在团”的军营中，今天准备找一家离他家近的宾馆住宿。他立即摇手打断了我的话，声高字硬地说道：“既然是为采访雷锋资料而来，吃住都在我家！”

我略略感到惊愕，我可以得到支持，亦可以获得热情，但“吃住他家”确使我受宠若惊。我没有这样的思想准备，也就婉言谢绝，说明大热天不方便的道理。他大声反问道：“你到雷锋的墓前去问一声，看他答应不答应？”

我无言以对，只以求助的眼光去看郭忠诚科长，希望他能帮我解脱。而那位老实画家苦笑着，竟然帮戴老说话：“既然……戴老有这么个意思……”

看着我为难的样子，戴老笑起来：“作家同志，你要写《雷锋传》，咱们就是一家人了！”

哦！又是一个“一家人”，在郑州的洪老那里，在湖南人雷馆长那里，而今又在戴老面前，我都听到了同一个意思的话，我不禁为这些老共产党员的无私精神所感动、感慨：他们在宣传雷锋精神的同时，也在学着做雷锋。每一个真心撰写雷锋并宣传其精神的人们，都成了他们的“一家人”！他们在做着这些奉献之时为不使受助者不安，常会找出一些宽慰人心的理由，戴老的理由令我答对无言：“作家同志，你这是在照顾我。如果你不住这里，我们每天谈话就在宾馆，我这老头子就要每天登门。如果你来我家交谈，也难免耽误我的其他事情。你住在这里就方便了：我谈话时你可以记录，我做其他事时你可以看材料。至于吃饭，只要你不要求高标准，那简直不是问题。我儿子是公安局的处级干部，不常回来。我女儿留学加拿大。我身边没个人儿说话，闷得很哪！"

说话间他的老伴回来了，她叫邹荣，祖籍山东。几句交谈之后，竟发现她的老家恰在与我家乡微山湖毗邻的邹县——孟子的故里，乡亲之情便油然而生了。她近六十岁的年龄乍看不到五十岁，仍叫我唤她婶子。我感到了十分的幸运，因为在郑州——我采访的第一站面见洪老建国的时候，就被告知他是微山湖畔的济宁人，家住在我非常熟悉的回民聚居区清真寺旁。我采访雷锋的知情者竟访出了我的老乡亲！

我在他的家中住下来，白天谈，晚上谈。我的乡亲老婶子做出了家乡味的饭菜，我渐渐忘了是客居远离家乡的关外。后来，他拉起了京胡，我唱起了"样板戏"。那个星期五我随他到了抚顺市老干部活动中心，与好大名气的一帮戏友欢乐同堂，竟又遇上了一位京胡好手的济宁乡亲，真是四面乡情、八面和风。再后来，被我唱乐了的戴老，亲自带领我去沈阳、鞍山、大连、旅顺……在这样的旅途中，无论车上路上、饭店宾馆，我们都在谈论那位伟大的共产主义战士——雷锋！

他讲的雷锋故事从余政委送"便衣通讯员"开始，一如京戏的有板有眼，有腔有韵：

> ……余政委把雷锋交给我就离开了。雷锋笑着，首先招呼我："戴参谋，已经开晚饭了，吃换(吃饭)去吧！我给你拿碗。"他仍用湖南口音讲话，我曾在长沙高级工程兵学校学习、工作过四年，听这口音就觉亲切，我们就一起去食堂。他用手拉了我的衣襟，悄声地央求："戴参谋，这回可以叫我当兵了吧？余政委叫我给您当通讯员，你给我换上军装就成了正式通讯员，对吗？我行，我在家乡的县委机关当过通讯员、公务员……"
>
> 我看了他一眼，没有回话。吃过饭回来，看见李恒基教导员、

荆悟先营长从新兵连回来，即向他们汇报余政委送雷锋的事，李教导员瞅一眼与我并肩走着的雷锋，用山西口音说道："这个娃怪机灵的哩！你为啥要当兵？"这一下打开了雷锋的话匣子，他滔滔不绝地讲了家史，讲了愿望，讲了辽阳市委书记、余政委的支持，话像连珠炮一样，令人无法插言。最后说道："您们三位首长说了算，就批准我当兵吧！行不行？"

荆营长回答了一句："我们都不同意你当兵，那怎么办？"

他的脸色骤然紧张，立即接言："你们不接，我自己去，跟着新兵到部队去！"

他的话天真无邪，表情惹人喜爱。我们的宿舍在一个教室里，书桌拼凑做床。雷锋来了以后，就睡在我和李教导员身边。在那些日子里，由于工作紧张，我们常常彻夜不眠。雷锋刚来之后的一月二日晚上，我们拖着疲惫不堪的身子回到住处时，发现每人的铺位前都放了一盆热腾腾的水。雷锋笑容满面地迎上来："首长辛苦了，请洗脸、烫脚吧！"

简洁的语言使人感到温暖，我们几人对望着，心中十分快慰。"见习参谋"龚耀明用贵州普通话夸道："嘿！雷锋这小鬼还行啊！挺勤快的通讯员哩！"

第二天一早，我们起床时，又见脸盆中盛满温水，毛巾折成双叠搭在盆边，口杯里装了水，杯上横放着挤了牙膏的牙刷，我们十分感动了。雷锋为我们整理内务(军语：叠被整床)，打扫卫生，无一刻闲时，而且连续数日如此。我们的工作虽然紧张，但我仍要抽点时间去滑冰。我是个爱好文体活动的人，吹拉弹唱无所不会，跑跳骑舞无所不好。我一去滑冰，雷锋就背起我的冰鞋紧随其后。我开始滑了，他为我喊好，并照看着我的衣服。而且，他还用这点时间做征兵宣传。与其说是看我滑冰，倒不如说是围观者听他演讲。

关于他滑冰和演讲的情节，原雷锋所在连的战友卑福财在他的回忆文章《雷锋，我的第一次印象》中，有着极为形象的写照：

……很多人站在滑冰场边看人滑冰，我也走过去，只见一个圆脸蛋、大眼睛、眉清目秀、个头不高但身材匀称的青年肩背两双冰鞋，紧跟着一位中尉军官来到了冰场。那位军官换上冰鞋，把脱掉的大衣交给青年小伙子，就在冰场上滑跑起来，那动作熟练自如，滑跑如飞，周围人都向他投以羡慕的目光，交口称赞。我好奇地凑到小伙子面前，问滑冰的军官是他什么人。他笑眯眯地说："人家是首长，是接兵部队的戴参谋，正管着咱们新兵入伍的事儿……"我俩一对话，又围过来一些人，他挥舞起小拳头，打开了话匣子，讲征兵的政治意义……

戴老继续讲道：当时我们接兵营的人都议论这个小伙子——培养多年也培养不出这么好的一个通讯员，带上吧！思想、表现都是一流呢！

但是，雷锋的参军问题不是那么简单，弓长岭矿的领导出于爱心和恋意，不愿放他。按照接兵的规定，有两条原则不得违反：一是年龄问题，差一天不可。二是政审表，盖章不完全不能征。虽然在各方的协助下，雷锋同初检合格的青年一起在南林子新兵集结点集中，但经陆海军复查之后，新兵们都换上军服的第六天，雷锋仍是"便衣通讯员"，当时只能用"热锅上的蚂蚁"来形容雷锋。兵役局的答复是："厂里的保卫部门不给出具政审表"。原因是雷锋一九五八年入厂时没有原始档案。

这是一个至关重要的问题，谁敢不顾政策接收一个未经严格政治审查的新兵呢？实际上，雷锋本应参加的是海军，就因为"档案"的问题，旅顺口海军基地的李大队长坚决拒收……

关于缺少雷锋"原始档案"的问题，金守成的回忆文章简略介绍说："我当时在对雷锋进行政审时，发现没有原始档案，因此不能给部队出具政审表。为慎重起见，我向湖南望城县安庆乡发了函调，由于路途遥远，一时没收到回函，政审无法进行了……"

原来如此！雷锋的原始档案不知何故"不见了"，向家乡政府了解，却因还未到“信息时代”而音信迟缓。征兵工作的时限到了,或说是:“该用那个材料了,而没有……”

戴老继续说:

按一般常理,雷锋是当不成兵了:身体不合格,档案不清楚,不带就是。但是,各方的努力力量大呀!雷锋的“攻心”力量强呀!大家喜欢他,我已经与他产生了感情。当时的我还年轻,还有着感情冲动的书生意气,我采取了一种勇敢的行动,因为我当时有一点“特权”思想:参谋参谋,既“参”又“谋”,光“参”不“谋”,或“参”而无“谋”,怎么称得起一个好参谋呢?虽然有人嘲弄参谋说“参谋不带长,放屁也不响”,但我却认为我对接兵过程中发生的问题负有处理的责任。对于雷锋这样的好兵员,我有义务争取他入伍,并且要谨慎、巧妙地使用自己的那一点“特权”。

凡我们经手接过的新兵,带回部队之后,都要进行适当时间的检疫隔离和新兵训练。在此期间,一旦发现某一新兵身体或政治条件不适合留在部队,允许按照国防部关于非战斗减员的规定,做新兵退回处理。借助于这一规定,我们可以把雷锋带回部队去,万一不行还有此退路,不会犯错误。

一九六〇年一月七日傍晚,我用军用长途电话接通了营口,向老团长吴海山同志直接报告了雷锋的情况,并说明了地方党委、兵役局的“保送”决心,告诉他“我意带回雷锋”。这位老团长听后在电话中果断地回答:“一切由你军务参谋看着办好了!”

这又是雷锋参军关键的一句话,如果戴参谋的“赌博”输掉——吴团长不答应带这个尽是麻烦事的兵员,雷锋的一切努力,地方党委、兵役局的一切关照都将付诸东流……

关于戴参谋通话的细节,吴团长的回忆文章详介如下:

……电话员说:“是一号首长吗?请接辽阳长途,戴参谋同您讲话。”戴明章同志用标准军人的请示报告语气说:“团长同志,您好!下面向您报告一个接新兵中的情况,有一个特殊问题向您请示:在新兵复查中有一个应征青年叫雷锋,他的体重和身高都差点,但按新兵体检要求基本合格,唯政审手续不全。可他在地方表现突出,多次被评为模范,是先进生产者,推土机手。因他要求当兵心切,在新兵集中时,兵役局已把他交给了我们,已给我们当了六天便衣通讯员。因此,我与荆营长、李教导员商量,决定收下带回部队。如到部队后在检疫隔离和新兵训练期间发现什么问题,还可以做新兵退回处理,这样做是否可以?请指示!”

我这个人历来处事果断,从不犹犹豫豫,拖泥带水,尤其对待机关干部,特别是司令部的参谋人员,工作一向让我放心。因为他们都是经过军校培养,训练有素,能文能武,在全团军官中选拔到机关的。戴参谋曾是司令部的作战参谋、军训参谋,现又任命为军务参谋,自一九五六年起,已是第五次担负接新兵的任务,对他的工作我们从来都是满意的。所以在听了他的电话汇报之后,我当即答复:一切由你军务参谋看着办好了!当撂下电话时,我家属钱莉还在一旁说了一句:“戴参谋工作那么细致,敢于负责,怎么为了一个新兵什么雷锋,还值得打长途电话请示……”

一九九〇年的“八一”建军节那天,戴明章同志来南京在我家吃饭,当谈到雷锋时,他还说了一句:“如果在电话上您不同意的话,我这个军务参谋也不敢带他,那雷锋可就当不上兵了……”我说:“那我这个雷锋所在团团长当的是天意啰!”

以上的桩桩件件,真可以说是一种天意:无论是辽阳市委的曹书记、兵役局政委余新元、军务参谋戴明章、团长吴海山,这些关键人物结成的链条如有一扣松动,雷锋的参军梦想都会化为泡影。那么,雷锋呢?

戴老接着讲下去:

……接了吴团长的指示之后，我即向荆营长、李教导员汇报了通话的情况，遂在我亲自掌握的留有新兵机动数的花名册中填上了雷锋的名字。当天深夜，也就是新兵出发去营地前的八小时，才通知雷锋本人，并令其换上了新军装。无法形容雷锋穿上军装后的高兴样子：那是人家挑穿后剩下的一套军装，既肥大，又多皱。他小小的个子穿上这样的大军装，满脸带笑，手舞足蹈，左一个军礼，右一个军礼，感谢首长，感谢同志，十分有趣。我们因准备出发一宿未睡，他也像过大年夜的孩子，忙活了整整一夜。

批准雷锋参军得到了方方面面的欢迎，唯有弓长岭矿嗣后向兵役局提出了异议：认为在政审手续不全的情况下，不应该这样简单地同意雷锋参军。但毕竟是兵役局与接兵部队之间统一了思想，雷锋的参军志愿又非常坚决，他们也就无可奈何。但是，部队为了弥补雷锋参军政审手续不全问题，在新兵入伍后的第五天，即一九六〇年一月十三日，我特地从营口出发到了辽阳，在市兵役局同志的帮助下补办了手续。

也就在这一次，兵役局的同志才直言告诉我："戴参谋，你真敢干，不是你大胆的决定，雷锋怎能当成兵？你不知道啊！原来弓长岭不出具政审表，并不是没有雷锋的原始档案，而是因为他们的李书记舍不得放他走，说他没档案你们就不会接……"哦！我这才恍然大悟。

余老与戴老的叙述，详尽地说明了雷锋参军的困难，以及参军经历的两个侧面。至于那个"台风的中心"雷锋本人，则是在不亦乐乎的一九六〇年一月八日的夜间，写下了那篇著名的日记：

一月八日

这天是我永远不能忘记的日子，这天是我最大的荣幸和光荣的日子。我走上了新的战斗岗位，穿上了黄军服，光荣的参加了中国人民解放军。我好几年来的愿望在今天已实现了，真感到万分的高兴和喜悦，这是我一生最大的幸福。

我在党的正确领导下，在革命的大家庭里，我一定要好好地锻炼自己，在入伍的这一天，我并提出如下保证：

一、听党的话，服从命令听指挥，党指向哪里，我就冲向哪里。

二、加强政治学习，多看报纸和政治书籍，按时参加部队各种会议和学习，积极宣传党的政策，密切靠近组织，及时向组织反映各种情况，不断提高自己的政治思想觉悟。

三、尊敬领导，团结同志，互帮互爱互学习。

四、严格遵守部队一切纪律，做到虚心向老战士学习，刻苦钻研，加强军事学习，随时准备打击敌人。

五、克服一切困难，发扬长辈优良的革命传统，我要坚决做到头可断，血可流，在敌人面前决不屈服、投降，我一定要向董存瑞、黄继光、安业民等英雄的战士学习。

六、我要努力学习政治、军事、文化，我要好好地锻炼身体，我一定要在部队争取立功当英雄，我一定要做一个毛泽东时代的好战士，我要把我可爱的青春献给祖国最壮丽的事业。

以上六条是我努力的方向和我奋斗的目标。今天我太高兴我太激动，千言万语一下要写完是办不到的，因此写到这里告一段落。

这种激动是难耐的，在“手舞足蹈，笑容满面，左一个军礼，右一个军礼”之后，在彻夜的整理，匆忙准备出发的一切就绪之余，他竟还有时间写下日记。他笔下的“写到这里告一段落”，大概是又要忙别的去了，因为他紧接着又写了下去：

我渴望已久的参加中国人民解放军的理想实现了，怎么叫我不高兴呢！我恨不得把我的心掏出来献给党才好。晚上我怎么也睡不着，我的心就像大海的浪涛一样，好久不能平静。

我，一个在旧社会受苦受罪的穷苦孤儿……居然成为一个国防军战士,得到党和首长的信任,受到战友们的热爱,我真不知说什么好! ……

在这个革命的大家庭里,首长胜过父母,战友亲过兄弟,这一切,只有在党领导下的人民军队里才能得到……

我一定不辜负党对我的教育和期望,我决心保持和发扬×××矿全体职工的光荣,军政学习争优秀,全心全意保卫国防,成为一个优秀的国防战士。

这是一篇较长的日记,他浮想联翩,抚今追昔,感慨万端,壮志凌云。一个饱尝苦难的孤儿走上了从军的道路,便是这个有志青年的最高愿望了。他追求着一种金戈铁马、血洒疆场的崇高境界。他“恨不得把我的心掏出来献给党才好”。“首长胜过父母,战友亲过兄弟”,他“最大的荣幸和光荣日子”,便是穿上黄军服的一九六〇年一月八日。亦是从这一天起,一个伟大的共产主义战士雷锋到了长成的季节:艳阳高照,春风秋雨,都在催发他速成正果。

我们的雷锋应征入伍
当了工程兵。
解放军的大熔炉
锻炼了英雄。
勤学苦练他练成了一套
战士的好本领。
立下宏志终身革命
跟着毛泽东……

当这位伟大的共产主义战士长眠于九泉之下的时候,这一首歌子千人歌唱,万人传诵,响彻了祖国的大地! 但是,谁也不知道他参军时经历过的困难,还有这一切动人的故事。

第八章

军旅序言

雷锋成了一名“注册”的军人，上了发往营口的兵车。当军列一声吼叫驶离辽阳火车站的时候，每个新兵包括雷锋在内的应征故事，都成为了历史。

但是，送行的亲人们还滞留在月台上，看着列车吐出的白烟，想着自己的儿子或亲戚。列车中的新兵，也在乍离家园和对亲人的恍惚思念中显得沉闷，有几位娇生的兵郎发出了微弱的啜泣之声，给车厢内笼罩了一层忧郁的氛围。

忽然间，指挥车中响起了歌声，初时极弱，好像很遥远，逐渐地高亢、清晰起来：

雄赳赳，气昂昂。
跨过鸭绿江。
保和平，为祖国，
就是保家乡。
中华好儿女，
齐心团结紧。
抗美援朝，
打败美帝野心狼！

人们立刻发现，这歌声发自雷锋的口中，大家听着，有人站起来瞧他，看不见的便往前靠一靠。在征兵的日子里，这位善演讲的“便衣通讯员”已是无人不晓的人物，大家不约而同地喜欢他。喜欢听他说话，也喜欢听他唱歌。有那么几个乐观的人便与他搭话，夸他唱得像“戏匣子”一样。他便邀他们唱，并站到座位上指挥，先是几人唱，后是十几人唱，再后来是全车人唱。别的车厢的人也来到指挥车两头瞧热闹：

没有共产党就没有新中国，
共产党他辛劳为民族，
共产党他一心救中国，

又一曲《社会主义好》，简洁、明快、活泼、跳跃：

社会主义好，
社会主义好，
社会主义国家人民地位高，
反动派，被打倒，
帝国主义夹着尾巴逃跑了，
……

忧郁的情绪能够感染人，热烈的情绪更能感动人。大家唱起来，车厢的空气活跃了，整个列车的气氛热烈而奔放。

连续几天来，新兵营的首长都没得到很好的休息。在热烈的合唱过后，大家平静下来，无论是营长还是参谋，都困倦得昏昏欲睡，却无处可睡。雷锋去了车长室，少顷，他快步地回来了，走到荆营长、李教导员和戴参谋面前报告说：“各位首长辛苦了，我已和车长联系完毕，请到卧铺车厢休息！”

几位首长有些惊讶：他们想不到的事情，这个小鬼想到了。他们办不到的事情，他也办到了，真是神通广大！他们感慨地来到了第一车厢，根据雷锋的安排躺在没有卧具的硬铺上，身子一放平就进入了梦乡。

军列于次日下午三点三十分到站，早有团首长带领的老战士列队在站台上迎候。敲锣打鼓的声音响彻云霄，“欢迎新战友”的口号声此起彼伏。列车刚一停稳，戴参谋第一个跳上站台，向团长吴海山、政委韩万金敬礼，朗声报告：“团长、政委同志，新兵专列已安全到达……”

荆营长、李教导员也跳下列车，团首长拉着他们的手高声问好：“同志们辛苦了！”趁着站台上的一片喧闹声，戴参谋向吴团长说：“首长，我带雷锋犯了错误……”吴团长哈哈大笑道：“不是打过电话了吗？不要紧，我知道了，有我负责！”

至此，戴参谋才真正地松了一口气。

新兵一到营地，操场上已布置好了欢迎会场，团政治处主任张国民主持大会并致欢迎词，首先由吴团长讲话，接着老战士代表任佐芝讲话，最后是新战士代表雷锋讲话。这是个经过大场面的人物，自“砍柴队”开始，及至荷叶坝完小的少先队里，他都是“人头”，出头露面，演戏演讲。直到县委、农场和工厂，他所扮演的角色都是主角。会场上的雷锋不慌不忙地走向主席台，慢慢拿出讲话稿，时值刮风天气，讲稿立刻被刮乱，哗哗叫着，欲飞出雷锋的双手。新战友正为他担心，却见他将讲稿一下装入衣服口袋，以高亢清朗、抑扬顿挫的语音，代表全体新战士表示入伍后的决心，博得了新老战士一阵阵的掌声。

早想见识见识雷锋是何许人物的吴团长十分高兴，高喉大嗓地夸奖道：“这个小战士个头儿不高，讲起话来倒是蛮有精神，好！讲得好！”韩万金政委也直点头，连连赞赏。

入伍第一天的雷锋，还不具备做军人的知识，于是他的讲话里就出现了这样一段十分有趣的外行话：“……只要我们学好毛主席著作，听党的话，听从各位首长的教导，团结一致，什么‘四好’、‘五好’，我看多几个好也能做到。反正我们就是一个心眼儿，为了保卫祖国一定要当个像样的兵，绝不辜负首长和大家的期望……”

散会后，韩政委对吴团长说：“这个新兵小雷锋讲话很有力量嘛！年纪不大可是政治觉悟比较高，是个好兵，我看让政治处注意一下，不管分配到哪个连队，看他今后的发展怎么样……”

新兵入伍后，戴参谋负责分配工作。据吴海山团长的回忆文章叙述：

……戴参谋这个人工作上有干劲，雷厉风行，善动脑筋，处事细致，那一次新兵分配，他拟订了四条原则：其中有一条就是“照顾入伍新兵原有的技术专长”等。对他草拟出的分配方案，参谋长和我都没提出过任何意见，表示赞同。在对于雷锋的分配上，按原则理应去技术一连，可戴参谋毅然决定将其分往运输连，学习汽车驾驶。他提出的理由是：原为团首长开小车的龙远才同志已是超期服役的老兵，随时都有退伍的可能，因此，接替龙远才的司机必须提前选定，当他向我表明这一想法之后，我为他安排上的深谋远虑感到满意。可当时的新兵营营长对此提出了异议，认为不把雷锋这个现成的推土机手分配给技术营，是不符合分配原则的。我在补兵工作会议上不指名进行了批评。

这里不难看出，刚入伍的雷锋，一开始就成为一个被人注目的人物……

雷锋被分进了运输连，学习驾驶技术。荆悟先营长曾向戴参谋发了脾气，质问他为什么不按既定分配原则办事：“作为司令部的一名参谋人员，连自己定的事情都不执行，今后代表首长向部队下达命令谁还能听……”

他的恼怒戴参谋能够理解：因为新兵营一解散，他就要回到技术营当他的参谋长，像雷锋这样的好兵、精兵，现成的技术兵，他怎舍得放走？况且，在辽阳的日子里，他已与雷锋建立了深厚的感情，能不抗议吗？连戴参谋也不得不承认，是他的“特权思想”起了作用，荆营长批评他批评得对。但吴团长站在更高的角度上布局，批评荆营长也是对的。

不管怎样讲，这位足智多谋的戴参谋把雷锋带进了部队，并把他分进了运输连，使这位开过拖拉机、推土机的司机，能那么踌躇满志地挥毫赋诗，言表壮志了：

穿上军装的时候

小青年实现了美丽的理想，
第一次穿上庄严的军装，
急着对着镜子，
心窝里飞出金凤凰。
党分配他驾驶汽车，
每日就聚精会神坚守在车旁，
将机器擦得像闪光的明镜，
爱护它像爱护自己的眼睛一样。

在进入新兵连后，军事训练开始了。冬训的课目是艰苦的，超强度的。从立正、稍息到摸爬滚打，从射击、投弹到单杠、双杠，从“木马”到“山羊”，名目繁多，要求严格。

雷锋身材矮小，却十分灵活，跑得比别人快，跳得也不比别人差。双、单杠也玩儿得像是演戏一样好看，打起枪来更是十发九中，首长和战士都对他竖了拇指，认为这个湖南小兵实在是厉害。但投弹训练开始时，班长就为他暗捏一把汗了，因为个矮者臂短，一上一下就比别人吃了许多亏。况且，人小力量小，投掷是力气活儿。班长在班务会上提醒说：“雷锋，开始练投弹，你可能会遇到困难。有困难就讲出来，大家想办法帮你解决。”

“放心吧！班长，困难我不怕。”他满怀信心地回答。

可是，尽管他拼着全力练投弹，却怎样也投不及格。大个子臂长，一甩手几十米出去了，像鸟儿远飞，煞是好看。更有力大者，可投出五六十米。手榴弹在雷锋手中显得格外沉重，投一次不够，两次、三次，仍不行。班长指导方法，同志传授要领，但力气就是力气，虽然又琢磨又练，甩肿了胳膊，却进步不大，要强的雷锋沉默了。

身体的矮小瘦弱，应归罪于旧社会的折磨，但那一条理由不是万能的，因为他毕竟成了一名解放军战士，为了筑成保卫祖国的钢铁长城，每一个战士都应是钢铁做成的！中午休息时，别人在养精蓄锐，他十分羡慕。他不是一个愿意服输的人，趁着别人不注意，偷偷地跑进了操场，狠狠地练起了投弹。胳膊像折骨扯肉一般疼痛，他咬紧了牙关。口中念叨一句：“打你个日本鬼！”再投，喊一句：“炸你个唐四滚子！”

大个子战友从身后走过来，带着些许心疼、同情又有些许小瞧的口吻劝他道：“雷锋，不是我打击你的积极性，给你泼冷水，我看你再练也不会有大长进，条件差嘛！”

雷锋揉一揉疼痛难忍的大臂装出了一丝笑容，回答说：“有了条件好的，才显出我这个条件差的。好的要帮差的共同进步，班里的训练成绩才能提高，一花独放不是春，百花盛开春满园呀！”

大个子摇了摇头，又点了点头，他被雷锋的上进心和倔强劲儿折服了。他甩出几个手榴弹，让雷锋记住动作要领，然后叹一口长气离去。

关外的冬季严寒透骨，北风像利刀一样。耀眼的冰雪覆盖着偌大的操场，他踏着咯吱作响的冰雪助跑几步，大吼一声甩出了教练弹，又飞步往着弹点追赶过去。他要省出哪怕一秒钟的时间，以便多投一回，多练一次。他奔跑如飞，地上的冰雪将他滑倒，他翻滚一下，爬起来再跑。看热闹的战友开初是笑笑的评说，之后就笑不出来了。熄灯号吹响的时候，他又练单杠、引体向上，一次、两次、三次，臂部的疼痛使他呻吟出声。

“雷锋，下来，休息！”背后突然传来班长的命令。他转回身，看到的是一双发光的眼睛。班长紧紧地抓住他的手，把他拖向屋内，帮他脱下衣服，用热水烫洗他红肿的右臂。战友们已经躺下了，那时也纷纷披衣坐起，看着这位浑身冒着热气的小个子战友。原先劝过，甚至冷嘲过他“一口吃不成胖子，一锹挖不成深井”等语言全都没了，无限的惊服、敬佩、疼爱、自愧弗如的心情掺杂于心内，一时大家都沉默无语。

由于极度的劳累，他钻入被窝就睡着了，梦中发出了呻吟声。第二天一早，雷锋的铺位空着，操场上的他又在热气腾腾地练开了，而且一连十几天天天如此。

实弹考核的日子到了，新兵连的全体战友集合在靶场上，按照命令，把手榴弹投向假设的敌堡。

“雷锋就位！”连长发出了命令。

雷锋迅速就位，目光坚定。班长仍为他担心，低声嘱咐他：“沉着，别慌，努力了就是……”言外之意就是：只要你尽了努力，不及格也理解你。

雷锋揭开了弹盖，将小小的铁环套向指头，像一只小老虎跳出了战壕，冲过一片开阔地，在“投弹线”上猛力一甩，炸弹像一只迅飞的燕子，划出一道闪光的弧线射向目标，随着“轰”的一声爆响，准确地命中敌堡。

全连皆惊，一片喝彩之声。雷锋欢喜地蹦跳着跑回堑壕，随后传入耳际的是比爆炸还要使人激动的报分：“优秀！”大家都知道“优秀”的来历，都向他祝贺，他笑着连声说：“还要练，还要练……”

可以说这时的雷锋已经炼成“钢铁”，他的“还要练”，正是要炼成特种钢。在那种紧张的新兵训练日子里，他没有忘记写诗，但那首《练兵》诗作中没有出现一字关于练兵的艰苦——他的情操、境界和胸怀，已经使他蔑视了普通意义上的苦，或已经将“苦”字转化为了“乐”字：

练兵

天上星斗亮晶晶，
营部响起军号声。
各连集合站好队，
精神抖擞去练兵。
月儿当头亮光光，
战士握枪上靶场。
哪怕冰霜寒刺骨，

坚决要打靶中央。

打枪打得好,投弹投得准,军事训练成绩斐然;在望城、在鞍钢练就的为人民服务的习惯仍要继承下去。他每天起床很早,主动打扫卫生,给同志们打洗脸水。每逢星期天,同志们逛一逛营口大街,他自己留下来,不是帮战友洗衣服,就是到炊事班去帮厨。再有点滴的时间,那便是聚精会神地读书了。晚间仍坚持写日记。

新兵训练结束后,他就被分配到了运输连,学习汽车驾驶。团里正在成立一个演出队,活跃部队的文化生活,他又被抽调到了演出队中。政治处俱乐部的陈助理员负责演出队工作,发现雷锋非常积极卖力,又灵活,又聪明,嗓门敞亮,但他的普通话带有浓重的湖南腔,台词说不清晰。

在荷叶坝完小,他曾经倡导学普通话活动,并且在“普通话比赛”中诵诗唱文,获得一片赞誉之声。但是,那终究是湖南人说普通话给湖南人听,好于公众水平便是好了,正像如今大多数的南方人讲起普通话来,仍旧保留着南方原味一样,难得字正腔圆。演出是给大家看的,一旦台词不清,难免剧情不明,让人出现欣赏困难。因为时间有限,现学怕是来不及,于是就想换下雷锋。

当时,演出队中需要一位负责剧务工作的人,陈助理员就找了团政治处宣传股长吴广信,请他跟雷锋谈一下,看是否乐意去干?如不乐意而闹了情绪,对这支临时组成的演出队不是好事情。那时候他还不了解这个新兵,于是非常谨慎地找他谈了话。出乎他们意料的是:雷锋畅畅快快地表示,只要能把节目演好,叫我干啥就干啥。宣传股长十分感动地说:我们的一些干部,觉悟水平也难赶雷锋啊!

雷锋负责剧务工作之后,每天早起,给演员们烧好洗脸水。同志们排练时,他又把烧好的开水,一碗碗递到演员们手中。每次排练之后,他都要清扫排练场地,收拾道具乐器,星期天也不休息。为使节目早日上演,排练工作紧张异常。雷锋成了“二线”的队员,因而疼惜“一线”的战友,偷偷地把同志们换下来的衣服、脏了的床单洗得干干净净。有一次，一位演员感冒头疼，雷锋主动为他拿药，半夜里侍候吃下，问寒问暖，递水送饭。

不久，那些充满着阳刚之气的节目与战士见面了：歌唱、舞蹈、快书、相声，有声有色。大家对演出的成功报以热烈的掌声，没有看见大幕之后的雷锋正在紧张地搬道具、装布景、送茶水、递服装……但是，当台下的观众、他的战友们爆发了雷鸣般的掌声之时，他笑得像一个孩子，感染、感动了演出队的战友们。

演出任务结束之后，雷锋立即回到运输连，开始认真艰苦地学习驾驶技术。由于在演出中耽误了练习时间，因此他要加倍努力，才能补上所缺的课程。一起进连的战友已经学习了一个多月的理论课目，马上就要进入实习驾驶阶段，他焦急地找到了兼汽车教练员的排长，恳求地说："排长，你可要赶紧帮助我喽！"

排长给了他一本《汽车驾驶》说："你下连晚了，急也不是办法。一时上不了车，晚几天也就晚几天吧！"

这句话真叫雷锋吃不消，他这个干什么都先进几步的人，怎能甘居人后呀！拖拉机、推土机全开得极好，但汽车自有汽车的奥妙！他根据课本上的图例，把汽车的构造、各种机件的性能和操作方法，细心地与拖拉机、推土机进行比较，车场上一有空车，他就拿起笔记本爬上去，熟悉机件，记忆要领，实习掌握，常常钻到车下，滚打摸爬，从原理到构造，在心中把它解剖一遍，装配一遍。

熟悉了构造原理、机械性能，就到了练习驾驶的阶段，但由于连里运输任务重，拨不出教练车来，所以新兵排二三十人，只能轮流驾驶一辆汽车。雷锋不愿抢战友的练习时间，又必须加紧学习，就产生了要设计、制造一个模拟驾驶"教练台"的设想。他和一位姓韩的战友一起找来了废旧材料，比画、琢磨，最后请教员帮忙，先画了一张汽车"教练台"的图纸，他自己又当木匠、又当铁匠地敲打拼接，终于大功告成。

由于训练台的造型逼真，功能齐全，战友们对它产生了极大的兴趣，纷纷"上台"练习，最后得出了这样的结论——坐在教练台上练和坐在车上练"原地驾驶"感觉一样！雷锋更是一旦登台便进入角色，踩油门，踏离合器，换挡，掌握方向盘……白天练顺了手，晚上在被窝里也练，十分入迷。

无论学什么本领，一进入“迷”的境界，就心无二用了。外出办事乘公共汽车，他总是站在司机身后，细心观察在各种情况下的操作情况。有一次，他坐兄弟部队的卡车回营。途中发现汽车突然减速，他急忙透过驾驶室的后窗往里看，只见司机拉了一下“阻风”，做了一个上坡时才用的动作，便觉得新奇。车停之后，他马上请教司机做此动作的缘由，司机告诉他：拉“阻风”是想判断一下自动减速的故障是出在油路上，还是出自电路上，是判断故障的最简便办法。他得到了极大的启发，回到班里就向战友们传经送宝，在实验操作中进行体会，证明确是个好办法。这件事也同样启发了大家，认识到“要学一分艺，就入十分迷”的俗理，只要专心致志，世上没有过不去的火焰山。

在学习汽车训练驾驶期间，他主动征求乘车同志的意见，是否稳？是否快？方向、刹车是否适当？对别人提出的意见或建议，唯恐忘记，皆记入册。一辆车是由千百个零件组成，他为了记住零件的名称，常常是口念脑记，每日里念念有词。熟记之后，再解功能，再解相互关系，苦学之毅力，人人赞叹。

对于这样一个优点突出的人，前进的路子应该畅通，因为他为人人，所以也应该人人为他。但是，人生的道路并非都那么平坦。

据原雷锋所在团政治处宣传干事庞士元撰文回忆：

……一九六〇年，我曾到运输连带职蹲点，任副指导员三个月，和雷锋共同生活、工作了一段时日。在进入运输连之前，我就与他打上了交道，因他常常写稿子，字是斜着写的，有的字相当难认，常叫他去改稿。那时候，运输连的驾驶员分散值勤，单独行动很多，因而出现了一些作风不正的问题。团副政委刘家乐同志让我进连，为了纠其不正之风。

我一进他班的宿舍，正见雷锋与战友头对着头趴在床上，议论着什么。询问之后，才知道他们正学习毛主席的《反对自由主义》,还逐条对照,看自己是否违背了毛主席的教导。我听了很高兴,赞扬了几句。在那个晚间,雷锋根据毛主席的教导为准则,向班长提出了一些意见。

当时的班长在工作、生活中有一些毛病,思想意识也不太健康,会上虽然接受了意见,心里却不痛快。因为雷锋在平时也对其他战友有过直言的批评,因而他得到了一个绰号——“马列主义者”。

当时训练驾驶员有规定:理论课目学完之后,要实际驾驶几千公里,才能正式上车。有一天,轮到雷锋实习驾驶,我也随车去了,坐在车厢内从玻璃中看他,只见他手忙脚乱,满头大汗。回连后就问他为什么那样?他说因驾驶时间少,抓着方向盘,心里有些慌。我又问他为啥驾驶的时间比别人少?他回答说,几次该他开车的时候,班长却派他去搞卫生,或到菜地中锄草。我心里明白了,他是穿了人家的“小鞋”了。我问他为什么不提意见?他笑了一下说:“卫生、拔草总要有人去做,别的同志多上车,先学好,对连队也有好处,我抓紧学还是赶得上的,不应该为此有意见……”我看着他毫无做作的表情,自己倒感到难为情了……

这是一段鲜为人知的情节。原来,雷锋这样的好人、好战士也穿过“小鞋”。雷锋认为卫生、拔草总要有人去做……这是多么宽阔的胸襟呢!

可是,如果说雷锋对这样的人和事没有一点感觉那是不可能的,在一九六一年二月二日的那篇日记中便对“九班长”表示了不满。虽然从时间上看“九班长”不会是那位善做“小鞋”的同志,却从另一角度表现了雷锋的处世态度:

……今天,战友于中水在队列当中稀稀拉拉,九班长看见后发了火,好一顿批评,可是于中水同志置之不理。下操后,于中水同志说:“九班长态度粗暴,我懒得听他的。”

这件事引起了很多议论，有人说："九班长脾气不好，有事爱发火，他的心可是好的。"

我认为这种说法不够正确，毛主席说过："真正的好心，必须注意效果。"抱着好心而又对同志发脾气的，常常是效果不好。既然效果不好，这好心又表现在哪里呢？这好心对革命对同志又带来了什么好处呢？

这件事，我认为九班长应该对于中水进行耐心说服教育才对，在队列中对于中水态度不好达不到教育目的。我们都是阶级兄弟，应该互相帮助，共同进步。

在这篇日记中，他对九班长的错误做了原则的分析，又绝不偏袒于中水的错误。他讲究的是批评方法问题。解决这类问题的良方又是按毛主席的指示去办，所以，一九六〇年初入伍的雷锋是冷静而趋于成熟的，已经有了相当高的觉悟。

但是，还不能评价这时的雷锋已经成熟，他的热情有时也存在方法问题，需要有人点拨。庞士元回忆说：

……有一天，我看到雷锋脸上有些不高兴，问他是否碰到了难题，他说：班里某同志有些缺点，在会上提，怕他受不了，找他个别谈话，不但不接受，反而以不中听的语言碰了回来……

我想起当时部队提倡"兵管兵"开展群众性思想工作的要求，雷锋的做法是对的。我问了他"谈话"的具体过程，原来他是以教训别人的角度与人谈话，因而惹起了对方的厌烦。我建议他从相互帮助的角度再谈一次，不站在领导的角度上批评对方。过了几天，雷锋高兴地对我说：问题解决了——他选择了对方心情愉快的时候，边工作边交谈的，先检讨了自己的不足，请对方给自己提意见，二人的谈话投机了，他就指出了对方的缺点，对方高兴地接受了意见，也检讨了上次谈话态度不好……

六十年代初，部队的思想工作开展得十分热烈，雷锋顺应那种形势的所言所行，效果是积极的。在整理有关雷锋的材料时，我不止一次地从心中发出这样的感慨——一个人怎能有那么旺盛的精力，做那样多的事情？

就在他练投弹、练射击、练歌舞的同时，他仍然有感而发、有思而言地写下了大量的日记，有的甚至可称之为长篇大论，而且言之有物、有理。他将聚集于心内的巨大热情、激情倾泻于笔端：

一九六〇年一月十二日

向困难作斗争

斗争最艰苦的时候，也就是胜利即将来到的时候，可也是最容易动摇的时候。因此，对每个人来说，这是个考验的关口。

经得起考验，顺利地通过这一关，那就成了光荣的革命战士，经不起考验，通不过这一关，那就要成为可耻的逃兵。

是光荣的战士，还是可耻的逃兵，那就要看你在困难面前有没有坚定不移的信念了。

困难里包含着胜利，失败里孕育着成功，革命战士之所以伟大，就是他们能够透过困难看到胜利，透过失败看到成功，因此我们即使遇到天大的困难，也不会畏怯逃避，碰到严重的失败，也不至气馁灰心，而永远是干劲十足，勇往直前，终于成为时代的闯将。

虽然是细小的螺丝钉，是个微细的小齿轮，然而如果缺了它，即便是一枚小螺丝钉没拧紧，一个小齿轮略有破损，也要使机器的运转发生故障的。尽管如此，但是再好的螺丝钉，再精密的齿轮，它若离开了机器这个整体，也不免要当做废料扔到废铁料仓库里去的。

在这篇日记里,他显示了思想深度、逻辑思维能力和闪光的文采。他的比喻是形象的、准确的,蕴藏着一股积极向上的力量。六天之后,即一月十八日的日记中,他又为奋斗中的自己写下了警句:

雷锋同志:

愿你做暴风雨中的松柏,

不愿你做温室中的弱苗。

一九六〇年二月八日,应该是他离开了新兵训练的操场,进入运输连学习驾驶的日子了,也应该是庞士元同志所述"穿小鞋"的日子了,但是,在他那一天的日记中不见一丝委屈的埋怨,而是透出了飒爽的豪气:

我出生在一个很贫穷的农民家庭,在旧社会里受尽了折磨和痛苦。参军以后,我在党的培养教育下,深深懂得了社会主义的今天是由无数革命先烈和战友的艰苦奋斗、英勇牺牲得来的。从我参加革命那天起,就时刻准备着为了党和阶级的最高利益牺牲个人的一切,直至最宝贵的生命。

二月十五日的日记中,他又透露了些微的生活之波的激荡,亦显示了个人心境的豁达:

敬爱的毛主席,我看到您写的《纪念白求恩》这篇文章,深受教育,被感动得流下了热泪。

过去有人讽刺我说:"你积极有什么用, 那么点的小个子,给你一百五十斤重的担子,你就担不起来。"我听了这话,还埋怨自己为啥长这么点小个子呢!

可是,您老人家说:"一个人能力有大小,但只要有这点精神,就是一个高尚的人,一个纯粹的人,一个有道德的人,一个脱离了低级趣味的人,一个有益于人民的人。”这话给我很大的鼓舞。个子小,我也要尽我自己最大的力量,做到毫不利己,专门利人,向伟大的国际主义战士白求恩学习。

在雷锋的日记中,我们可以得知:那位揶揄、嘲讽雷锋的战友思想修养欠缺,人格品位更谈不上高尚。雷锋用毛主席的教导劝慰了自己,也在原谅了那位“嘴损”的战友。据有关资料介绍,那是一位大个子的战士,在雷锋练掷手榴弹时,他就讲过“风凉”话,说雷锋挑不起一百五十斤重的担子,亦不是第二次、第三次。但是,在接续下来的雷锋故事中,却是动人地体现了雷锋的“以德报怨”:

深秋天气里,连里组织二十几位战士由雷锋带上山坡割草,准备搭过冬的菜窖。早饭后出发,晚饭前回营,午饭在山上吃,每人带一盒大米饭。当时是国家困难时期,军粮不足,运输连一日三餐都以饭盒蒸饭,定量下米。

早饭三两馒头,一碗粥,那位身大力猛的战友没吃饱,一顺口把准备带上山的午饭也吃了。全连有名的“大力士”。又有了饱饭撑腰,当然是虎虎生风,以一当十。那割草、运草的速度也就快了许多。动力大者,消耗燃料亦多,一忽儿的工夫,就饥饿难耐。中午十二点钟,大家坐在山坡上,准备吃午饭,他暗自叫苦,赶忙躲到了一旁,看蚂蚁上树。

这一切都被雷锋看在了眼中,早在他一气吃完两顿饭的时候,雷锋就料到了这一情节的发展。后来见他干活用力,早就做好了精神准备,眼下立刻追他到树下,笑嘻嘻拿出了自己的饭盒说:“喂!大力士!干了一上午,该吃饭了!”

大力士吞吞吐吐地回答:“我……吃过了。”

雷锋又一笑,说:“我知道你吃过早饭了,现在是午饭,别客气!”

看见雪白的米饭,大力士喉中几乎能伸出手来。但是,他想到自己平日的不恭,强咽下口水,只摇头,不说话。这一切的无奈和难为情,雷锋早就猜个明白,于是佯装出苦脸,以手抚腹,恳切地说:“大力士,我今天胃疼,实在吃不下,你就算帮帮忙了……”他把饭盒撂到大力士手上,转身走了。大力士张大了嘴巴吃饭,眼圈儿竟红了。

原雷锋所在连的文化教员苏永国,也在回忆文章中道出了同一类的故事:

有一次,雷锋和同志们一同卸车,同班的大个子小韩指着一袋二百斤重的高粱米说:“哎!马列主义者,你不是很能干吗!来一袋试试?”

雷锋知道他是在讽刺他,但自己的力气小,扛不动一袋米,只好忍住气,又怨自己在同志们面前丢了脸面。但事后他又想:为啥人家要说刺激你的话呢?要从自身找症结呀!于是,他在以后的工作中处处注意,以身作则,严于律己,树立宽广的胸怀。后来有一次,小韩不小心洒了硫酸,把棉裤烧了个洞。夜里,当大家都睡熟之后,雷锋把自己的棉帽里子拆下,洗净烤干,给他补好棉裤。第二天起床时,小韩发现了这一情况,又感激又惭愧,就那件事向雷锋道歉。雷锋笑了:“还提过去的事干什么呀!”

还有一次,一位和雷锋一起入伍的同志对雷锋当上班长觉得憋气,故意不起床,说病了。雷锋没有批评他,而是问寒问暖,为他打洗脸水,找卫生员,做病号饭,使他非常感动,主动向雷锋承认错误。雷锋说:“我们干工作不是为某个人干的,虽说干的角度不同,但都是为了党,为了我们连队、我们班呀!”一席话,使这位同志茅塞顿开……

这都是一些平凡的小事,却需要非凡的大度和很高的思想境界。他容忍了别人的不端而以德报怨,把帮助别人、为他人服务视为自己的天职!在雷锋任“四班长”后,曾经带领全班和兄弟班的几个战士,离开了连队到铁岭下石碑山区执行国防工程运输任务。这里的路段极其艰险,雷锋调查了路况并做了详细记录,提出了“三先、四勤,五不超,六不走,九慢”的安全措施,保证了任务的完成。在执行这次任务之后,雷锋怀着激动的心情,给养育过他的堂叔雷明义写过一封充满激情的信:

三叔

您好!

近来身体好吗？工作忙吧？精神愉快吧？生活过得怎样呢？一切都好吧？因我任务繁重，时间紧迫，很久没给你写信，对不起，请原谅吧！

由于党和上级首长对我的重视，要把我培养成为一个党所要求的又红又专的共产主义接班人，因此，对我的成长和进步特别的关心，曾调我到外地学习，以提高我的政治觉悟和理论水平，分配我带领一个班在外地执行国防施工任务。在紧张的工作和艰苦的环境下，以培养我们艰苦奋斗的作风，锻炼我们的革命意志，更重要的是，培养和提高我们的军事技术……为解放台湾、保卫祖国而增强本领。

由于党的培养教育，同志们的帮助，加上自己在实践中的刻苦锻炼，使我的工作、学习军事技术等各方面都有很大的提高和进步。就拿军事技术来说：在教员和同志们的指导和帮助下，加上自己天天练，因此技术提高较快，从三月十六日到今天为止，我驾驶的汽车已安全行驶了四千多公里，没发生事故，圆满地完成了各项运输任务，我决心继续努力，争取更大的成绩。

目前我的身体非常结实，精神饱满，生活过得很愉快，总之一切都很顺利。请勿挂念。

此致

敬礼

祝好，侄儿，

雷锋

（日期不详——笔者注。）

他是怀着愉快的心情写下了这封信。在繁忙的工作中，他没有忘记这位为他付出过爱心的三叔。他报告自己成绩的同时没有忘记提及党和首长的培养、同志们的帮助。他是一个诚实的、心口如一的人。他对自己的许多先进事迹没有提及，只告诉三叔他正在努力……身体非常结实，精神饱满，过得很愉快……这是一种奉献的愉快，他终于找到了最为舒心的机会。保尔·柯察金的形象印在了他的脑中,他要时时仿效他。

一九六〇年初夏的一个星期日,他的腹部忽然感到胀疼,在床上趴卧了好一阵,想硬挺过去,竟是越来越疼了。他想,这样下去可不行,夜里还要出车呢!一翻身爬起来,整整军容,走出了营房,来到团部卫生连。值班军医为他诊了病,开了药,交代说:"是夜间着了凉,回去用热水袋暖暖肚子,好好休息一天就会好的。"

手捂着仍在作疼的腹部往回走,到了望花公园围墙外的马路上,看到眼前的一个建筑工地上的工人们正在热火朝天地大干:在《社会主义好》的播音中,有的推车,有的挑担,你来我往,呼号喊叫,好不热闹。这种热气腾腾的劳动场面立即吸引了他,他近前去看,一个木牌上写着的字句:抚顺市第二建筑公司本溪路小学建筑工地。

他在心里赞叹:真了不起呀!不久前还是一片炉渣地,一转眼就要为学校建起高楼了!心中这样想着,就听见广播喇叭里传出一个女同志焦急的呼声:

"运砖的同志请注意!砌砖组的同志大显身手,今天的速度要打破昨天的纪录!运砖的同志们加油啊!今天能不能超过定额,就看你们的了!"

听着这样的呼唤,只见运砖的同志每二人一辆小车,一推一拉,奔跑如飞。雷锋又有些情不自禁了:在望城深翻土地时,在鞍钢炼钢时,在弓长岭矿焦化厂建房时,他都有过这种情不自禁;他挽起了袖口,径直向砖垛奔去,早已忘记了肚子疼。

一个烧水的棚子前闲放着几辆空车,他走上前去,推起一辆便走。烧水的老工人急急地叫道:"喂……解放军同志,你推车干什么?"

雷锋说:"老大爷,借车子用一用。"

老工人说:"同志,这里的车不外借,这是……"

雷锋笑答:"老大爷,我就在这儿用。"他指了指砖垛。

老工人疑惑地问:"同志,你要帮工地推砖?"

"今天我没事,闲着也是闲着……"口中说着话,车子就到了砖场中,很快装满了手推车,一溜小跑地参加了运砖工人的队伍。

来来往往的工人都好奇地看着这位解放军推砖,一时猜不透原因。雷锋干热了,干脆脱下军装。工人们试探地问道:“同志,你是……是谁叫你干的?”

雷锋笑呵呵答道:“是你们的干劲把我吸引过来的,你们为小学盖楼,星期天都不休息,我今天没事情,一块儿推几车……”

一个陌生人闯入人群去干本不属自己分内的活儿,一下子成了众人议论的中心。他不管别人的议论,只顾干活——台风的中心是平静的! 至于后来是怎样传出了这件美闻,雷锋在一篇以《愉快的星期天》为题的叙事文中,有着较为详细的交代:

> 前两个月的一个星期天,我到卫生连去看病回来……看到团部前面那块空地上正在建筑楼房……领导上经常讲要发扬拥政爱民的光荣传统……我何不和工人同志一起参加点劳动呢?
>
> ……我一气推了八九车。工人们开始休息了,我还是一个劲地推。工人们感到很奇怪:……有一位穿制服的同志走到我面前,紧紧握住我的手,问我是哪个部队的,叫什么名字。我本不想告诉他,可身边一个工人同志说:“他是我们建筑公司第二工区党总支李书记。”这下把我难住了,不说不好,说吧,他们准又是一通表扬。我只说今天没事,参加点劳动是应该的。可是不行,他们一定要知道我的名字。我只好说了。
>
> 星期天两餐饭,我一气干到快吃晚饭时才回到连队。傍晚,工人们敲锣打鼓地来到我们连,送来一张用大红纸写的感谢信。连里同志这时才知道我带病参加了一天义务劳动。说来也怪,参加点劳动,我的肚子反而不疼了,所以我开玩笑说:参加义务劳动能治病……

雷锋的又一篇文章的标题写作《照顾一位老太太》,时间是他入伍半年后的夏季:

六月上旬,我因公外出,在沈阳火车站乘车回抚顺。早晨五点钟,到了上车的时间,我背着背包刚走近天桥,看见一位白发苍苍的老太太背着个大包袱,走几步歇一歇,很吃力。我急忙赶上前去,帮助老人背起包袱,搀扶她上火车。老太太累得满头是汗,喘了半天气,才对我说了一句话:“好孩子,大娘忘不了你呀!”上了车,人很挤,我给老人找了个座位,自己就站在老人的身旁。火车开动了,因为我没吃早饭,肚子饿了,就拿出在车站买的两个面包,送给老太太一个。她接过面包,忙说:“你这个当兵的,真好,我见到儿子叫他写信给你们首长……”

老人说她从山东来,到抚顺去找儿子,但又不知儿子的住处。她掏出一封信叫我看,记得上面写的地址是抚顺市××信箱第四宿舍。这个地方我当然不知道,但为了使老人安心,我就说:“大娘,你莫急,有地址就好办,下了车我帮你去找。”六点多钟到了抚顺,我把自己的背包放在车站,背上老人的包袱,领着老人四处打听,走走停停地快九点钟了,终于找到这个××信箱,原来是个保密工厂。

老人见到了儿子,高兴得满眼是泪地说:“儿呀!要不是这位军人同志帮娘找,今天难得见到你……”临走时,他们母子二人千感谢万感谢的,送出我很远。我不想汇报这件事。因为这是自己应该做的。谁知,那老人的儿子果真给部队写来一封信,请求表扬这位不知名的战士。那天我回连晚了三个小时,想瞒也瞒不住……

这是一个受过苦的人,知道老人吃苦受累的滋味,他痛恨给人带来痛苦的旧社会,因而在他努力建设着的社会主义社会里,他不允许有人在他眼前受到一点艰难。在他的心目中,白发的老人或幻化为他的母亲、六叔奶奶,或又幻化为要饭的穷人。既然那样的时代一去不复返了,他就要杜绝类似于受苦的哪怕一点小事的出现……

一九六〇年九月雷锋荣获了“节约标兵”的光荣称号,部队为了宣扬他的先进事迹，又请雷锋口述，其他同志代笔整理了一份材料，原题为《雷锋同志模范事迹材料》，小标题是雷锋本人改写，内中又有了《节约二百元钱》的文章：

我从小受的苦，是永远不会忘记的。部队首长经常教育我们不要忘记过去，忘记过去就是背叛。我们的国家不富裕，还有困难，一定要发扬勤俭节约，艰苦朴素的优良传统。我每花一分钱都很自然地联想起过去的生活，告诫自己不能忘本。今年春节，连队卖苹果，每人可以买两斤，很便宜，同志们都买了，但我没买。这个春节，我只花了二角五分钱理发，别的钱分文未花。同志们说我穿的袜子不像样子，应该换双新的了，但我补了补还照样穿着……今年七月，我去参加军区工程兵体育运动大会，天气热得很，不少同志都跑到场外买汽水喝，我也想买一瓶，掏出钱往外走，发现那里有自来水管，我又把钱收起来，上前拧开水龙头喝了个够。我这样做，有的同志说我是小气鬼，太苦熬自己了。我想，我们不能好了疮疤忘了疼，国家有困难，大家来分忧，就要一点一滴地做，这不是小气不小气的问题。每月发六元津贴费，我只留五角钱用，余下都储蓄了。入伍半年多，节约了三十二元，加上我在工厂节余的工资，现在储蓄了二百多元。

支援人民公社和辽阳灾区，就是用的这笔钱。两个月前的一个星期天，我上街去理发，看到成千上万的人正在热烈庆祝望花区人民公社成立。我想：一个新成立的人民公社，一定会有很多困难，我是一个人民解放军战士，一定要以实际行动去支援。我想到了这些，就到储蓄所取了二百元钱。我到了望花区一个公社说明了来意，公社干部只说收下我的心意，但是不收钱。我说这钱是人民给我的，我现在把它还给人民，支援人民公社发展生产，你们一定要收下这笔钱，就像做父母的收下自己儿子的钱一样，是不必客气的。说了半天，公社只收下一百元。不久，报纸上有消息说，辽阳地区遭受了百年不遇的特大洪水灾害。我是从辽阳参军的，对那里的一切怀有很深的情谊。那里受了灾，我不能袖手旁观。想来想去，也没有别的办法，我就把公社没有收的一百元寄给了中共辽阳市委，请他们转交灾区人民。

做这种事是自己应该做的事，本不想叫领导和同志们知道，因为党的恩情我永远也报答不完。谁知事后公社党委和辽阳市委都给部队来信表扬我，使我很不安……

笔者看到了公社和辽阳市委发给部队的信件，信上对雷锋的热诚心意表示感谢。雷锋的救灾和支援人民公社一举的意义决不囿于区区二百元钱，亦不在于简单的爱社爱民情愫。在那个三年自然灾害困扰国家的年代里，它起到了常规联谊活动难以比拟的维系军民关系的良好作用。

在做过慷慨捐赠的义举之后，雷锋的心情是激动的，他有感而发的诗作《一家》，是以朴素的形象化语言，非常贴切地表达了军民的鱼水之情：

松柏树，根连根，
石榴结籽心连心。
解放军和老百姓，
本来就是一家人。

——一九六〇年入伍后写于日记本

下面一篇是根据录音整理的雷锋“抗洪抢险”的自述。文章只写了抢险之一幕，其实在此举之前，他刚刚参加了扑救一场大火的战斗：一九六〇年八月，营区外的街道工厂发生了火灾，雷锋最先跑到了失火现场，参加了救火的战斗。大火扑灭之后，他才发现鞋子已经烧坏，衣服也已烧破，并且烧伤了他的手。在此之后，抚顺地区骤降暴雨，一连几日，倾盆而泻，酿成了洪水灾害，运输连又接到了抗洪抢险的命令。

……八月三日那天，我们连接到上级命令：到郊外上寺水库去抗洪抢险。当时，我身体不好，连长让我在家值勤。我讲了价钱："在这种时候，不能把我留在家里！"

我和全连同志到了水库，连夜开掘溢洪道，团长、政委和我们一起战斗在溢洪道中。雨下得很大，堤坝不断塌方，大家挥舞铁镐越干越欢，什么苦呀、累呀，全不在话下，只想到保住水库就保住了煤都。一不小心，我手中的锹被塌下的土方打掉了，天黑雨大没找见。我只好用双手当锹挖泥，手指挖破了皮，但当我看到左手腕上的伤疤，又想起了过去的苦，心想今天为了保卫人民生命财产不受损失，手指破点皮算得了什么，我继续干。连长见我用手挖，就让我搞宣传鼓动工作。于是我马上收集连里的好人好事，进行口头广播，带领大家唱歌、喊口号，溢洪道里活跃起来了，大家顶风冒雨越干越欢。

一连干了四天，我病倒了，晕倒在堤坝上。同志们把我扶到一个老乡家里，连长让卫生员看着我，不许我再到工地去。我躺在老乡的炕上，越想心里越不是滋味。外面的暴风雨撕裂了我的心，我要上工地去，卫生员又不让。从挎包里拿出日记本，翻开第一页，我一眼看见了战斗英雄黄继光的像，他的眼睛盯着我，仿佛在说：雷锋啊，雷锋！在这种时候你能躺在老乡家里休息吗？一种力量鼓舞着我，我用黄继光的英雄事迹说服了卫生员，又跑到水库工地上去了……

伟大的党啊，我慈祥的母亲，我所有的一切都是属于您的。我要永远做您踏实的儿子，做人民的勤务员。为了党和人民的事业，哪怕高山、大海、巨川，就是头断骨粉，也身红心赤，永远不变。

七天七夜的拼搏，终于战胜了洪水，他荣立了三等功。水火无情，雷锋经历了火的锻炼，又经受着洪水的洗礼。他在做党的儿子的同时，仍不忘要做人民的勤务员。他想将自己的历史染上鲜红的颜色，却从未料到自己会早早离开温暖而幸福的人间。在他参军的前夕，一九五九年十二月十二日的日记上，他的掏心直言令人读来感慨万分——

> 一个人出生到世界上来以后，除了早夭的以外，总要活上几十年。每个人从成年一直到停止呼吸的几十年的生活，就构成各人自己的历史。至于各人自己的历史画面上所涂的颜色，是白的、灰的、粉红的或鲜红的，虽然客观因素起一定作用，却主观因素起决定性的作用。每个人每时每刻都在写自己的历史。每个共产党员和共青团员都应当好好的想一想，怎样来写自己的历史。每个共产党员和共青团员时时刻刻都要以马克思列宁主义毛泽东思想来作自己的思想行动的指导，真正作到言行一致。我要永远保持自己历史鲜红的颜色。

在这一篇日记中，我们可以看到：在他的人生设计中，他预料自己起码要活上几十年。一九五九年他才十九岁，他已经选择了自己历史所涂的颜色是“鲜红”。在方志敏的一首诗中，曾有过这样的句子：“鲜红的是什么？是血呀！”三年之后，当这位杰出的青年士兵倒在了他的嘎斯汽车旁时，口鼻中喷出的正是鲜红的血。他没能再睁开那双聪慧的大眼睛。鲜红的热血，为他二十二年的历史画上了一个光灿灿的句号。这是后话。刚刚入伍八个月的雷锋已经成了部队宣传的典型，在其后的短暂的时光里，他还有许多动人的故事要写……

第九章

红日三竿

二十岁的雷锋好形象:黑发、亮眼、广额、挺鼻。他穿上了合身的军装,言谈举止之中,透着一种精灵气、英武气。

凄风苦雨中生身,轰轰烈烈中锻炼,经历了如诗如画的苦乐年华,栉风沐雨,终于炼成了当当作响的好钢,他步入了红日三竿的芳华岁月。

如果说雷锋是一团火,这团火到了猛烈燃烧的时候。如果说雷锋是一颗明珠,这颗明珠已经闪闪发光。一九四〇年十二月十八日出生的雷锋,到了立功受奖的一九六〇年八月也不到二十周岁。但是,他在人们的心目中已经是一位觉悟高、技术硬、修养好的军中楷模。他把自己如火的生命活力与热情,全部投身于为党、为人民奉献之中……

原雷锋所在团工兵三营营部书记夏孝栋的撰文,叠用了一长串四字一组的形容词:爱国爱党、坚定不移、光明磊落、言行一致、克己奉公、助人为乐、虚心好学、热情诚恳、以俭为荣、待人如宾……

在一长串褒奖词后,便是雷锋助人为乐的故事:

……一天下午,雷锋来到我的办公室,看到我的报刊杂志摆放得杂乱无章,顾不得喝水,便整理得有条不紊。又打来一盆水,帮我将桌椅和窗户擦拭得干干净净。上便所时,发现里面不大干净,又从炊事班找来一对水桶,挑了两担水,把厕所冲洗干净。

有一次,他驾车给营部送粮食,大热的天,他停下车就和我们一起卸车。我见他个子小,二百斤重的米袋压在背上很吃力,便让他去休息。他说啥也不肯,硬是和我们一起卸完了满满一车粮。午饭后,营部集体刨山芋,雷锋说:“今下午我没任务了,也和你们一起参加劳动。”劳动中,他干得最欢,一直干到傍晚才赶回连队。以上是我亲眼见到的雷锋做过的好事。

原雷锋所在连连长虞仁昌回忆:连队奉命野营拉练,因为行军一整天,每天走近百里,一到宿营地,战士们倒头便睡。夜里十一点多钟,虞连长查哨查铺,看到小学教室里有灯光,一个战士在火炉前烤着一大堆鞋袜。他悄悄走进屋,发现是雷锋。连长说:“时间这么晚了,你怎么还不休息?”他笑盈盈地低声答:“同志们鞋袜都湿了,穿起来走路怪难受的。”

连长说:“走了一天路,你也累了吧?”

他回答:“我不累。”又低下了头去烤鞋袜。第二天,部队继续行军,只见雷锋一拐一拐地,却抢着给体弱的同志背背包。下关门山时,李清云同志昏倒了,雷锋和庞春学等同志架着他走。

这天晚上宿营马郡村,不少同志累得吃不下饭,倒在炕上就睡着了,可雷锋却一拐一拐地给大家端水洗脚,并帮一个不愿意动的战士洗,那个战士不好意思了,接过水来自己洗了脚。他又拿出了一根消过毒的针,为脚上打泡的同志挑水泡。

运输连分为十个班,雷锋所在班的“技术小组”的组长便是雷锋。连队要求在汽车理论课上“兵教兵”、“互教互学”,班、组之间开展“一帮一,一对红”活动。雷锋在理论学习上领会得快,经常帮同志解决疑难问题。大家把他当做了“小教员”。有一次,全班同志讨论汽化器“怠速”和“负荷”的工作原理,讨论得非常热烈,但仍有些问题搞不懂。雷锋到连部借来了汽车挂图,对照实物反复讲解,边讲边问大家:“明白不?”只要有人不明白,他仍耐心讲下去,直至明白。

初学驾驶时,教练员有规定:启动车时要用手摇铁柄,不准使用马达。可是班里有一位小同志身材瘦小,力不足,一则摇不动,二怕“回火”打着自己。教练员无奈,只好照顾他一人可以使用马达。因此,大家诙谐地给他取了个绰号“马达将军”。

雷锋不想让大家取笑他，就多次利用业余时间示范摇车姿势，交代要领，要其“胆大心细”，只要按要领摇车，就不会“回火”打人。在他的耐心帮助下，小战士掌握了摇柄启动的本领，甩掉了“马达将军”的帽子。

有一天，雷锋上了抚顺开往沈阳的火车，看见车上的旅客越来越多，就把自己的座位让给了一位老人。又见列车员忙不过来，就主动帮着扫地，擦玻璃，收拾桌子，为旅客倒水，帮妇女抱孩子，给老人找座，帮下车人拿东西。旅客们过意不去，纷纷让座，请他歇歇，他都推说不累。

到沈阳换车时，一出检票口，就发现一群人围住一个背小孩的妇女。原来那妇女是转车去吉林，车快开了，她却丢了车票。妇女把所有的衣袋都翻了一遍，仍是没有票。

雷锋看不得别人犯难，何况这是一位带孩子的妇女！不由得上前，问她从哪里来。

妇女说：“俺从山东来，到吉林去找孩儿爹，不知啥时候，把车票和钱全丢了。”

雷锋看了看表，知道去吉林的车快要发了，便说道：“大嫂别着急，跟我来吧。”他带着她来到了售票窗口，用自己的津贴，买了一张去吉林的车票，塞到大嫂的手中说：“快走吧！车快开了！”

妇女看着手中的车票，双眼含泪地问道：“大兄弟，你叫什么名字？是哪个部队的？”雷锋笑了，两个酒窝儿漾了出来，以玩笑的口吻答道：“大嫂，你就别问了，我叫解放军，住在咱中国呀！”

妇女背着孩子，一步步朝检票口走去。在进站的一刹那，她回过头来对雷锋招手，眼中仍然含着泪。

也就是那一次出差回来，雷锋在沈阳火车站又看见了一位白发苍苍、背着大包袱的老太太，他帮着背包袱，一直把她交给了老人的儿子。在一来一回的路程中做了这么多的好事，部队中流传了这样的两句顺口溜：“雷锋出差一千里，好事做了一火车。”

一九六一年五月的一天,天降大雨。雷锋正在冲洗他的汽车。透过雨幕,他看见一位妇女背着一个孩子,牵着一个孩子,在雨中深一脚、浅一脚地走着,便拿起一件雨衣追上去。通过询问,他得知娘儿仨要到十几里以外的獐子沟去,天已是将黑的五点钟,雷锋把雨衣给了那位妇女,娘儿俩都有了挡雨的遮障。那个七八岁的小姑娘却已全身湿透。他立即脱下了自己的绒衣,穿在孩子身上。妇女说:解放军同志你别冻着了。雷锋答:我年轻抗得住雨淋。他一直把娘儿仨送到獐子沟,妇女的家人千恩万谢,要留他吃顿饭,烤一烤衣服,他坚决不肯,在黑夜里踩着泥泞赶回营房时,已是后半夜的时分。因为他送娘儿仨时有战友代为请假,所以等他回时,那位战友还在营房门口等候着他。

六十年代初的汽车兵是天之骄子,不只是全社会对他们刮目相看,就是在军内也是人人羡慕。因此,在某些战士的心目中产生了优越感。有一次,当他们看见雷锋又去帮着淘厕所的时候,有的同志禁不住发话了:"这活儿不是咱们汽车兵干的,应该叫其他连队来淘!"

那晚,雷锋带领大家学习了毛主席著作,告诉大家越是困难、越是脏累的地方越需要去:"……我们是为着解决困难去工作,去斗争的。越是困难的地方越是要去,这才是好同志。"

雷锋利用一切机会,一切力量助人,帮助比他弱小的人,也帮助比他强大万倍的人民公社。而他的一切积蓄都是从牙缝中省出来的。

他在旧社会受过穷,穷死了五口之家的四口人。因而他害怕贫穷,怜惜穷人。他舍不得多吃一口,多穿一寸。他厉行节约:一粒米、一滴水、一滴油、半度电他都要仔细算计……他从来不乱花一分钱,衣服破了自己补,鞋袜破了亲手缝。别人洗脸买香皂,他坚持用肥皂。他自己钉了一个节约箱,箱内备有破铜烂铁、破衣烂布、钉头铁片儿、牙膏皮、螺丝钉……

庞士元回忆说:雷锋开车看见遗弃的一小堆水泥,就用手帕包了回来。庞士元觉得这是一件有教育意义的好事情,要雷锋根据自己的思想动机写一篇稿件。过了几天,他送上了表扬别人爱护公物、勤俭节约的短文,对自己只字未提。

连部里的地面凹凸不平，雷锋想在运水泥的车辆里扫集水泥，积累起来。这个号召得到全班同志的响应，他们开始每天坚持扫水泥，从扫全班的车发展到扫全连的车，还从建筑工地上捡回废水泥袋，集中交公，共扫了两千多斤水泥，铺平了连部的全部地面。

连里办了一个小展览：把雷锋节约箱里的东西和扫水泥的小扫帚都展了出来，并配有"雷锋打扫两千多斤水泥"的说明文字。雷锋看后十分不安。问指导员道："没有那么多吧？"指导员说："水泥都放在旧油桶里，连长仔细算过，没错！"

有一天，他到抚顺去拉粮，中午粮食局关了门，领粮的司务长请雷锋到饭馆去吃饭，他认为下饭馆要花好多钱，就叫助手守住车，自己花了一角三分钱的公共汽车费，回到了连里，吃了一顿高粱米饭。连里有的同志讲他"小气"，甚至说他是一毛不拔的"铁公鸡"。他严肃地回答："我现在有党和同志们的关怀，吃、穿和旧社会比起来真是在天上了，旧社会我连麻袋片儿也穿不上，连猪吃的东西也吃不饱。我们现在生活好了，决不能好了疮疤忘了疼。"

一九六〇年是国家的经济困难时期，连队里的伙食百分之八十是粗粮。据高士祥指导员回忆：有一天中午，战士们在食堂吃午饭，雷锋拿着《解放军报》，向大家讲解放军战士节约粮食支援人民的话题。有一战士不愿吃高粱米，更不愿听这些话，故意将一口饭吐在地上说："炊事班怎么搞的？米没淘净，沙子差点硌掉我的牙！"

面对着这种举动，雷锋没有发火，平心静气地照讲下去："咱们连每人每天节约一粒粮，一年就是三万六千粒，全团、全军那该有多少啊？"

又有一天，雷锋从垃圾堆中捡来了一双又脏又破的袜子，别人看了直皱眉，嫌脏，叫他赶快扔出去。他却说："别看它脏，洗洗补补，还可以穿它几个月哩！"

于是趁休息时间又洗又补，穿破了再补，一直穿了三个月，直到不堪缝补了，才最后洗净它，当了汽车擦布。有人给他做了粗略估计，在上级号召的"节约用料"的运动中，他节约破布烂套三公斤之多。这件小事,成了人们争论之话题,有人赞不绝口,有人却说他“傻气”、“小气”。

雷锋出生在黑暗的旧社会,曾经“吃过猪食”。他在安庆乡曾拾到别人丢弃的破布送给困难户补衣服，那几年正是国家经济困难时期,他害怕一丝一毫的浪费,但拾来的破袜子不再送给别人,而是自己穿用。如果将这样的举动视之为“小气”,那又怎样理解他二百元款项的捐赠呢？他苛求了自己,帮助了别人,他是一个既有着传统美德,又有着共产主义风格的高尚的人！这样的美德应为今人崇尚和发扬!

他在望城县委工作时,每月的工资二十二元。到团山湖农场,每月工资达到三十四元——在那个年代堪称大数。但是到了鞍钢,他的工资降到了学员级:二十二元。一参军到部队,津贴费一下子成了六元钱。六元钱能做什么？怎样储蓄？怎样助人？怎样捐款？每月领到津贴,一角钱交团费,两角钱买肥皂(不买香皂),还要留点钱买书,因为他是离不开书的。他的搪瓷脸盆和口杯烂得不成样子,牙刷几乎无毛,衬衣都是从望城、鞍山穿来的“文物”(不幸果然成了文物)。夏季发两套单军装,他只领一套,他还能怎样苛求自己,节省出助人的热量？一九六一年二月二日,在他的一篇日记里这样记载:

> 今天我从营口乘火车到兄弟部队作报告,下车时,大北风刺骨地刮,地上盖着一层雪,显得很冷。我见到一位老太太没戴手套,两手捂着嘴,口里吹一点热气温手。我立即取下了自己的手套,送给了那位老太太。……一路上,我的手虽冻得像针扎一样,心中却有一种说不出的愉快。

时下一首表现“爱”的流行歌曲中有着这样的词句:“只要你过得比我好……”雷锋的爱同此有着多大的相似、又有着多么大的差别啊!他留给后世的一首诗体的名言,亦是他真诚的内心独白:

> 对待同志要像春天般的温暖,

对待工作要像夏天一样的火热，
对待个人主义要像秋风扫落叶一样，
对待敌人要像严冬一样残酷无情。

在他牺牲了的半年之后，诗人郭沫若曾依此句写下了这样的诗篇：

我们是住在北温带里面，春夏秋冬四季平分着一年。但我把毛主席的话联系实践，我便能够把春夏秋冬集中在一天。

无论是对阶级弟兄的爱还是对阶级敌人的恨，都来自于他对旧社会遭受压迫的记忆。他已将对敌人的恨转化为对人民的爱——爱那些爱他的人，亦爱那些委屈了他的好人。他终于有了报效人民的能力，他的信念正如我们今天在一支歌中所唱的："只要人人都献出一点爱，世界将变成美好的人间。"

在风雨交加的行车路上，他多次帮助来自五湖四海的司机同行排除车障；

他替战友站岗，使战友得以欣赏当时风靡全国的电影《柳堡的故事》；

在山高路险处，他掏出身上仅有的两元钱，让搭乘他车的农民兄弟买公共汽车票；

野营拉练、夜宿"马郡村"时，他将自己整整一个月的津贴，悉数送给了一位生恶疮的老人……

发生在雷锋身上的这样的事例难以胜数。在这里，我们只能取其珍珠般闪光的几颗，来映照这位人民的儿子大海般宽阔的情怀。正是从每日点点滴滴的小事中，从千百次的无私奉献中，他一步一个脚印地攀登到人生的顶峰。

六十年代初，在全国开展的那场"忆苦思甜"运动家喻户晓，深入人心。刚解放十来年的中国，又遭遇了历史上罕见的三年自然灾害。盘踞在台湾的蒋介石集团叫嚣反攻大陆，向沿海地区派出多股武装特务，向内陆地区派遣了空降特务，西藏的达赖集团发动武装叛乱。在国际上，美国对中国由“新月形”包围圈发展成“环形”包围圈。中苏两大共产党、两大社会主义国家发生了激烈的意识形态上的争论，苏联撤走专家，使许多援助项目半途而废。中国处在最困难时期，人心浮动，众说纷纭。因此，在那样的形势下大搞“忆苦思甜”、“新旧社会对比”是政治的需要。

那时候，全国各地都可以听到一首女高音独唱的歌曲——《不忘阶级苦》。

雷锋苦大仇深，成了诉苦报告的典型人物。他的第一次诉苦是在运输连举行的“忆苦思甜”报告会上。原雷锋所在团政治处保卫股长、副主任王琦同志参加了那一次报告会，他受团首长委托，和几位干事一同赴会。参加人员除运输连全体战士之外，各营和团直属单位也派员参加，他回忆说：

会场设在该连露天车场，正面挂一幅横额：“运输连忆苦大会”。与会人员席地而坐，围成一个半圆圈，前面放一张讲桌，我和运输连指导员高士祥同志并排坐在讲桌右侧。雷锋一走上讲台，会场就严肃起来。他首先向坐在前面的几位首长敬礼，然后又向大家敬礼，开口讲道：“我叫雷锋，生于一九四〇年十二月十八日……家有五口人……”可能是一提起家来就感到心酸，他的面部表情非常凝重：“我在旧社会遭受的痛苦和广大劳动人民一样深重……我要讲我在两个不同的社会里，过着两种不同生活的对比……我家祖辈三代都给地主做长工……” 接着，他讲了父亲、哥哥、弟弟的惨死。特别是当他讲到妈妈的自杀，抑制不住地失声痛哭。一时间，全会场响起了一片哭泣声……

他的“忆苦思甜”不是空洞的说教，毫无矫揉造作，感人至深，催人泪下，大家从思想上所受的教育之深是难以言表的……

以此为发端,雷锋在上级的安排下,从一九六〇年十月十日始,与他的几位战友一起,被抚顺市望花区建设街小学聘为校外辅导员,并为该校师生作了“忆苦思甜”报告。

十一月二日,按沈阳军区工程兵政治部的指示,他被临时抽调到沈阳,到工程兵所属的各个单位作“忆苦”典型报告。在巡回报告过程中,工程兵政治部和雷锋所在部队都指派了专门人员陪同报告。在这一时期内,他除在本部队系统内作“忆苦”报告,并汇报他的先进思想和先进事迹外,还应邀到兄弟部队和地方大、中、小学作报告。至一九六一年一月五日,共报告二十七场,听众二万余人。

这位干什么都下真力气的人,在“忆苦”报告中也竭尽全力。据虞仁昌回忆:

> ……雷锋在兄弟部队巡回报告十多天以后回到连里,向我汇报了受到的教育和热情的接待。在谈话时,我发现雷锋的脸色消瘦而且苍白,就打断他的话,问他是否有病?他回答说:“没有什么病,只是近来常常睡不好觉,到十二点还睡不着。”
>
> 我知道,他在作报告时每天回忆在旧社会的悲惨生活、亲人惨死,便要情绪激愤,以致过度疲劳而失眠(而且他每去一地,总要参加劳动)。当天,我命令他休息,而且告诉二排长和四班长(当时雷锋还是战士),不论公差勤务、体力劳动,都不让他参加。第二天,我觉得他睡的地方不安静,就叫他睡到连部我的床上来。他很不好意思,再三要求睡到班里去,经我说服,终于睡到连部来了。第二天我起床,他早起床了,我问他睡得可安宁?想不到他说:“连长,真的,我比前天晚睡得更差,你还是叫我回去睡,什么工作也都让我干吧!叫我睡这里,思想更安静不下来……”
>
> 我当时听了,心里很难过,心想这么好的一个同志,眼看身体瘦下去怎么办?我把这情况告诉了指导员高士祥同志,他说:“你还不知道雷锋那个劲儿?不叫他工作怎能行?”
>
> 雷锋到连里后,生过两三次病,从没休息过。他对同志的病却

十分关心。他做了许多帮助人的好事,连队接到感谢、表扬或表示向雷锋学习的信件,当时就有两肥皂箱。

在郑州,笔者采访的首站便得遇了洪建国同志,他刚刚从郑州铁路局教育中心党委书记的任上退下来,全心全力地宣传雷锋。他在给笔者的谈话中提到过一件事:那就是雷锋过分地苛求自己,连陪同他诉苦、作报告的人都有些吃不消,因而也产生过异议。原雷锋所在连的班长刘春元,曾在他的回忆文章中反映了较为普遍的看法,即大部分人认为雷锋活泼可爱,与众不同。又有一小部分人认为雷锋"太特殊",似乎有爱出风头的嫌疑。

原雷锋所在团政治处主任、团副政委刘家乐如此叙写:

……人们常说"金无足赤,人无完人"。雷锋是否有缺点呢?过去宣传雷锋时,很少有人提到这一点。但我以为,他坚持原则不让步,这当然是正确的、应该的,无可挑剔。但是具体问题总得具体分析、具体对待:有一次他到辽阳驻军作忆苦报告,雷锋每作一次报告,当讲到亲人惨死时,都要大哭一场,自然对身体有影响。这一次作完报告后,首长从关心他的身体着想,叫伙房做了几个菜,一个汤,领导们陪他就餐。可是,雷锋一见有几个菜却不吃了,并说:"旧社会连吃的都没有,现在国家又处在困难时期,我不能吃……"

陪同他的几位首长再三劝说,他还是不吃,弄得首长非常尴尬。可饭菜已经做了,怎么办?僵持了一会,后来吃了一点。应该说首长的关心是对的,但雷锋的做法也不是没有道理。问题是菜已经做了,不吃不也是浪费吗?一般地说来不应给领导难堪。这个问题是他亲自对我讲的,同时他也认识到了自己的做法不对头,使几位首长下不了台……

还有个问题:就是雷锋干劲大,"挤"时间学习是好的,但爱护身体很不够。不管怎样忙、怎样累,想让他休息很难。他总会说:

“请首长放心，我不累……”

刘家乐同志的分析入情入理，但是我们仍应用透视的方法看待雷锋的心理：我们不能忘记，三年困难时期有人饿死，中南海里的毛泽东“三月不知肉味”，面部浮肿。警卫人员从水中捞一点小虾给他吃他还发火，你如果站在“为了国家，为了世界革命”的立场上劝他劝得转吗？应该说，此时的雷锋从血到骨，从灵到肉已与人民联系在了一起。这位曾想做作家、做诗人的青年军人的想象力是丰富的，他一定是触景生情想到了别人想不到的东西！使首长下不了台的后果他是明白的，但他欺骗不了自己的心，这是怎么样的解说都解决不了的问题！

从大量的资料证明，雷锋是一个自知、自尊、自觉、自量的人：他是一个兵，尽管是一个“过了河的卒子”，他在工作中、行为中、人际关系中都严谨地把握着分寸，不是那种矫情浮躁的人。他在担任校外辅导员时，为了启发同学们做一个遵守纪律的少先队员，曾在辅导材料中亮出过自己的缺点：

> 我刚入伍的时候，还是个很幼稚的青年，有时不自觉地就违犯了纪律。记得一个星期日，我认为放了假，就可以随便外出了，谁也没告诉，就上街去照相。这件事被指导员知道了，吃过午饭就找我谈话。他搬过一张凳子叫我坐下，和蔼地问我：“雷锋，你今天上街请假了没有？”
>
> 我难为情地回答：“没有。”
>
> 指导员说：“这样不好哇！部队嘛！要有严格的组织纪律，不论做什么都要请示报告，星期天外出也要说一声。如果军队没有严格的组织纪律，就会成为一盘散沙，那怎么能战胜敌人呢？毛主席说：我们这个军队之所以有力量，是因为所有参加这个军队的人，都具有自觉的纪律性。邱少云同志就是我们学习的榜样，他在战场上，敌人的燃烧弹烧着了他的衣服，可是他为了不暴露目标，宁愿烈火烧身也一动不动，一直坚持到最后牺牲……”

我听到这里，心里难过极了，哭了。指导员又说："只要认识到自己错了，今后改正就行了，哭什么？"

打那以后直到现在，我再没有违犯组织纪律和各种制度。

以上所述不难看出，雷锋刚入伍时也和成长中的青年一样，还有他不成熟的一面。但在解放军这所大学校里，首长一发现就给予善意的批评，正确引导。当他取得进步，获得成绩之时，又及时给予了表扬、鼓励，这便是雷锋成长为伟大的共产主义战士的基本保证。

获得了这种爱护的雷锋也在爱护着他的首长和战友，除了直言的批评、相劝之外，这位善于以笔记事的"儒兵"会毫无保留地将他的所见、所感铭书入册。

其一：

汽车司机×××同志，他对汽车上的分电盘的构造及原理、工作情形不大了解，前天出车，分电盘出了故障，他不问别人应该怎样调整，便自己乱整理，结果把分电盘搞坏了。应该听毛主席的话，不懂不装懂，虚心学习，不懂就问，一定要把问题真正弄明白，才能把事情办好。

其二：

有一天我们到地里劳动，有两个战士发生了争吵，五班长刚好走来，看到这种情况，没有了解究竟是什么原因争吵起来的，便狠一顿刮，把两个战士都训哭了。本来是一件小事，五班长没搞清楚，一批评反而把事情弄大了。由于他没了解情况就给人家扣大帽子，因此引起了很多人的反对。这件事给了我深刻的教育。毛主席教导我们："没有调查就没有发言权。"五班长没了解情况就批评和给人家扣大帽子，因此就出了乱子。

其三：

昨天晚饭后，我们开了一个班务会，讨论如何搞好生产问题。有个战士到地里种菜去了，谁也不知道，后来有人说他看电影去了，班长信以为真，他回来后狠一顿批评。那个战士很委屈，和班长顶了牛，说班长不了解情况乱批评。事情弄明白了，班长后悔地对那战士说："对不起，我错了。"

从这件小事就证明了没有调查研究，就去批评和指责别人，是要碰钉子的。

在雷锋负责地关注眼前的干部、战士不足之处的时候，首长和同志也在密切地关注着他的一举一动：他已经攀登到了高处，而人在高处不胜寒。

团副政委刘家乐同志撰文叙述：

……雷锋的事迹越来越突出，我感到有了压力，有时感到问题严重，产生了"怕"字，也感到责任重大。主要想的是一个青年人出了名，又住在城市，青年男女又都喜欢雷锋。雷锋毕竟是个年纪轻轻的人，还经常单独外出作报告，而且军队、地方都去。谁能保证他不发生任何问题呢？

我当时主要是怕出现两个问题：怕他骄傲，怕他谈情说爱。一旦发现这两个问题，就必须立即采取措施。因为骄傲了就使人落后；不注意影响，过早地谈起恋爱，不但军队中不允许，也容易影响斗志，难以挽救。所以我认为作为一个领导要想到这些，哪怕是想得严重一些，以防患于未然，这是我们历来的经验。为什么现代的一些英雄模范人物有的无声无息了？就是因为他们犯了错误。从总结历史上的经验教训来考虑这些问题，我以为是对的。

因此，我和政治处的有关同志进行了研究，确定采取一些措施，要求政治处宣传股和运输连设专人掌握雷锋的思想活动，发现问题及时汇报,并规定雷锋在必要时,可以直接向副政委汇报工作情况。经过接触和具体了解,雷锋在这几方面从未发生过什么问题。实践证明,他确实做到了严以律己,他的行为根本用不着领导担心。

虽然如此,我们仍坚持以正面谈话的方式进行教育,打“预防针”。在谈话中,有时运用说古道今的办法,讲我国古代的英雄豪杰:如三国时的吕布、周瑜的故事等等。可往往没等讲完,灵敏异常的雷锋马上领会了意思:“首长,我是一个新兵,有许多东西还不懂,不会有骄傲情绪的……”

从这里可以看出,树起一个典型,特别是这样的一个政治性的典型人物真不容易。

在他牺牲的十六天之前——一九六二年七月二十九日,这位不满二十二岁的时代英雄又写下了这样一篇日记:

今天指导员找我谈话。他说:“雷锋同志,你从三月份离开连队到下石碑山单独执行运输任务,工作很积极,政治责任心强,任务完成得很出色,安全行车四千多公里没发生事故,同时还给人民群众做了很多好事。这很好,要继续发扬……不过,现在有人反映,说你和一位女同志谈情说爱,是否有这回事呢?你好好谈谈。”

从内心往外说,我没有和哪个女同志谈情说爱。指导员提出这个问题,我感到莫名其妙,不知风从何起。首长经常教育我们,无论到什么地方,都要严格要求自己,不要违法乱纪。这些话,我永远也不能忘记,坚决不会明知故犯。

我想:自己年轻,正是增长知识的好时候,应该好好学习,好好工作,更好地为人民服务。我还这样想过:我是在党哺育下长大成人的,我的婚姻问题用不着自己着忙……

现在有同志说我谈情说爱,没有任何根据,完全是误解。我是个共产党员,对别人的反映和意见不能拒绝,哪怕只有百分之零点五的正确，也要虚心接受。现在有的同志还不了解我，冤枉了我，使我受点委屈。这也没什么，干革命就不怕受委屈。“没做亏心事，不怕鬼敲门”，我没有这回事，就不怕人家说。

“有则改之，无则加勉。”事情总是会清楚的，让组织考验我吧。

一个漂亮、潇洒、聪敏、超群、健康活泼、才华横溢、心胸宽阔、谦和谨慎、又机智勇敢的青年军人，如果真有了健康明丽的爱情，该是一件多么美好的事情啊!

但是，他是一位军人，正像电影《冰山上的来客》中的战士阿米尔一样，军纪还不允许他爱美丽的古兰丹木。

虽然我们可以形容，这位杰出的青年已在革命的熔炉中炼成了钢铁，但他还会有着一颗“人间烟火”养育的心，因而不会没有自己的所爱，或者被爱的感觉。在湘江西畔的家乡，这位十七八岁的小哥哥就已经拥有了朦胧的爱情。在炉火熊熊的钢都，他的所爱亦渐清晰。那都是可以的，但当双脚踏入军队“铁打的营盘”之后，他便不能再有那样的诗与梦了，他必须以一名铁血军人的钢硬拒绝爱情，维护既得的名誉，维护如铁的纪律。

正如美丽的“黄鹂鸟”王佩玲所言：雷锋个人修养中有着一个坚韧的“忍”字，为了事业，为了人民军队的荣誉，为了自己的“不辱使命”，他可以同“黄丽”断绝书信来往，可以和易秀珍怆然分手，不再回首一望。使人更加感动的是，这位没有父母的孤儿，已经把党和上级当做了自己的父母，他听从“父母”的教言，从不越一寸规矩，甚至把婚姻也交给了“父母”去办，“用不着自己着忙……”

在受到了委屈、冤枉之后，他没有气冲牛斗，更没有追诬查谣，而是凭着他深厚的人格的修养，“不做亏心事，不怕鬼叫门”。又想到自己是个共产党员，“对别人的反映和意见不能拒绝，哪怕只有百分之零点五的正确，也要虚心接受”。他认为“有的同志还不了解我，冤枉了我，使我受点委屈……”

他长远的目光，越过军营的围墙和那连绵的辽阔群山，直向青天。

他相信同志们会有了解他的一天，时光似水，岁月悠悠，有什么事情弄不明白？“‘有则改之，无则加勉’。事情总是会清楚的，让组织考验我吧。”他并不知道他会在十六天后的一个晴朗的上午，倒在那辆心爱的嘎斯汽车旁，永远地离开了他的首长和同志，包括那位反映他“谈爱”的战友。

一个众所周知的问题便是雷锋的好读书、好学习的优良作风，他学习毛著，学习汽车驾驶理论，学习文化知识，读小说、诗歌和文学作品。有了这样的学习，他的思想觉悟和文化知识同步增长起来。团副政委刘家乐回忆说：

听到了新兵雷锋积极参军、刻苦学习、勤俭节约，和在望城、鞍钢、弓长岭荣获“红旗手”与“先进工作者”的事迹，他向运输连高士祥指导员提出：“我要去认识一下雷锋。”

他和高士祥走出连部来到了二排，全排住一所大房子，睡上、下两层统铺。士兵们有的在洗漱，有的在嬉闹，有的在休息，唯独雷锋端坐在床上看书。高指导员指着他向我介绍：“这就是雷锋，这是刘主任。”

雷锋站起来敬礼，我还没坐下，雷锋就打开《毛泽东选集》，手指了一段问我：“首长，这段应当怎样领会？”我一看他指的是《实践论》的理性认识依赖感性认识的问题，就问雷锋道：“你是怎么领会的？”

雷锋答：“一切理论都要经过实践，没有实践的理论是空头理论。”

我说：“你学得不错，我们要共同学习《矛盾论》和《实践论》，这是毛主席的经典著作，我们都要很好地学习。”

雷锋说：“请首长多指示。”

他和团首长讨论学习毛著的心得，可说是艺高人胆大。自从跟着张兴玉书记学习毛著，至此他已有几年的历史。在一九六〇年三月×日的日记中，他写下了学习心得和体会：

我学习了毛主席著作以后，从学和讲的过程中，懂得了不少道理，脑子里豁亮，越干越有劲，总觉得这股劲儿永远也使不尽。

我为群众尽了一点自己应尽的义务，党却给了我极大的荣誉，去年被评为先进生产者，并出席了鞍钢的青年建设积极分子大会，这完全是由于党的培养，是由于毛主席思想给了我无穷的力量，是由于广大群众支持的结果。我要永远地记住：

一滴水只有放进大海里才能永远不干，一个人只有当他把自己和集体事业融合一起的时候才能有力量。

力量从团结来，智慧从劳动来，

行动从思想来，荣誉从集体来。

我要永远戒骄戒躁，不断前进。

一九六〇年六月五日，他的日记是这样告诫自己的：

要记住：

在工作上，要向积极性最高的同志看齐，在生活上，要向水平最低的同志看齐。

连文化教员苏永国回忆雷锋的学习精神也有如下描述：

雷锋给我印象最深的是他对文化学习孜孜以求的不懈精神。当时，我作为一九五八年入伍兵中文化程度较高的战士，被抽去为雷锋那批战友讲文化课。课堂上，他认真听讲，一丝不苟地做笔记，成绩特别突出。学习好又不忘学习落后的战友；有一位和他同班的战士，学习成绩倒数第一，上文化课时，不是睡觉，就是看小说、小人书。雷锋主动接近他，为他补课，千方百计地启发他学习的积极性。他没有钢笔，雷锋为他买来。没有本子，雷锋把自己的本子给他用。但他是个随便惯了的人,钢笔动不动就没了,雷锋不知为他买了多少支。

在雷锋的真诚影响下,他终于"钻"进去了,在一次语文考试中,居然得了个满分,乐得他直蹦。他最头疼的加减乘除、珠算课,也都是在雷锋的帮助下解决的。

乐于助人是雷锋的美德,他集体观念强,在集体的荣誉中,他不愿让一人掉队,并用现身说法来影响周围的一切。

在雷锋一九六〇年六月×日的一篇日记中,他以内心的独白诠释了这些做法的意义:

单丝不成线,独木不成林。一个人是办不了大事的,群众的事一定要发动群众,依靠群众来办……我一定虚心向群众学习,永远做群众的小学生。只有这样,才能做好工作,才能不断进步。

我深切地感到:当你和群众交上了知心朋友,受到群众的拥护,这样会给你带来无穷的力量,再大的困难也能克服,无论在什么艰苦的环境中,都会使你感到温暖和幸福。

在刚开始学习汽车驾驶训练期间,雷锋由于经常外出作报告,耽误了不少驾驶时间,他的驾驶技术甚至低于其他同志。为了很快地赶上课程,他夜以继日、废寝忘食地学习。有一次,庞春学与雷锋一起外出,果然见到他站在驾驶员背后,细察驾驶中的每一个细微的动作。

他驾驶的汽车,是整个运输连技术状况最差的车。该车是抗美援朝时期苏联卖给我国的"嘎斯51"型汽车,已有十余年历史,并参加过抗美援朝战争,虽然经过了多次大修,但各部机件磨损严重,是全连有名的"耗油大王"。

当时连队正开展"节油活动",哪个排,哪个班也不愿要"耗油大王"。雷锋主动向连首长请示:他开这台车。他再三请求,连首长也考虑到,只有把这样的车交给最负责任的人了。雷锋为了保养好这台车,不知牺牲了多少个节假日和工余时间。功夫不负有心人,这台破旧的“老爷车”逐渐焕发了青春。

他为了节省汽油,煞费苦心,在保证安全的前提下,充分利用了汽车行驶中的惯性、滑行节省汽油。在启动汽车时,起步之前不轰大油门。保养汽车时,不用汽油清洗机件。真是省了汽油,耗了心血,他自己觉得十分值得。能够体现这种“值得”的标志,是这辆全连皆知的“耗油大王”变成了使全连惊讶的“节油标兵车”。

同班战友于泉阳回忆:雷锋“挤”时间真是“挤”出了窍门儿,平时连队组织看电影,在开演前的几分钟,他打开随身携带的挎包,拿出“毛选”阅读。不管嘈杂声有多响,他都能把心浸入书中,不受干扰。连队晚间熄灯,他就找有灯的地方:路灯下,门灯旁,甚至厕所近处。工棚、司务长宿舍、文书办公室是他的最佳去处。

有一天晚上,于泉阳站十一至十二点的岗。下岗经过司务长房间,发现室内灯还亮着,先以为是司务长有事加班,便从窗户看了一眼,竟见是雷锋正聚精会神地读“毛选”,还不时用笔写下什么。于泉阳进屋唤道:“班长,现在都几点了?还不睡觉?明天还得出车哪!”

他兴致勃勃地回答道:“我又把《为人民服务》这篇文章看了几遍,写了不少心得体会。准备明天晚上给全班做辅导。你先回去睡吧!我一会就回去。”于泉阳见他还不回去,心里不悦,后来说:“我先走了,你要快一点啊!”

但是,他没有“快一点”。他学到几点回去,没有人知道。第二天照样出车。于泉阳被深深地感动了,也端正了学习态度,偷偷地跑到了新华书店,买来了毛主席著作单行本,自觉地学习起来。

于泉阳和雷锋是一对很好的战友,曾任“雷锋生前所在班”第三任班长,后来成为该团副团长。他亲眼看见了雷锋所写的关于学习毛著的这一篇日记:“毛主席著作对我来说,好比粮食、武器、方向盘。人不吃饭不行,打仗没有武器不行,开车没有方向盘不行……”

雷锋还说过:“对马列主义毛泽东思想学得越好,思想越开朗,胸怀越广阔,立场越坚定,理想也就越远大……”他又动情地说过:“我学习《毛泽东选集》一、二、三、四卷以后，懂得了为谁活着，活着的伟大意义，我明确了一个人活着就应该是使别人过得更美好……”

一九六一年的冬季训练时，连首长提出了“练三九、战三九”的口号。雷锋的学习所获有了实践的机会：在零下二十五摄氏度的低温下保养汽车，其苦万端。他的车需要三级保养，他和助手把车开到保养台上，进行检查、紧定、注油、调整、换环、紧瓦等保修工作。那一天，他从上午八点一直干到了下午四点多钟，冻得脸青紫、手背红肿，也不愿停下来，直到全部保养完毕。

在练习射击的时候，他自制了一个靶子，插在操场的一边，一有时间就趴在地上练习瞄准，两三个小时不动。为了增加自己的臂力，他练习托起砖头，有时还把砖头吊在枪筒上，练习立势射击技术。由于长时间的苦练，他的臂力增强了，握枪很稳，在每次实弹射击时都取得了优异成绩。

在国庆节的前一天晚上，班长雷锋召开了班务会议，他提出在这个节日里不休息，找一些好事去做。在热烈的讨论中，他们安排了两名同志洗净全班的床单，然后再去伙房里帮厨，其他同志要在他的率领下去瓢儿屯火车站打扫卫生。

在国庆节的早晨，他们肩扛着清扫工具，步伐整齐地来到了火车站上。雷锋向站长报告了意图，得到了欢迎。接着他给同志们讲道：“今天我们放弃休息，是为了过一个有意义的国庆节。在义务劳动中，我们要遵守纪律。为人民办好事，是为了使人民更加热爱党、热爱人民的军队，从而加强军民团结。所以我们要干好，务必注意安全，打扫干净彻底，爱护一草一木，不损坏车站的东西。借车站的东西用后就还……”

在紧张有序的劳动中，候车的人们议论纷纷，赞语不断：“到底是人民的子弟兵”，“节假日也不休息，全是为了人民啊……”

从早八点一直干到十一点半，把车站的室内、室外，周围环境，站前环境打扫得干净明亮。一切就绪了，刚要收兵回营，一列客车恰巧进站，雷锋命令战士们帮助维持秩序，照顾旅客。他们有的扶老携幼，帮提行李；有的帮助检票，指路向导。雷锋搀扶着一位老人，背着老人的包袱慢慢走出了检票口,把老人和包袱交给了接站的亲人。老人和他的亲人一再致谢,直夸解放军好、毛主席的兵好。

冰天雪地的严冬里,雷锋班接受了一项山区运输任务,山高路陡,险情处处。车辆越过一段山路之后,一道江岔子拦住了去路,别说是汽车,就连牛羊也难通过。雷锋找来了当地的老乡,指点了通行道路,从干河套中闯了过去。没走多久,又一段积着厚厚冰雪的山阴路出现在面前。雷锋试探着开车,几次都没能过去。他从车窗往外一看,被车旁的险情吓出了一身冷汗:因为在这样的险境中,稍有不慎就会车毁人亡。

雷锋召集了大家,仔细商量对策,他们研究采取安装防滑链、刨平冰雪、铺垫蒿草的措施通过险区。经过一阵紧张的战斗,雷锋率先跳上汽车,大胆地加大了油门,一个猛冲,过了冰坡。后续的同志仿效雷锋的办法,也驾车一一冲了过去。他们带着浑身的汗水,又在崎岖的山路上继续前进了。

一九六一年的春天,雷锋驾车从抚顺到营口执行任务,车过苏家屯,突然发现汽车转向支臂折断,方向盘顿时失灵,无法行驶。他急忙搭车返回了沈阳, 直接去找关心他的沈阳军区工程兵主任王良太,一位早在一九五五年就被授予少将军衔的老将军。因为头脑清醒的雷锋知道:他驾驶的苏式"嘎斯"车已属被淘汰的车型,这种配件已经很难买到,只有找到王主任才有希望。王将军一看是雷锋找上门来,有求必应,先是找了军委工兵器材基地,未果。即又找到了军区后勤部,才搞到了这种转向支臂。雷锋向老将军千恩万谢,回车换上了配件,又驱车上路。

据老将军撰文回忆:雷锋和各级首长的关系都十分融洽,首长们信任他,有事就叫他出主意。一九六一年,全国经济出现困难,农村生活更是艰难。辽阳、鞍山籍战士的家属纷纷来到了部队,又吃又住,给部队造成了很大的压力。吕清政委找来了雷锋,问其解决之策,雷锋献策道:发动所有辽阳、鞍山籍的同志写家信,鼓励家乡亲人要有克服困难的精神,搞好生产自救,不误春耕,度过艰难时期,不要给部队增加负担。部队采纳了雷锋的建议,效果很是明显。

同年六月,雷锋升任四班班长。他是个直性人,对缺点多的同志批评得多,有时方法不当,事与愿违,给自己带来了苦恼。他在班务会上批评了有缺点的高奎云,高奎云卧床不起。雷锋沉不住气了,向虞仁昌连长汇报,请连长唤高起床。连长说:“我是能叫他起床的,但以后你和他的团结问题怎么办?”他告诉雷锋不要性急,拿《连队管理教育工作条例》“三十条”对照一下,找高奎云征求意见,检查自己的不足之处。雷锋立即照办,两人很快消除了隔阂,重归于好。

王良太将军还道出了一段鲜为人知的事件,使我们悟到了做“典型”人物的不易:

一九六一至一九六二年,部队在培育雷锋的工作上没有出现什么问题,绝大多数的同志对雷锋心悦诚服,并真心实意地学习。这位老主任说:一九六一年底调吴海山同志出任二〇一部队参谋长(副师职),工兵十团换了新的行政领导后,给培养雷锋的工作带来了不利的影响,他们对雷锋这个典型缺乏全面的认识,有人片面反映雷锋的驾驶技术不好,耗油多,还损坏汽车零件,他们专找雷锋的“岔”,曾几次三番要将雷锋调离运输连。韩万金同志为此专门派人调查了解情况,据理批驳他们对雷锋的不正确指责。尽管如此,这一时期还是使培养雷锋的工作受到了影响。团里其他方面的工作也连续出了一些漏子。这件事提醒了我们,一个独立团的主要领导干部的思想、作风,对一个重大典型的成长、发展,有着多么直接的关系!

在这种情况下,党委于一九六二年八月研究:鉴于二〇一部队已于七月撤销,决定重新调吴海山回工兵十团任团长。我同吴海山同志做了一次详谈,鼓励他发扬成绩,保持荣誉,再次同韩万金合作,团结好“一班人”,把雷锋的旗帜举高!他对雷锋有感情,意识到自己责任的重大,对这次降职调动毫无怨言,愉快地服从了分配。可惜就在他即将到任时,雷锋同志不幸牺牲了……

过去，我们谁也不知道在部队中曾有过否定雷锋的现象，因为这太不可思议，正像把王杰扑向炸弹粉身碎骨的英雄行为当初要当“事故”上报，正像宣传焦裕禄之初有人怒喝“宣传兰考几个人合穿一条裤子”一样，不正确的思想意识驱使一些人眼睛发绿，可以把白说成黑，把美玉说成丑石。

雷锋入伍之初，薛三元是他的班长。雷锋升任班长之后，他又成了雷锋的排长，他的回忆堪称史实权威：“……汽车训练场上，雷锋在车上、车下，熟练地检查车体每一处可能出现的故障，一遍又一遍地练习操作、驾驶。结业考试他获得了优秀，被战友推选为技术学习小组长，评为“五级驾驶员”、“二级技术能手”。后来，他当上了班长，率领全班多次完成上级交给的艰巨的运输任务，被评为“出车安全先进班”……

诸多的称号、荣誉，怎么又成了“技术不好，损坏零件，耗油量大……”竟至发展到要逐出运输连呢？

所幸，沈阳军区工程兵主任王良太等首长心明如镜，他们认识到工兵十团的领导成员出了问题，而不是雷锋变得落后了。他们及时地召开了党委会议，将吴海山从副师职职位下调回工兵十团，为保护、培养雷锋再挑重担。这位“对雷锋有感情”的老团长毫不犹豫地领令前往，那一天是一九六二年八月八日，再过一个星期便是雷锋牺牲的日子。命运安排他把雷锋接入了工兵十团，命运又规定他送走了他培养起来的雷锋，并且为宣传这位英雄奠定了基础。

然而这位生在旧社会长在红旗下的普通战士没有一丝怨言，也没有半点不满。这个受够了罪的孤儿，有党的疼爱已经够了，一些小小的委屈，甚至是冤枉，他从不放在心上。他时刻铭记的皆是党的恩情。在他的诗思成熟、灵感勃发的那一天夜晚，他又写下了一首文情并茂的诗：

棉暖不如皮，
糖甜不如蜜。

爹娘恩情深，
比不上毛主席。

在一九六〇年一月十八日日记中雷锋摘抄了姚晓舟创作的一首诗，《雷锋日记》发表后，作曲家朱践耳将其谱成山歌风味的独唱曲，这首歌感动得几亿中国人泪流满面：

唱支山歌给党听，
我把党来比母亲。
母亲只生我的身，
党的光辉照我心。
旧社会鞭子抽我身，
母亲只会泪淋淋。
共产党号召我闹革命，
夺过鞭子揍敌人……

在这样的歌声中，人们深刻地理解了雷锋，理解了他不忘阶级苦的可贵，也理解了他以苦为乐的历史根源。在有苦有乐、大苦大乐的年华中，他的歌唱给党，唱给生养他的人民听。

第十章

少先队的“大朋友”

在雷锋闪光的足迹中，他对青少年的关怀、帮助和培养，是一个很重要的组成部分。从一九六〇年十月十日起，他应聘担任了抚顺市望花区建设街小学(现雷锋小学)校外辅导员。一九六一年四月，又应聘兼任望花区本溪路小学(现雷锋中学)校外大队辅导员及该校五〇四中队校外辅导员。自那时起，他便成为孩子们的良师益友。

十月十日这一天，是抚顺市望花区建设街小学的师生最难忘却的日子。该校在抚顺矿务局机修厂俱乐部召开了聘请校外辅导员大会。雷锋和他的战友于泉阳、刘春元、苏永国等身穿整洁的军装，英气勃勃地走入会场。会场响起雷鸣般的掌声。当少先队员为他们系上了鲜艳的红领巾时，雷锋眼含泪花，无比激动地说：

> 各位校领导，老师们，少年朋友们：四年前，我刚刚摘下了红领巾，今天，我又系上了红领巾，做你们的校外辅导员，做你们的大朋友，我从心里感到高兴！今后我们要多联系，常来往，共同学习，互相帮助……永远保持红领巾的鲜红颜色，沿着党指引的道路前进，做无产阶级革命事业的接班人……

在这次大会上，他作了忆苦思甜的报告，所有的老师和孩子都眼含着热泪，听着这位解放军战士讲他的家史、苦难史。从那一刻开始，他们就在心中承认了这位“大朋友”，并且愿意听他的一切教导。

原建设街小学少先队大队辅导员赵桂珍回忆道：……第二天，雷锋就来到了学校，看了赵桂珍所定的少先队“活动计划”，他希望赵桂珍把计划修改得更具体，并且提出补充两项活动内容：第一在孩子们中间开展“三件宝”活动。

第一件宝就是“储蓄箱”。让孩子把父母给的零花钱攒起来，半年或一年后还给孩子，零钱变成整钱，做一些有用的事，培养孩子勤俭节约、艰苦朴素的优秀品质。

第二件宝是设立“聚宝盆”——节约箱。把学生们在路上捡到的旧钉子、螺丝帽、铅笔头、小橡皮放入“聚宝盆”之中，专用于修理桌椅，教育他们爱护公物的好习惯。

第三件宝是“针线包”。学生的衣服破了自己补，扣子掉了自己钉。

第二是他们校外辅导员准备给学生办一个小图书馆，用他们的津贴买毛主席的书和一些英雄故事书，以便同学们自小就读毛主席著作，向英雄人物学习，做毛主席的好孩子。

几天之后，这些事情全部办齐，孩子们在小图书馆里围住了雷锋，问他问题，请他讲故事。“聚宝盆”里宝贝多，许多东西还可以使用。小小的孩子也学会了钉扣子、缝衣服。他开始手把手教孩子们写钢笔字，做算术题，打算盘，还和教师们一同家访。一九六一年一月间，他离开了抚顺，到各部队去作报告，还给孩子们写来了一封信：

亲爱的少先队员同学和全体少年朋友们：

我于本月初，离开了抚顺来到军区，因为时间紧迫没来得及向小朋友告别，请小朋友多加原谅。我很想你们，但我的工作很忙，又不能马上回去看你们，因我要先后到大连、营口、辽阳、哈尔滨等地去作报告，等我回来的时候要拿我的工作成绩见你们，你们也要拿优秀的学习成绩向党汇报，咱们要比一比，看谁的成绩最大。小朋友们，你们要好好学习，天天向上，听党的话，做毛主席的好孩子。最后祝全体少先队员同学们、全体小朋友们学习进步！生活愉快！身体健康！

大朋友——雷锋

一九六一年五月初，学校要修一个围墙和花池，雷锋和他的战友从钢厂建筑工地捡来五车碎砖头，送到了校园里。孩子们在他的影响下，一放学就去捡砖头，仅仅三天的时间，所用的砖头全部凑齐，给建校活动作出了很大的贡献。

在那一段时间内，这位年轻的解放军战士又捡起了他的旧营生，背上粪筐去拾粪。当时的学校离郊区不远，他背上粪筐讲起了故事，身后跟了一大群听故事的孩子，全背着小粪筐，好大的一支拾粪的队伍，有男孩，也有女孩。他们都从这位解放军辅导员的教导中得知了“没有大粪臭，就没有五谷香”的道理。还知道北京有一个名叫时传祥的淘粪工人，受到了国家主席刘少奇的亲切接见。他们觉得这支队伍很威风，自己也很光荣。

他们背着臭臭的粪筐，却唱着动人的歌子，引得许多的行人都驻足观看这支解放军率领的队伍。

在“少年之家”里，成群的孩子们缠着他，叫他讲黄继光、董存瑞、刘胡兰、邱少云的故事。《解放军画报》社的记者恰巧追踪采访雷锋，于是拍了合影照片。正围在他身边的同学有五年级的李文斌，四年级的孙桂琴，三年级的何文鲁、滕月明，二年级的余虹，一年级的宋维芝、马建成。何文鲁被雷锋叔叔搂在了怀中，幸福无比，激动无比。一九九六年六月十四日，我在抚顺“雷锋纪念馆”采访了这位如今的钢厂办公室副主任、抚顺市“学雷锋标兵”。他是一个敦厚热诚的人，言语温和，极有分寸。

他记得雷锋那活泼和蔼的样子，不笑不说话，说起话来带有好听的湖南口音，惹人喜爱。何文鲁是个学习成绩优秀、爱劳动的学生，雷锋很喜欢他。

何文鲁还记得那张像是一个名叫张峻的记者照的，这位记者曾为雷锋拍摄过珍贵的照片。这一张照片，何文鲁至今珍藏着，亦见诸许多报刊。他后悔为雷锋叔叔留下的照片太少，那一次，还照了雷锋为“少年之家”的捐赠图书和毛主席像的照片，却没有拍摄使他们最难忘怀、最感快乐的"丢疙瘩"。

"丢疙瘩"是一种集体游戏:一班人面里坐成圆圈儿,由一人拿手绢绕外围跑,不动声色地将手绢丢在一人的背后,如不及时发现,让"丢疙瘩者"跑够一圈儿捉住,就要罚唱一首歌。雷锋是机敏人,背后有"眼",却仍被一位聪明女生捉住,只得站到圆圈儿中间,朗声唱了一支歌。

何文鲁回忆说:"自从雷锋当了他们的辅导员之后,老有人来照相。雷锋照相不听记者摆布,无拘无束,很"上镜"。他是一个很爱照相的人,又年轻又潇洒,哪一张照片都好看。

曾在一九九二年和一九九三年两次发明了新技术,并取得国家"专利证书"的王文阁,则称誉雷锋是他"科学技术发明的启迪老师"。

王文阁回忆:雷锋在送给他这个"特困学生"四个作业本、一打铅笔之后,又从自己的背包中拿出了一套《十万个为什么》,并深情地告诉他:"这套科学丛书是我特意为你买的,拿回去一定要结合学习用心地看,这套书中都是科学知识,对你定有很大的帮助。"

小小的王文阁在激动中眼泪直流,一连声地说道:"雷叔叔,谢谢您,谢谢您!"雷锋用手指着王文阁左臂上的"两道杠"说:"你已经用行动谢过我了,希望你能成为对国家有贡献的人才……"

在《十万个为什么》的扉页上,王文阁读到了雷锋的赠言:"……愿你插上幻想的翅膀,去探索大自然的奥秘,长大成为一名科学家。"有幸的是,王文阁真的成为了一名学有所成的科学家,雷锋于九泉之下亦当含笑了。

有两个调皮学生非常难办,其一叫田宝成,其二叫马学友,都不守纪律,上课时不听讲,下课常常打架骂人,老师多次帮助他们,收效不大。雷锋多次找他们谈心:从谈自己的家史开始,又谈起两名学生的家庭情况,叫学生看他手上的伤疤。两名同学先是认真地听,而后流下了眼泪。从此后,他们开始遵守纪律,学习成绩也有了进步,使整个班级情况有了好转,同学和老师异口同声赞扬雷锋辅导有方。

在该校的辅导活动中,雷锋很注意辅导方法,做到了"百人百事百办法”,就是安排少先队的文体活动,也要做到实事求是,客观选择。一九六二年六一儿童节之前,区团委组织文艺演出活动,该校必须出一个大合唱和几个舞蹈节目。学校请来雷辅导员,帮助指挥排练。雷锋是这方面的“老资格”,一审查节目单,就看出了问题:那个具有新疆特色的舞蹈节目“亚克西”难度很大,小学生演不了。于是提议:小学生要演小孩子的舞蹈,“亚克西”适合中学生,应当改排。于是他们改排了舞蹈《小燕子》。

这位辅导员还是一位调解纠纷的能手,据当年的望花区本溪路小学的班主任喻惠珍回忆:她的班中有一个少先队中队长陈雅娟,另一个中队委员邹静坤,是一对好朋友。有一次邹委员搞坏了陈队长的钢笔,雅娟生了气,从此谁也不再理谁,好友反目。

这一问题被雷锋看在了眼里,于是和喻老师定了个“妙计”。正是开春时节,喻老师把二位女同学找到了一起,交代说:“今天中队种菜,你两人到雷辅导员那儿去借粪勺,淘粪上底肥!”

两人各行其道,找到雷辅导员,见面却无话,互相等着对方说。雷锋拿出了粪勺,两人谁也不接。雷锋放下粪勺,招呼两人坐下,开门见山地说:“现在你们都小,正是学习的好时候,要搞好团结。只有团结了,才会学习好,工作好,何况你们都是中队干部呢?团结就是力量!听说你们俩为了钢笔的事儿,闹了不团结,是不是有这回事?”

两位女同学难为情地低下了头,雷锋笑着说:“看你们俩吧!由于闹了意见,连个粪勺子都取不回去,干大事不更难了?”

一番话说得两位原来的好友哭了起来。雷锋说:“不要难过了,知错就改嘛!这才是好学生,请你俩伸出友谊的手,重新握起来吧!”

两个人同时愣了一下,又同时伸出了小手,紧紧地握在一起,破涕为笑了。那支钢笔造成的怨结,在这一笑中化为乌有。虽然脸上还挂着泪花,心中却十分轻松,高高兴兴地拾起了粪勺,从军营到学校一溜小跑。

这样的小故事很多,雷锋都能从小处入手,精心调理。有一次上课时间,一名女同学趴在桌子上画老师,下课铃一响,同桌的男同学抢过了画,一下子贴到了黑板上,扩大宣传。学生都来凑这场热闹,七嘴八舌,评论热烈。雷锋知道了这件事,找到了这位女同学,首先以和蔼的语调,鼓励她好好练画,将来当一个大画家。然后,他又问在课堂上画老师对不对?

他对着围在身旁的学生说:"你们年龄小,淘气,好动,课堂上搞了点小动作是可以理解的,但你们应当尊敬自己的老师。老师为你们备课、讲课、批改作业、辅导学习,非常辛苦,你们这样做,会使老师难过……这一生我最爱的就是我们的党,最尊敬的就是我的老师……"一席话出自他们敬佩的辅导员之口,深深地打动了孩子们的心。

孩子就是孩子,不管男孩女孩,都有调皮、淘气的一面。当时的五年级四班的中队长、女同学王宗慧讲了这么一件事:

雷锋经常给少先队的干部讲,要帮助淘气的同学共同进步,不能让一个同学掉队。有一天下午,一个女同学鼓着腮含一口水,吐在一名男同学的后背上,正巧被王宗慧看见。王宗慧怕她再吐别的同学,当即喊住了她,批评她这样是不尊重同学。她顺口顶道:"你管不着!"王宗慧接了一句:"你太不像话了!"

班主任老师走过来,并不知事情缘由,却厉声喝道:"都进教室!"正巧上课铃响了,同学们坐好听讲。班主任对全班同学宣布:"王宗慧作为中队长,和同学在走廊里吵架,停止她一个星期的中队长工作!"

当时的王宗慧很委屈,站起来想辩解一下,老师却一声断喝:"坐下!"王宗慧被吓住了。放学后,她跑到了雷锋连队,一见雷锋就哭开了,一口气道出了自己的冤屈。雷锋说:"作为中队长,应该帮助同学改正缺点,可也应该注意工作方法。她已经把水吐完了,你要是说找她有事,引开她好好谈,就不会吵架了,我相信她会认错的。我说得有道理吗?"

王宗慧无言地点点头,心中仍未十分透亮,但雷锋的话还在讲下去:"我也有被别人误解的时候,当时心里很委屈。过后想想毛主席说'有则改之,无则加勉',就不再感到委屈了。"

王宗慧不懂毛主席的这句话,便问是什么意思,雷锋解释道:"做错了事就要改正，如果没有做错事，别人错怪了你，也可以提醒自己以后不再做这样的错事，这回懂了吧？”

王宗慧说：“懂了。”雷锋说：“那就别生气了，受委屈也是一次小考验嘛！”

她又一次点了头，觉得自己懂事了许多。但心中仍在隐约地想道：要是班主任不误解该有多好啊！第二天放午学前，老师在全班同学面前检查了错怪她的事，又恢复了她的中队长工作，并对中队委员说：“要向中队长学习，主动帮助同学改正缺点。”老师这样一说，王宗慧又有些不好意思了。原来雷锋在她的面前劝导了她，又立即来到学校找了班主任。在学生面前，他维护教师的威信。在老师面前，他提醒其消除误解，保护同学的积极性，真是两全其美。放学之后，中队长王宗慧主动地问老师道：“老师，生我的气吗？”老师面对这位乖巧的学生心花怒放，朗声答道：“不生气，是你们的辅导员雷锋同志提醒了我，你原谅老师吧！”

有这样宽厚、和蔼、平易近人、知心知情的辅导员在学校里，那种吸引力是不言而喻的。不管是一年级的小同学，还是六年级的大同学，都抽个空儿围到这位小叔叔的身边，问这问那，说东讲西。要求最为集中的，当然是讲故事。雷锋的故事很多，有打仗的，抓特务的，毛主席小时候的故事，名人爱学习的故事。他还有的放矢地讲过一些自己经历的事，其中的一个，就是讲了自己“吃锅巴”的故事，意在告诉同学们他也犯过错误，也有时认不清错误，产生过抵触情绪：

有一天连里开饭，雷锋看见炊事班的饭盆里有很多焦黄的锅巴。生于南方的小青年，天生爱吃大米，一见喷香的锅巴，忍不住拿起一小块，当点心吃起来。炊事员刘太顺半真半假地说：“自觉点啊！”在大庭广众之下，为了一口锅巴讲这话，雷锋受不了，赌气把锅巴扔回饭盆，走了出去。

恰巧通讯员送来一张报纸，雷锋一眼看见了报上的毛主席语录：“因为我们是为人民服务的，所以，我们如果有缺点，就不怕别人批评指出。不管是什么人，谁向我们指出都行。只要你说得对，我们就改正。”

他一口气把这条语录读了十多遍，越读越感到自己不对，越读越觉得毛主席的话好像专门对他说的，也就越来越后悔和炊事员赌气的事。于是自问道：“你多不虚心呀！人家批评重一点，你就受不了啦！”想来想去，还是硬着头皮跑到炊事班，承认了自己拿锅巴吃不对，并检查了自己的缺点。炊事员感动地说：“你对自己要求这么严，真是好同志……”

儿童大都是馋嘴猫，这个故事对于他们的教育非常适合。他们眼神儿愣愣地听着，从内心里回想着，对比着自己的星星点点。

一九六一年春节，运输连要搞一次联欢晚会，邀请部分少先队员参加。晚会在部队营房举行，外面是寒冷的冬天，营房内却春意盎然。房内的椅子、凳子、炕上都坐满了少先队员。开始演出的时候，演员不化妆，也没有乐器，战士们拿出了脸盆、水壶、茶缸敲敲打打，充作打击乐器，甚是热闹。第一节目是解放军的合唱，威武雄壮：

向前向前向前，
我们的队伍向太阳。
脚踏着祖国的大地，
背负着民族的希望，
我们是一支不可战胜的力量。
……

雷锋站在歌唱的队伍中，昂首挺胸，目光炯炯。少先队员们先是小声随唱，后来声音渐高，人多势众，变成了童声合唱。解放军叔叔笑了，孩子们也笑，真像一家人一样。接下来的节目有独唱，有对唱，还有笛子独奏。吹笛子的小兵叔叔个头儿不高，可吹出的笛声像鸟鸣，引得很多小同学后来都学吹笛子。

少先队的节目登台了：《小燕子》、《红公鸡咯咯咯》，有合唱，有舞

蹈。学生的拉拉队很强大,高声喊“辅导员,来一个”! 雷锋就站到了场中央,唱了一段湖南味极浓的民歌:

桃树开花叶儿青,
莫说好仔不当兵。
当兵才算是好仔,
好铁才能打好钉。

众人拍手叫好,纷纷叫喊“再来一个”,雷锋说:“少先队员替我唱一曲。”于是就出来了邹静坤,她唱的是《洪湖赤卫队》插曲:

手拿碟儿敲起来,
小曲好唱口难开。
声声唱不尽人间的苦,
先生老总听开怀……

这是一支忧伤的歌。大家突然发现,雷锋先是凝神听歌,而后就红了眼睛。后来老师和同学议论,她们不该唱这支歌,勾起了雷锋对他家史的回忆。几个孩子看见雷叔叔要哭时,禁不住先哭了。

回忆雷锋做辅导员的故事还有好多, 在他辅导的少先队员中,好多人都成了学有所成的栋梁人物,时至今日他们每时每刻都在怀念这位小兵叔叔——这位少先队的“大朋友”。

第十一章

峥嵘岁月

在大苦大乐的旋涡中，雷锋也在步入他短短生命史中的峥嵘岁月。当年，运输连指导员、雷锋的入党介绍人高士祥回忆说："当时的副连长虞仁昌为新兵点名时，一看有个新兵个子特矮，立即提意见，问小个子能学开车吗？"军务参谋戴明章说："这个兵分给你们连就偷着乐吧！别看他个子小，思想觉悟可是高啊！以后就知道满意啦！"

以后，那就是令他们"偷着乐"的情节了，不仅是乐，而且是惊喜和感佩。按不成文的规矩讲：新兵入伍的第一年不发展入党，可是这位大胆的小伙子一入伍就递交了入党申请书。高士祥找他谈话，给予鼓励，并送给他一本《党章》，一本《论共产党员的修养》。运输连党支部公认他是棵好苗子，一直重视对他的培养和教育，第一次支委会讨论研究决定：一九六〇年上半年发展雷锋入党。

但是，当时有的支委提出，群众对雷锋有反映，怀疑他是不是做样子给大家看，出风头，搞名堂。对此，支部做了认真的分析，一致认为雷锋出身好、热爱党、热爱社会主义，他在各个方面的突出表现，是实心实意的。但又考虑他入伍时间短、军龄短。准备再考验一段时间……

关于雷锋入党问题，工程兵主任王良太老将军亦有叙述："……这年六月底，团领导到运输连了解情况，提出应考虑吸收雷锋入党的问题，连支部讨论，有不同意见，认为考察时间短，又缺少政治审查材料(还是那个人为的问题)，如列入发展计划，可能会影响老兵中非党积极分子的情绪……"

高士祥回忆：为了提高他的威信，连首长经常在会上、黑板报上宣传他的先进思想和事迹。一九六〇年下半年，他的事迹就传开了，全团各连都来参观雷锋的“节约展览”——

在全团庆祝国庆节的大会上，首长叫雷锋写个讲话稿，大会发言。但他一讲就离开了稿子，感情真实，语言生动。从此，雷锋出了名，工程兵宣传部门也派人整理其事迹材料，邀请他先后去黑龙江、吉林省和旅顺基地的兄弟部队作“忆苦思甜”、“先进事迹”的报告。

由于他经常耽误业务技术训练时间，连领导研究决定：专派一台车，指定教员负责培养他。当时有些同志有了意见，认为这是对雷锋搞特殊，有偏向。因为按照常规，一个教员、一台车要培养训练多名战士，支部也不得不承认大家的意见有道理。党支部一方面对同志们解释突击训练雷锋的道理，另一方面找雷锋谈话，让他利用一切时间，采取一切措施，在短时间内，从技术上急起直追。

于是，雷锋和大家一起试制了那个“汽车模拟教练台”，夜以继日演练在教练台上，很快赶上了先进。根据这种情况，当年九月末支部第二次召开了会议，专门讨论了雷锋和其他两名同志的入党问题。五名支委一致同意，个别支委提出要到十月底或年底再发展，理由是：一、没有当年的政审材料，要调查；二、入伍时间短。高指导员是党支部书记，他和其他支委一致认为：政审问题应从实际出发，入伍前在鞍钢已有政审，雷锋是孤儿，有悲惨的家史；入伍时间虽短，但工作时间并不短。副书记还将雷锋与其他发展对象做了比较，多数同志认为：雷锋的思想表现突出，尤其是七八月份，先进事迹在军内外影响很大，有充足的条件加入党组织……

但是，据王良太将军撰文回忆：当发展雷锋入党的材料上报到团政治处，团机关也有人认为当年不能入党。韩万金政委知道之后表态：“只要条件具备，又有在地方参加工作的考验，可以不受入伍时间的限制。”于是，团政治处两次派人到湖南雷锋的家乡，调查了解他的家庭历史和社会关系，责成组织股股长赵玉瑞同志协同运输连党支部，抓紧做好对雷锋的培养工作。随后，运输连支委会第三次讨论，一致通过将雷锋列入第四季度的发展计划中。

一九六〇年十一月初，沈阳军区工程兵政治部在沈阳召开连队支部工作交流会。会议期间，工程兵组织处的同志问：雷锋的入党问题解决了没有？高士祥回答：同意吸收入党，还需要支部大会通过，后勤党委讨论批准。工程兵组织处的同志说：你们要抓紧批，军区准备召开首届共青团代表会议，指名雷锋为特邀代表，军区已经催要他的简历了，准备最近授予雷锋"模范共青团员"称号，上上下下都希望他能以党员身份出席军区团代会。既然支部已经通过，就应该快些召开支部大会讨论通过。党委就别拖了，批了就上报军区。

当时的团政治处副主任赵玉瑞就请示韩万金政委，问怎么办好？韩政委说："这好办，让高士祥同志赶快回去一趟，召开支部大会通过，而后把雷锋的入党志愿书带到沈阳来，团党委委员多数在这里，后勤党委书记、运输连支部书记也在这里，后勤党委来不及批，我们团党委批。"

赵玉瑞赞成这个意见，十一月八日中午，韩政委找到了高士祥同志："你下午回连队，争取今天开支部大会讨论，解决雷锋的入党问题，明天赶回沈阳。"

高士祥回到抚顺，把"入党志愿书"交给雷锋。雷锋一接过"志愿书"，心情激动万分，拿起笔就填写。填后念了一遍，觉得不理想，又向文书要了一份，心情平静了才填，又增加了申请书中没有的新内容。晚饭前召开了支委会，大家异口同声地同意雷锋入党，由高士祥、李超群两人做介绍人。晚饭后召开支部大会，二十四名党员到会十八名，一致通过雷锋入党，其余六名夜间执行任务，九日晨征求意见，全表示同意。高士祥在"入党介绍人"一栏中立即填写了"雷锋同志牢记我党宗旨，全心全意为人民服务，爱憎分明，有坚定的政治立场，我自愿介绍雷锋入党。"

九日上午十一时，高士祥赶回沈阳会场，午饭前把支部决议情况向韩政委做了汇报。韩政委指示他找技术营崔教导员，利用午饭后休息时间尽快召开营党委会讨论。营党委会及时通过了雷锋入党的决议，下午就通知了正在沈阳某中学作"忆苦思甜"报告的雷锋，叫他立即找到高指导员。

雷锋一进门就向指导员立正、敬礼、报告“我来了！”高士祥拿出了入党志愿书给他看，他的双眼立即凝在了志愿书上，呆呆地愣愣地不言不语。高指导员以严肃的口气告诉他：“雷锋，从现在起，你就是中国共产党党员了！”他“哇”的一声哭起来，双手哆哆嗦嗦地捧着那个志愿书，哽咽着断断续续地说：“我……终于是共产党员了……党，是我的生身父母……今后，我坚决听党的话！”

在场的几位指导员和教导员都被深深地感动了，崔教导员拉住了雷锋的手，语重心长地说：“雷锋，你已经是一名党员了，以后要更加谦虚谨慎，全心全意为人民服务！”

赵玉瑞找到了刚刚入党的雷锋，代表团党委向他祝贺。这时的雷锋正在沈阳有“忆苦思甜”的报告任务，住在工程兵机关，他穿了一身崭新的棉军装，神态严肃，是那种大激动之后的平静。听了赵副主任的贺词，他喃喃地答道：“团党委在沈阳开会批准我入党，是党委对我最大的关心和爱护。我入伍一年来，时时处处感到党的温暖、革命大家庭的温暖，对党有说不尽的话，感不尽的恩，可一时好像什么都说不出来了……”

综上所述，不难看出，雷锋被正式批准入党，是在团党委批准的十一月九日；但是，雷锋的入党志愿首先在“连支部大会”通过，并将志愿书拿到手中的时间仍是十一月八日。因此激动中的雷锋在那个不眠之夜里，写下了这样的日记：

一九六〇年十一月八日，是我永远不能忘记的日子。今天，我光荣地加入了伟大的中国共产党，实现了自己最崇高的理想。

我激动的心啊！一时一刻都没有平静。伟大的党啊！英明的毛主席！有了您，才有了我的新生命。我在九死一生的火坑中挣扎和盼望光明的时刻，您把我拯救出来，给我吃的、穿的，还送我上学念书。我念完了高小，戴上了红领巾，加入了光荣的共青团，参加了祖国的工业建设，又走上了保卫祖国的战斗岗位。在您的不断培养和教育下,使我从一个孤苦伶仃的穷孩子,成长为一个有一定知识和觉悟的共产党员。

伟大的党啊!您是我慈祥的母亲!我所有的一切都是属于您的,我要永远听您的话,在您的身下尽忠效力,永做您忠实的儿子。

今天我入了党,使我变得更加坚强,思想和眼界变得更加开阔和远大。我是一个共产党员,人民的勤务员。为了全人类的自由、解放、幸福,哪怕高山、大海、巨川,为了党和人民的事业,就是入火海、进刀山,我也心甘情愿,头断骨粉,身红心赤,永远不变。

在沈阳开会的团领导人回到抚顺驻地不几日,就收到了军区工程兵党委"关于授予雷锋同志模范共青团员称号的决定"文件。当时,全团已经完成了当年的施工任务,准备进行冬训了。在这个当口,团有关部门全力以赴地筹备、召开了"全团年终总结、立功授奖大会"。全团四十多人立功,立二等功的只有两个人,一个是雷锋,一个是一连老战士刘喜合。其他全是三等功。

十一月二十五日,赵玉瑞股长找雷锋谈话,让他准备十一月二十七日"全团授奖大会"上的发言,同时问他对立功授奖的认识。这位二十岁的青年军人侃侃而论:"功,功劳,功绩,劳苦为功,是光荣的标志。而光荣,是为人民革命事业作出贡献的表现,受到祖国和人民的赞扬和给予荣誉就是立功。"

这无疑是非常准确、简练而又富有辩证思想的回答。但是,赵玉瑞股长言之谆谆地告诫雷锋:对"功"要有正确的态度和正确的对待。如果处理不好,可能躺在功劳簿上,以功臣自居。一旦骄傲自满,就是落后的开始。如果认识正确,就能促使自己更加努力,再上一层楼。

二十七日的"授奖大会"是在矿山机械厂俱乐部召开的。颁奖时,雷锋第一个登台,从团长、政委手中同时领受了两张奖状——一张二等功奖,一张"模范共青团员"奖。四十多位立功者依次领罢奖状,雷锋依照大会程序,走近话筒,操着湖南口音的普通话不慌不忙地开始了发言：

敬爱的首长、亲爱的全体战友：

今天我感到非常荣幸，同时又感到十分惭愧。荣幸的是：我有了慈祥的母亲——伟大的中国共产党和英明的毛主席对我不断的培养教育，使我从一个穷孩子成长为一个有一定知识觉悟的光荣的共产党员，成了国家的主人，有了我说话的权利。惭愧的是：我为党为人民尽了一点点本身应尽的义务，党和人民却给了我这么大的荣誉。党给我的恩情太大了，我永远也报答不完。

在党的教育下，特别是经过认真学习毛主席著作，才使我的思想和眼界变得更加开朗和远大，使我的干劲越来越高涨。我所取得的这一点点成绩，应归功于不断培养教育我成长的党和英明的毛主席，应归功于热情帮助我进步的同志们……

自此，雷锋步入了他生命史上的辉煌期。各种机遇接踵而至，各种荣誉，如春花烂漫，如朝霞鲜艳。

十一月下旬，沈阳军区工程兵政治部做出了关于在部队中开展学雷锋、赶雷锋运动的指示；中国人民解放军工程兵工程第十团党委向全团发出了人人都来学雷锋、赶雷锋、做雷锋式的五好战士的号召；

沈阳军区工程兵政治部宣传处、青年处转发了《关于运用雷锋的典型事迹做活教材，配合部队当前教育的报告》；

沈阳军区《前进报》以两个整版的篇幅，套红宣传雷锋的事迹。在一版发表了《毛主席的好战士》的长篇通讯，刊登了军区副政委杜平中将意义深远的重要批示手迹，报道了沈阳军区工程兵党委决定授予雷锋同志“模范共青团员”称号的消息，刊载了《不忘过去，发愤图强》的社论，还在一版、二版内刊登了反映雷锋优秀品质和先进事迹的照片。

十二月初，《前进报》继续用一个版的篇幅，以《听党的话，把青春献给祖国》为题，首次发表了《雷锋日记》摘抄，连续发表十一篇雷锋战友撰写的雷锋的感人事迹。

从十二月八日这一天起到月底,《前进报》每期以整版或半个版的篇幅,报道各部队学习雷锋的情况。

十二月十一日,《抚顺日报》用一整版的篇幅在三版上刊载了介绍雷锋先进事迹的长篇通讯《毛主席的好战士》和《雷锋日记摘抄》,并配发了编者按语。

一切反响都像春雷滚动,说明着这位年满二十岁的杰出青年在经过了悲苦的煎熬、痛苦的挣扎、艰苦的奋斗之后,正在以充足的底气喷涌出地火样的热力。

在雷锋走向辉煌的道路上,还要提及一位非常重要的人物——王寄语。一九六〇至一九六二年间,他担任沈阳军区工程兵政治部副主任、党委常委和工程兵监委书记,分管宣传工作。当他得知"工兵十团"有雷锋这样一棵好苗子的时候,便亲自去该团调查研究,找雷锋谈话,认准了这个难得的典型,即向军区工程兵党委作了汇报。

之后,他亲自审查、签发了"工兵十团"上报的关于雷锋事迹材料,组织宣传、新闻干部深入了解雷锋事迹,广泛宣传报道。同年十一月,在沈阳军区工程连队政工会议上,请雷锋到会作报告。建议工程兵党委授予雷锋模范共青团员称号,建议团党委抓紧解决雷锋入党问题。动员雷锋拿出自己的日记给他看,并组织人摘抄部分日记送给沈阳军区《前进报》发表。组织机关干部轮流陪同雷锋到工程兵所属部队作报告,多次同雷锋交谈报告应注意的事项。为雷锋事迹最初在沈阳军区工程兵的广泛宣扬,做了大量组织领导工作。王寄语在他的回忆文章中这样写道:

> ……刚入伍几个月的雷锋事迹,在一次交流蹲点情况时,向我作了汇报,我听后感到这是一件好事……对此,我向工程兵主任王良太和政委吕清作了口头汇报,并到"工兵十团"召开座谈会听取汇报……十一月二日,雷锋开始到军区工程兵所属各单位作忆苦报告。我便给"工十团"政委韩万金打电话,让他转告雷锋,在

来沈阳时务必把日记本带来。

雷锋按照要求,把他的日记本、笔记本带来了四五个,直接送到我住在和平广场一号楼的家。雷锋对我说:"首长,我现在就这几本了,其实在鞍钢的还有,一下子找不到啦!"我笑着说:"我就看几天,保证一页不会少,给你写个保证书都行。"就这样,雷锋的日记本便到了我的手里。我连夜看了一遍,越看越感到一个普普通通的战士,在日记里竟能记得这么好,不仅思想境界高而且极富哲理性,我被日记深深地打动了!所以看后的第二天,我就安排政治部的赵志华同志,组成了一个小组,让他们抓紧对日记进行一次摘抄整理,并严格要求不准修改,不准补充,一定要实事求是的原文照抄。对于摘抄的部分,我让送给党委常委们阅读,一致反映强烈,对雷锋的日记都极为赞赏。这件事使党委成员又进一步深刻地了解了雷锋。随后我把日记还给了他。

一天,《前进报》总编辑嵇炳前同志带领新华社军事记者佟希文、李健羽到机关来找我,对雷锋做了进一步的了解。就在这次调查了解的过程中,他们到雷锋在沈阳作报告临时住的办公室内,从雷锋的床上见到了几个本子,总编拿起翻了一下,发现是雷锋写的日记,又看了几段,觉得很好;并问我能否借来看看?我当即表示赞成。总编又看了一下,原来这几个本子不全是日记,还有工作或学习的笔记本。他挑了一下把日记本带走了。后来知道,嵇炳前总编辑带走雷锋日记回去后交给了董祖修同志。就是这一次,促成了雷锋日记不久于一九六〇年十二月一日在沈阳军区机关报《前进报》上首次以一个版的篇幅摘录发表。

编者在按语中写道:

"雷锋同志的事迹,在本报一三〇九期上已做了些介绍,这里再把他的日记摘录一部分发表。当我们翻开日记本开始阅读的时候,就把我们的精神完全吸引住了,每一篇,每一句都对我们是一个极大的教育和鼓舞,使我们不能动笔割爱。雷锋同志确实是我们祖国的优秀青年,是毛主席的好战士。他热爱祖国,热爱人民,热爱我们伟大的领袖毛主席，热爱自己的阶级弟兄，热爱社会主义，热爱新生活。他用毛主席的思想武装着自己的头脑，指导着自己的行动，处处把方便让给别人，把困难留给自己，大公无私，舍己为人。他真正做到了：对同志像春天一般的温暖，对工作像夏天一样的火热；对困难从不畏惧，对敌人恨之入骨。他没有好了疮疤忘了痛，时时刻刻都保持着劳动人民艰苦朴素的美德。雷锋同志的行动具体地表现了这些先进思想和高贵品质；他的日记又真实地记录了他的内心情感和具体行动，言行一致，表里如一。希望同志们再仔细地阅读一下这组日记，把雷锋同志作为一面镜子，来对照检查自己，学习雷锋，赶上雷锋，发一发阶级之愤，图一图祖国之强！”

在连队政治工作会议期间，王寄语主任曾建议工程兵党委成员集体接见一次雷锋。通过接见可以对他进行一次教育，同时也让雷锋感受到党组织对他的思想进步、健康成长异常关心，激发了他戒骄戒躁、谦虚谨慎、加强学习的决心，但因会议日程太紧未能安排。后来，于十一月二十一日下午一点三十分，党委成员终于集体接见了雷锋，党委书记王良太同志还赠送他一套《毛泽东选集》(一至四卷)，并在书的扉页签名、题字，鼓励他努力学习，继续前进。

其他常委也纷纷赠书给雷锋，这对他是一次很大的触动。雷锋向全体党委成员表示了决心：

“首长的教导，我深深地印在脑海里，永远忠于党，忠于人民，绝不会辜负党的希望，做一个毛主席的好战士。”

在《毛主席的好战士》的长篇通讯于《前进报》一版推出的时候，沈阳军区副政委杜平中将意义深远的重要批示手迹也同时登载。现在人们可以看出，正是这个批示手迹的见报，揭开了“学习雷锋”序幕的帷幔：

雷锋同志的苦难是整个阶级的、民族的苦难。在解放前受到雷锋同志那样遭遇的人比比皆是。他只是千千万万受苦受难人中的一个。解放后，全国人民在党和毛主席的领导下彻底翻了身，正为建设美好、幸福的生活而忘我地劳动。可是，有的人竟在短短的十一年中忘了本，身在福中不知福。因此，雷锋同志这种精神显得十分重要，值得学习。现将此材料印发军区部队，结合两忆三查运动进行教育。

在当时，这是对雷锋所做的最恰当、最权威的评价，可以说是给了雷锋崇高的荣誉。所以，当这期《前进报》发到部队之后，犹如一阵雷声滚过人们的耳鼓。一场大规模宣传学习雷锋的活动，便在沈阳军区范围内逐步展开了。

一九六一年的春天，工兵十团到抚顺县上哈达地区施工，修铁路、打涵洞。雷锋所在的运输连驻在望花区，负责运送各连的给养。赵玉瑞从团里下到运输连，搞清仓查库，连指导员高士祥向赵反映了一件事：

抚顺市不久就要召开第四届人民代表大会，运输连驻地附近的居民群众正在酝酿、层层推举人民代表。认识并景仰雷锋的居民、老师、学生们纷纷提议：一齐推荐雷锋当人民代表。雷锋担任校外辅导员的本溪路小学里，有一位老师带领两名学生，带着单位介绍信来找运输连领导，郑重其事地告诉他们：该校全体师生要推选雷锋担当人民代表，问部队有什么意见。

高士祥做不了主，请示赵玉瑞。赵玉瑞也做不了主，立即回到了上哈达，向韩万金政委汇报。韩政委听了汇报后一拍手掌，说："这下好办了！"原来他正在考虑产生人民代表的事情呢！于是立刻回答道："雷锋在人民群众中做了不少好事，群众推选他当人大代表，这是民意。答复本溪路小学，代表由我们部队自己选。"

当时的团政治处已经接到了抚顺市人民委员会的通知，给了该团一个代表名额，要求团里尽快选出上报。部队的施工任务正值繁重时期，如让班、排、连、营层层选举，根本没那么多时间。因此，团领导研究决定：提议以望花区人民群众的名义，推举雷锋为全团唯一候选人，征求全团干部、战士同意即可。恰好第二天召开全团施工动员大会,可把“通过代表候选人”这项内容加入议程,雷锋担任抚顺市第四届人民代表候选人的事宜,团里便如此决定了。

第二天,全团官兵集合于野外山坡,在施工动员之前赵玉瑞宣读了抚顺市人民委员会的通知,韩万金政委又将雷锋所在连驻地群众、本溪路小学师生们推举雷锋当人民代表的心愿说了一遍,然后请全团同志就地酝酿。这时候,坡上坡下,人声如潮。提起雷锋,赞不绝口。赵玉瑞站在台前,高声发问:“选举雷锋同志为抚顺市第四届人民代表,大家有意见没有?”

全团一千余人齐声回答,声如雷鸣:“没有!”并且立即举手赞成。

当时的雷锋坐在队伍前面,却没有举手。这一情况被韩政委看在了眼里,于是冲着雷锋大声问道:“雷锋!全团选举你当人民代表,你有什么意见没有?”

雷锋立刻站起,首先向台上敬礼,又转回身来,向全团官兵敬礼,神色庄重、激动,其声朗朗地发言:“首长和同志们信任我,我不会辜负这种信任!”全团官兵报以热烈的掌声,震耳欲聋。

七月二十七日,指导员高士祥把那一张千钧重量的“抚顺市人民委员会”通知书递交于雷锋的手上,《通知》云:

市人民代表雷锋同志:

兹定于七月三十一日午前八时,在抚顺宾馆召开第四届人民代表大会第一次会议,会期预计四天,希望七月三十日午后三时前到抚顺宾馆报到,如有提案请随身带来。

在这次会议上,雷锋代表人民军队上台发言:

敬爱的上级党委、亲爱的全体人民代表:

我是沈阳军区抚顺驻军七三四三部队的一名战士,像我这样一个在旧社会要饭的穷孩子,今天能够参加这样的大会,心里有说不出的高兴。但是我又感到很惭愧。

我高兴的是：有党和毛主席的英明领导，自己当了家，做了国家的主人，有了说话的权利。

我感到惭愧的是：自己是个大老粗，是个不懂事的孩子，为党做的事太少了。比起各位代表，我差得太远了。我有决心向大家学习，请代表们多多指导和帮助。

为了更好地接受党的教育，求得大家的帮助，我想在大会上表示一下自己的决心。首先，我完全同意和衷心拥护王市长、赖副市长、史院长所做的报告，并且坚决认真贯彻执行……

最后祝大会胜利成功，全体代表身体健康。

一九六一年八月五日

在会议的间隙里，他接触了众多的人民代表，与他们共叙衷肠。他一遍又一遍地阅读会议文件，心情激动。诗兴泉涌时，他在文件袋上写下了一首诗。后来这首诗收入他八月三日的日记中：

今天是我永远不能忘记的日子，我光荣地参加了抚顺市第四届人民代表大会第一次会议。像我这样一个孤苦的穷孩子，能够参加这样的大会，心里有说不出的高兴和感激。

过去当牛马，
今天做主人。
参加代表会，
讨论大事情。
人民有权利，
选举自己人。
掌握刀把子，
专政对敌人。
衷心拥护党，
革命永继承。

哪怕进刀山，
永远不变心。

在八月六日的日记中，他笔下含情地写道：

我看见有六位六七十岁的老太太来参加抚顺市第四届人民代表大会，内心十分羡慕和尊敬。我看到她们就好像看到了自己的祖母一样。拉着她们的手，微笑地向她们问好，并把她们一个个送到宿舍，给她们倒茶、打水……并和她们有趣地拉家常。……从阶级友爱出发，我不但爱这些老太太，而且爱全国人民，爱全世界的劳苦大众。他们都是我的亲人。我要为他们的自由、解放、幸福而贡献自己毕生的全副精力，直至最宝贵的生命。

在团山湖农场的果山庙下，他曾经告诉当时的女团支部书记："我爱全国人民，怎能不爱黄丽？"在那一次人代会上，他又一次发出了"爱全国人民"的呼声，把六位老太太看做自己的祖母。作为一个共产党员、人大代表，他的思想境界又一次地提高了，他"爱全世界的劳苦大众"。并且要为了"他们的自由、解放、幸福而贡献自己毕生的全副精力，直至最宝贵的生命"。

在人代会将要结束的八月七日，雷锋又写下了他的另一篇日记：

抚顺市人民代表大会已经开了四天，今天是最后一天了。市委负责同志代表全市人民的心意，送给了我们一份礼物(一斤苹果)。当我拿着这斤用红纸包着的苹果，内心特别激动。回想起自己过去那种无依无靠到处流浪的苦日子，总觉得现在的党和人民胜过自己的亲生父母，对我太关心了。我想：自己好了，不能忘记为人民而负了伤的阶级兄弟。于是我把这份苹果又转送给了住在卫生连的伤病员同志，自己虽然没吃着，但是心里比吃了这斤苹果还要甜十分。

在雷锋的事业与声望达到了高潮的时期，他对于党和人民以及同志的情感也达到了高潮。一个二十岁的青年，被党和人民的温暖之手捧到了高处、亮处。他没有头晕目眩，没有心慌意乱，而是像一个坐在父亲肩上的孩子，倍知了亲人的疼爱而更加疼惜亲人，感恩报恩。

自上级决定在全工程兵部队中倡导学雷锋活动之后，有关方面决定让工程兵政治部宣传处干部洪建国和余长清、吴树彬、季道逵等六位同志帮助雷锋整理宣传演讲材料，并分别陪同雷锋到各地参加报告会。在沈阳作报告期间，雷锋就睡在他们的床上，吃住一处，亲如兄弟。一九六〇年十二月九日，轮到洪建国陪同他到旅顺工兵七团作报告，两人的感情开始发展为“十分亲密”——因为这位诚实的老宣传干事一开始并不太理解雷锋，他认为二十岁的一个青年兵阅历太浅，那种大张旗鼓的宣传有点过分，他担心定论太早，又担心那位“上等兵”产生骄傲情绪。

但是，在他真正地与雷锋接触之后，那种担心便如烟消散了：他看到了这个总是笑眯眯的小伙子，精力旺盛，反应敏捷，待人诚心诚意。在大连火车站等车过程中，他们去逛商场。商场的二楼上有一个摄影服务部。爱照相的“青年兵”提出要与他合影。洪建国年轻时极瘦，不太“上相”，因而不愿照。但一想自己是个中尉军官，拒绝一个“上等兵”的合影要求不利于官兵的关系，于是就留下了一张珍贵的非常出色的合影照片。

洪建国回忆说：他们在乘火车的旅途中，除了有雷锋时时助人的“正剧”，亦有惹人神爽的“小品”：一个漂亮的大姑娘行走于列车过道，行至雷锋面前，一甩乌亮的长辫，如仙女的神钩，钓走了“上等兵”胸前插着的钢笔。

那姑娘竟无知觉，仍快步走向另一节车厢。雷锋不慌不忙地随后走去，等走到两个车厢的接头处才轻声叫道：“同志，请等一下！”

女子停步，转回身来，以诧异神情盯着这位英俊军人，雷锋指了指她的辫子，笑着说道：“同志！你的辫子上挂了我的钢笔。”姑娘低头看见自己的长辫上钓着一只银鱼样的钢笔,扑哧便笑,满面绯红地盯看着雷锋,似在等待他动手摘下钢笔。但是,这位素养极高的兵哥哥只是沉稳地、微笑着等待,待女子摘下了笔,才双手接过,说了声“谢谢”。

二十岁的雷锋经常会招来艳羡的、赞美的目光:火车上的老人,部队里的官兵,年轻的小伙和姑娘,小学里的老师和少先队员。特别是当他登上讲台,以他深沉的语调、朴素的言辞诉苦或作事迹报告之时,所有的人都会为之动容、动情,都会联想起他儿时的遭遇和现实的业绩。在那个年代里,他成为万人瞩目的明星。

在这样的演讲中,他没有一丝夸大其词,以文造情。他的心回到了悲惨的昔日,从灵魂到肉体都在重受那种折磨。在诉苦会上,他痛哭不止,会下吃不进饭,睡不着觉。他不吃好菜饭,不住招待所。在会下的场合里出现,所有的人都想同他谈一谈,拉一拉手。有一批受训的列兵围上来,本应向他这位“上等兵”敬礼,他却抢先敬礼。在平时的官兵间、战友间维系感情,他也是处理得十分得体。

在洪建国陪其作报告的一九六一年七月里,喜逢洪建国与杨玉兰结婚志喜的吉庆日子,雷锋异常高兴地参加了这位中尉军官的婚礼。那时的婚礼非常简朴,主持婚礼的人买来了一块红绸,由善写善画的曲洪涛写上了一个“喜”字,参加婚礼的官兵们,便围绕着那个“喜”字签名。至今洪建国老人一直保存着这块留有包括雷锋在内的众多战友、首长签名的红绸。因为参加这位中尉军官婚礼的首长很多,所以雷锋在兴高采烈中不去接近热闹的焦点——新郎、新娘身边,只是搬了一把椅子,坐到了门口,招呼前来祝贺的人们。婚礼的高潮是新娘、新郎同啃一个苹果,忘情的雷锋这才上前,鼓动并促成了这个节目成功的表演。这时的雷锋并不罢休,他又出“点子”点新娘、新郎唱歌,并且带动起全体人们呼号、鼓掌。

新娘是沈阳市一所小学的教师,唱歌当然不成问题。洪建国不太善唱,就选择了一首民歌:

新媳妇,回娘家,

怀里抱了个大南瓜。

走一步，晃一下，

实在没法拿……

这样的歌子由新郎唱来，当然是妙趣横生。新娘子忍俊不禁，笑出了眼泪。那雷锋更是高兴得台前台后，又拉又笑。在许多场报告会上，人们看到的是他的泪眼，听到的是一曲接一曲悲歌，那一天首长和战友看到他忘情的高兴，孩子般的欢乐，心中都十分地舒畅。这一点，给了今天洪建国及杨玉兰两位老人以永生不忘的美好印象。

洪建国与雷锋的最后一次见面，是在一九六二年的早春，他接受了整理雷锋又一次典型事迹材料的重任。那是三年自然灾害的时期，战士们吃不饱。部队组织了打猎队，在深山老林中打狍子。这些猎物必须及时运回部队，以解当时的燃眉之“饥”。狩猎处距离营地很远，冰天雪地，九岭十八弯，车行其间，腾云驾雾，险象环生。但是，在雷锋的带领下，全班出色地完成了任务。早在洪建国采写材料之前，曾有一位同志写过，他需在那份材料的基础上再行完善。洪建国一个一个地调查了雷锋所在班的战士，最后写成了那篇典型材料。

也在那一个春天，洪建国参加了一场会议。会上通报了一批干部犯错误的事实，并告诫部队：要警惕英模人物走向反面，要纠正他们的缺点错误，更加努力地培养、造就他们。

洪建国带着这个问题，问军区宣传部的副部长，有没有关于雷锋的不良反映？副部长坦率地说：有同志反映，在一些会议上，雷锋不注意听首长的讲话。在火车上以及空闲的时刻里，他翻弄自己照片的次数较多……

高处不胜寒啊！雷锋的一言一行，都在众目睽睽之下。一个青年军人，看一眼自己的照片，或者看一百眼自己的照片有什么不可以？

但是，他是一名英模人物，木秀于林，行高于人，对他要求之高之严，亦是首长为培养、造就他而防微杜渐、爱护有加的心意。在这一点上，当时的雷锋甚至比今天的我们还要明白，所以当洪建国把部长的话讲给雷锋之时，“他睁大了眼睛，那么认真地、诚恳地倾听着，而后便陷入了长久的沉思……”

自那次谈话之后，雷锋便从一九六二年的二月二十七日起，连续写下了七篇日记，内中多次提及了“警惕骄傲自满”。

一九六二年二月二十七日：

雷锋呀，雷锋！我警告你牢记：千万不可以骄傲。你永远不能忘记，是党把你从虎口中拯救出来，是党给了你一切……至于你能做一点事情了，那是自己应尽的义务，你每一点微小的成绩和进步都应该归于党，要记在党的账上，我一定听党和毛主席的话，把我的青春献给世界上最壮丽的事业——为人类解放而斗争。

一九六二年三月二日：

骄傲的人，其实是无知的人。他不知道自己能吃几碗干饭，他不懂得自己只是沧海之一粟……

这些人好比是一个瓶子装的水，一瓶子不满，半瓶子晃荡，可是还晃荡不出来。这有什么值得骄傲的呢？

一九六二年三月×日：

你崇高的行为就是献身于为人民服务，为自己的祖国效忠，为崇高的共产主义理想立功。

一九六二年三月七日：

我要永远愉快地多给别人，毫不计较个人得失……

一九六二年三月九日：

我懂得，一个人只要听党和毛主席的话，积极工作，就能为党做很多好事情。但一个人的力量毕竟是有限的，走不远，飞不高。好比一条条小渠，如果不汇入江河，永远也不能汹涌澎湃，一泻千里。

读了他的日记，人们只能理解到：名人难做，一个年轻的政治名人就更加难做。雷锋正在走向完美，一位时代的楷模需要多大程度的完善？美的追求是无尽的……我们只能这样理解。

据原沈阳军区炮兵第十一师司令部管理科副科长、全国战斗英雄郅顺义回忆，他和青年的楷模——伟大的共产主义战士雷锋的相见是一场“英雄会”。从小就爱听英雄故事、崇拜英雄人物的雷锋，早就有一睹老英雄风采的夙愿。一九六一年二月三日上午，他来到了海城，给那里的官兵作忆苦报告。关于郅顺义在得知雷锋前来报告时的激动心情，我们可在老英雄的回忆文章中体味再三：

> ……几个月以前，我从报刊上，阅读过雷锋的先进事迹，受到了极大的教育，心里早就盼望会见雷锋，好好叙谈叙谈，直接学习他的好思想、好经验。这次雷锋来部队作报告，可是事不凑巧，我外出了没有赶上这个时机。
>
> 中午，太阳当头照，虽然带来些暖意，但室外还是寒气袭人。我身着棉军装，从车站步行回到营区，听说雷锋来了，我真是喜出望外，赶紧放下提兜，擦了一把脸，三步并作两步，大步流星径直奔向招待所。
>
> 到招待所后由招待员带着，轻轻推开了房间的门。我一眼看到，一位年轻战士坐在桌前，捧着一本《毛泽东选集》，正在聚精会神地阅读着。看到这情景，我不愿打扰他的学习，想退回去，改时再来，正在踌躇之际，招待员高声说道：“雷锋同志，老英雄来看你了！”

英雄的相会酣畅淋漓：人逢知己，将遇良才……这位屡建奇功的战斗英雄、董存瑞的战友和董存瑞舍身炸碉堡的目击者、见证人，对于这位青年楷模有着非凡的吸引力。在见面之初的客气话之后，孩子般的雷锋便向老英雄提出，要听一听董存瑞舍身炸碉堡的故事。郅顺义不能推辞，面对着这位瞪着童稚大眼的青年楷模，他动情地讲起了曾百讲不厌的故事。雷锋的脸腮激动得发红，气喘吁吁，继而簌簌地滚落了热泪。老英雄被自己所讲的故事和眼前的战士感动了，也溢出了满眶的泪水。

他们交谈了很久很久，终于到了分别的时候，郅顺义掏出了笔和本子，请雷锋留下临别赠言。雷锋略略思索了一下，写下了一节文字：

赠给：

敬爱的老英雄，您是我永远学习的榜样，我请您多多教育，并使我不断前进。

战士雷锋

六一年二月三日

写罢赠言，雷锋拿出了自己的一张照片，双手递给郅顺义，留做永久的纪念，然后依依道别。

就在那一天的晚上，雷锋在激动之中写下了他的又一则日记：

今天我到达了海城后，上午作了一场报告，下午我和郅顺义老英雄见了面。

……老英雄抚摸着我的头，紧紧地握着我的手，亲切地问我多大年纪，什么时候入伍的？同时还倒给我一杯水。当时我的心像抱着一只小兔子一样，蹦蹦直跳，有一肚子的话可不知咋样说好。我听说老英雄是董存瑞的亲密战友，我的心像压不住似的要往外蹦，万分敬佩和羡慕地叫他给我讲董存瑞的英雄事迹。我听他说："董存瑞是六班的班长，我是七班的班长。在一九四八年五月二十五日打隆化县的时候，董存瑞在爆破组，我在突击组，我们的任务是要炸掉敌人的四个碉堡和五个地堡。我们两个组牺牲了六个人，每组只剩下两个人了，董存瑞对我说：'就是剩下一个人也要坚持战斗，不完成任务不回队。'在炸最后一个碉堡的时候，董存瑞用手举着炸药包，炸掉了敌人的碉堡，完成了战斗任务，我敬爱的革命战友董存瑞就这样英勇地为党的事业而光荣地牺牲了。"我听到老英雄讲完董存瑞的英雄事迹后，我的心像大海的浪涛一样,久久不能平静,我感动得满眼热泪直掉。

董存瑞英雄对敌人万分的愤恨,对党和人民无限的忠诚,在战斗当中,英勇顽强,丝毫不畏缩,为人民的解放牺牲自己。董存瑞英雄是我永远学习的好榜样,我一定要为党和阶级的崇高事业,随时准备牺牲自己的一切,直至生命。

郅顺义老英雄是我永远学习的活榜样。他在战斗当中,勇敢坚定、机动灵活。他俘虏敌人一百四十多人,缴获机枪四十多支。他勇敢地消灭了敌人,保存了自己。

董存瑞和郅顺义两英雄的事迹,深深地教育了我,给了我莫大的鼓舞和无穷的力量;我一定要时刻用这些英雄的事迹来鞭策自己,永远忠于党,忠于人民。

另一位与雷锋演出了"英雄会"的人物,有着一个象征着时代意义的名字——王元(援)朝。他是原三二一〇部队特务连的战士。正是在部队开展学雷锋运动的热潮中,他备受了鼓舞,刻苦学习,被评为团、师、军里的"学毛著积极分子",和沈阳军区的"五好战士标兵"、"学雷锋标兵"。再后来,他被推举为"沈阳军区首届团代会"特邀代表,有机会与雷锋相识。

人们可以想象得出,两个火球相撞时将会迸溅出怎样美丽的火花。他们的交流,除却与郅顺义之间所有的相互倾慕之外,还多出了同龄人之间的默契与情趣。他们都是大会主席团的成员,都在大会上发言。王元朝想利用黄金般的时间,取得雷锋黄金般珍贵的帮助,便怀着相见恨晚的心情,向雷锋倾诉着衷肠,其中包括自己工作上、性格上的种种弱点。雷锋则是以诚相待,即出方针,相商祛病。大会结束之时,两人互留地址,言之谆谆地互求对方多加指教。

分别之后,他们在繁忙中共通过三封信。最后的一封信,是雷锋于一九六二年五月九日写给王元朝的第三封信:

亲爱的王元朝同志:

您好！紧紧握手吧！来信收到，看后极为感动。您的话对我的工作、学习等各方面都有很大的启发和帮助，同时给了我莫大的鼓舞和力量。为此我表示衷心的感谢！我们互相认识并不太久，只不过在沈阳开团代会短短几天里，由于共同理想和一致的奋斗目标使我们的心紧紧相连，使我们在阶级友爱的基础上建立了深厚的革命友谊，我愿这革命友谊像松柏一样永远长青。

我们都是无产阶级革命战士，我们的理想就是消灭阶级，消灭剥削，实现共产主义。但是要使我们的理想变为现实，不是一帆风顺的。正如毛主席说的："任何新生事物的成长都是要经过艰难曲折的，不付出极大努力，总是一帆风顺，容易得到成功，这种想法，只是幻想。"因此，我们在前进的道路上，困难总是免不了的。但是困难对我们来说是没有什么了不起的，任何困难也只是暂时的，是能够克服的。那么我们就能够在困难当中鼓足勇气，去战胜它，去克服它。我为什么要和您谈这个问题呢？我想当前我们国家正处在困难时期，我们在工作、学习和生活中也免不了困难，我们互相谈谈对事物的认识和感想是有益的。您说对吗？

我为了更好地向您学习，以求得您的帮助，现将本人的情况向您汇报：我于三月十六日离开了连队，配合团部单独执行任务，到目前为止，我安全行驶一千八百多公里，顺利和超额完成了上级交给的各项运输任务。当前，我的工作、学习比较忙，精神很愉快，身体很好。一切如常，请勿念。

时短言长，就此停笔。

此致

敬礼

战友：雷锋

六二年五月九日

当时的雷锋的确是"行高于人"的，他的朋友场、交际圈不再囿于本连、本团、本部队，军内军外都知道他的名字和事迹。他交上了许多朋友，认识了许多首长，成了司令和将军的座上嘉宾。他和许多的杰出人物交流思想，并驾齐驱。

当年，与雷锋几乎有同等声望的廖初江，是四平市六三〇五部队的一名军中楷模，雷锋与他相见于一次盛会之前。对于二人的相见情景，雷锋有文字载：

……廖初江战友也来了，我见到他，真感到格外的高兴。我紧紧地握住他的手不放，一同走出车站，乘小吉普车来到他们师部招待所。首长对我无微不至的关怀和热爱，我真不知说什么好，只被感动得满眼含着热泪。

我和廖初江战友挨着坐在一条凳子上，他的手很自然地搭在了我的肩上。他和我亲切地谈起了家常话，他给我签了字，同时，张助理员还给我们拍了一张照片。

廖初江为雷锋的签字，既洋溢着革命精神，又体现着战友间、楷模间的钦羡之情：

最亲密的战友——雷锋同志：

我要永远学习您那种事事听党和毛主席的话，忠心耿耿，全心全意为人民服务的精神，和您那种高尚的共产主义风格，希望您多加帮助，今后让我们加强联系，互相鼓励，共同努力，在党和首长的培养和同志们的帮助下，把毛主席思想真正学到手，做毛主席的好战士。

您的战友廖初江

四平市六三〇五部队一分队三连

一九六一.二.二十于四平

但是，不能忘记的是雷锋的落脚点——工兵十团×营×连×排第四班，这个高高地放飞了美丽的“雷锋”风筝，却还牢牢地牵着风筝线的地方,只要到了收线的时刻,叱咤风云的雷锋还要落回到这里,做一个普普通通的战士,而且越普通越好,越"大众"越好!

从事实情况看,由这个小地方负载着雷锋是无比吃力的,吃力的还包括雷锋本人。他怎样从很高的荣誉讲坛一下子飞回到"大众"之中,并且很快地完成角色的转换,这是一种从心理到外表直到行为都很困难的事情:因为他主体的一切完成了,而且完美;客观的环境和人却不能于瞬间接受他、适应他,甚至还会以不正常的心态误解他,难为他。这一切都是正常的,是大千世界中常会出现的"不和谐音"。一个不可忽略的客观事实是:飞高了的雷锋眼光也高了,他心中的不满和言行上的宽容,也是一种对于他修养的考验。

早在一九六一年六月十五日,在他的一篇表现当时心理的日记中,便有着他严肃的思考:

> 目前我发现有少数战友不遵守纪律,生活稀拉。有的同志不请假外出。吹了起床哨,还有的睡着不动。我看这种现象很不好,应该及时扭转。
>
> 军队,它是战斗的集体,要有严格的组织纪律,一切要适应于战斗的需要。很难设想一支锣鼓不齐、行动不一的军队,在战场上能打败敌人,取得胜利。
>
> 我今天在报纸上看了一篇文章,对我的启发教育很大。文章是这样的:
>
> 诸葛亮用兵如神闻名,但在他的一生中也曾有过失利的战斗,比如"街亭失守"。这次战斗失利,使诸葛亮由主动变被动,最后不得不进行战略退却。街亭失守,原因固然很多,但和守将马谡没能严格执行命令,大有关系。马谡领受任务时,诸葛亮再三叮咛:"街亭虽小,干系甚重,倘街亭有失,吾大军皆休矣!"并说:"此地奈无城郭又无险阻……下寨必当要道之处。"但马谡引兵到达街亭后,却完全不以诸葛亮的话为意,认为"当道岂是下寨之地?"于是自作聪明地屯兵在山上。因而,被司马懿乘机切断汲水道路,

使山上无水，军不得食，引起军营大乱。马谡不得不放弃街亭，败军折将，失地弃城，落荒而逃。为了严明军纪，诸葛亮流着眼泪将马谡斩首。

马谡违反命令，是忽视了军令之严，因而遭受惨败；诸葛亮挥泪斩马谡，又是在维护军纪之严。可见，"严"字是从多次流血的经验中总结而来的。

然而我们革命军队的严又和历史上的一切旧军队不同。单纯依靠军令、军法压服，是旧军队取得"严"字的手段。我们革命部队，不仅有严格管理的一面，而且有耐心说服的一面，不仅存在着自上而下严格要求的一面，而且有耐心说服的一面，不仅存在着自上而下严格要求的一面，而且也存在着自下而上自觉遵守纪律、坚决服从管理的一面。伟大的战士邱少云，就是自觉遵守纪律的典范，我们应该学习。一个革命者，一个共产党员，应该是大公无私，为革命，为集体，不为个人。革命处境越是困难，越是需要每个成员更加英勇地坚持斗争。

无限的感慨，无限的赤诚。他引经据典，思前虑后，唯恐这支人民的军队有丝毫懈怠，或沾上点滴灰尘。从这篇日记可以看出，当时的雷锋已经具有了很高的思想境界，以及广博的历史文化知识。一九六一年十月二日的日记，表现了雷锋对自己在这个集体中应尽职责所做的反思：

我做事，老好一个人去干，不爱叫别人，生怕人家不高兴。就拿扫地来说，我每天早上忙得不可开交，有的同志却闲着没事，自己累得够戗，可是扫的地段不大。有时室外卫生没有及时打扫，首长看了不满意，我为这个问题真有点着急。

今天连长找我谈话，句句打动了我的心。他说："火车头的力量很大。如果脱离了车厢，就起不到什么作用。一个人做工作，如果脱离了群众，就会一事无成……"连长的话给了我很大的教育和启发，使我懂得了一个人只有和集体结合在一起才能最有力量。今天我发动了全班的同志打扫卫生，由于大家一起动手，很快就把室内室外打扫得干干净净，事实证明连长的话是正确的。今后我无论做什么，一定要走群众路线，依靠群众，发动群众，团结群众，一道为社会主义建设和实现共产主义而贡献力量。

发动众人一齐去干，这是一种最好的办法，但是，难处就在“发动”，这是非常不容易的事情。觉悟高低的差异，职位上下的差别，还有每个战友、每个同志情绪上的涨落，都在影响着这种“动员”和“一齐”。好在我们的雷锋已经在艰苦困难的环境中逐渐适应，而且基本找到了解决困难的方法。

一九六二年四月二十七日的日记中有这样的记叙：

今天，刘兴学同志上街看电影，没有请假。首长批评了他，可是他很不高兴，背后说：“当兵真不自由，处处受纪律的束缚。今天人民自己当家做主，谁也用不着管谁。”我听到这些话，立即向他做了解释：我们青年人要把自己培养成为一个具有共产主义道德的人。我们不能忘记了培养共产主义道德品质的一个重要方面，就是以自觉遵守纪律的精神来锻炼自己。不管你去战斗，去劳动和工作、学习等，都必须遵守纪律。就是我们的日常生活，也得有纪律。如果我们没有纪律的话，我们可以想象到，我们的社会将会成为什么样子呢？人人自由行动，社会必然会混乱起来，就像乐队队员们在演奏时不听指挥一样，你干你的，我干我的，一定会弄得杂乱无章，不成音乐了。我还举例对刘兴学同志说：比如上课吧，有一个不遵守纪律的学生故意在课堂上闹，故意出洋相，逗人家笑，这就会妨碍别人专心听讲，使课堂教学无法顺利进行，影响了大家学习的自由。我们需要哪种自由，难道还不明显吗？同时，也正因为今天我们人民自己当家做了主，就更应该表现出有纪律有教养，而不应该扰乱我们自己的秩序。

经过摆事实，讲道理，刘兴学同志想通了，提高了认识，承认了自己违反纪律不对……表示今后要很好地守纪律。

平心静气地讲道理、深入浅出地讲解于他人，使之容易接受。雷锋在飞高之时需要云中探路的努力，而在落于大地之时要关爱着这里的一切：还有他的“嘎斯”车，在车轮飞转、车号长鸣之时，他必须收心于车的机体，解决着车的本身，以及车与路时时发生的矛盾。令人难以理解的是：他到底有着多么充沛的精力，能干这样多的事情？

这是他短短生命史上的峥嵘岁月，他厚积的才华和底气到了形成喷发之势的时辰。他的光和热已经不囿于军内，致使更广大，更宽阔的区域都感觉到了这种闪耀和烘烤。但是，没有人会料到他会燃尽自己……两年之后，响遍神州大地的一首歌曲是这样赞美着他：

千万朵花儿里茶花最红，
千万个英雄里有个雷锋。
他是咱毛主席的好战士，
他是个伟大的普通一兵……

在伟大与普通中，雷锋行进于他短暂的、电光石火般的峥嵘岁月之中，风吹不倒，雨打不动。

第十二章

瞬间永恒

我搜集到的雷锋照片，可谓琳琅满目、蔚为大观。这些资料照片来自雷锋短短一生的各个历史时期：学生照、公务员照、工人照、军人照、学习、驾驶照、合影、集体照。我在惊喜之余曾有过疑问，一个二十二岁辞世的青年军人，在他尚未获得“伟大的共产主义战士”称号之前，又何以似先知一般保留了这样多的资料照片呢？但是，随着我对这个问题的追根求源，一条条答案便清晰而准确地摆在了我的眼前，使我生发了颇多的感慨。

我所获得的第一条答案是：雷锋喜欢照相。无论在望城家乡，还是在鞍山钢厂，还是在“工兵十团”，凡是在有利于营造美好氛围的环境中，他都不失时机地照相、合影。一个英俊的小伙子，一个从心灵到气质到容貌都堪称美好的聪颖少男，眉目鼻额都耀放着熠熠光彩，有什么理由抵挡得住照相自赏的诱惑呢？

我所得到第二个答案是：他是一个珍惜友情的人。他珍惜的方式除了永铭于笔下的日记，就是利用当时的现代化手段，与朋友留一张合照。有什么东西能比合照更能重温感情呢？音容笑貌印在“照”上，无言的诗歌印在“照”上，在睡前观赏，旅途中欣赏，以己心与照片上的朋友交谈，谈思想，谈学习，谈小说，谈生活……这是一种多么纯净的深沉的情感寄托!

第三个答案便是所谓的“名人效应”了，特别是自一九六〇年十一月开始，雷锋的各种活动闪光耀目，随之而来的便是各报记者的追踪、访谈，照相的机会当然多了起来。但摄影次数最多、影响最大的，仍是

《雷锋辞典》所列“辞条”中的两位军内摄影家。其中之一的“原雷锋所在团摄影员”季增同志，则是从雷锋入伍的那一天起就发现了目标，并捕捉住目标长期不放的“伯乐”式人物。关于为雷锋照相的情节，他在《回忆雷锋》一书中所撰《留住雷锋形象，讴歌雷锋精神》的文章叙述生动：

一九六〇年一月八日，在营口部队广场欢迎新战友的大会上，雷锋代表新兵讲话。当时由于辽河岸边风大，几次把他的讲稿刮乱，他索性脱开了讲稿，向大家表达决心：“我只有一个心眼儿，一定要很好地学习毛主席著作，练好杀敌本领，为保卫伟大的社会主义祖国当个像样的兵，决心做毛主席的好战士。”

他的决心和激情有一股说不出的感染力，我挤上前去为他拍下了入伍后的第一张照片。

人们熟悉雷锋苦练投掷手榴弹的故事。闲谈中有人说起此事，那天中午我撂下饭碗就跑到运输连。同志们告诉我，雷锋吃完饭抓起教练弹，又到操场上去了。我赶紧追到操场，见他正练得满头大汗。

我跑过去拍拍他的肩膀：“小雷，干吗这么玩命呀？”

只见他肩膀一缩，苦涩地一笑说：“实弹考核的时间就要到了，我不能拉全班的成绩呀，再说，我决心当兵，杀敌保国，这手榴弹都投不远，怎么杀伤敌人呢。”

在一边辅导他练手榴弹的老战士对我说：“你别拍他的肩膀了，他这阵子不分黑夜白日地练，肩膀、胳膊都肿了。”

听罢，我感到由衷的敬佩，很不好意思。随后拍了一张老战士惠连生教他投掷手榴弹的照片。

当时，同志们都很关心地告诉雷锋：你的手榴弹投不远，主要是你的臂力不足。为了增加臂力，业余时间雷锋便成了运动场上的活跃分子。篮球、跳高、木马他都试试，单杠、双杠他也练练。他的臂力渐渐增强，在实弹考核时获得了优秀的成绩。

随后我又拍了一组雷锋练单、双杠的照片，后来发表在《新体育》杂志和多种报刊上……

一九六〇年八月下旬的一天上午，人们敲锣打鼓，欢庆望花区人民公社成立。雷锋也到街上，与群众一起参加庆祝活动。可不一会儿，他便挤出人群向七百储蓄所走去。我觉得这里一定有文章可作，便背着相机尾随而去。当我赶到时，营业员刚好拿着一捆钱递给雷锋，我马上抓住这一瞬间。当时我用的是一台莫斯科五型照相机，使用很不方便。等我换好胶卷再追到望花区人民公社办公室时，雷锋刚刚述说完他的苦难家史，说道："人民公社就是我的家，这钱就是给家的，请你们收下。"公社领导在他这种热爱社会主义精神的感动下收下了他送来钱的一半：一百元。于是，我准确地将这一瞬间记录在底片上……

作为专职摄影员的季增，寻找摄影题材十分用心。雷锋是产生新闻效应的人物，季增对他十分注意。从雷锋入伍到牺牲的两年零八个月的时间里，不断跟踪雷锋，并陪同出席各种会议，或出外作报告。一九六〇年十月的一个星期天，运输连上山割草搭菜窖，季增也随队而去。在那次跟踪中，他意外地抓拍到了雷锋谦让盒饭的珍贵镜头。

季增确是个有心人，既然雷锋是热点人物，多打交道便有收获。那一天跑到雷锋宿舍，正巧发现他在补一双袜子。那袜子已没了原来的模样，季增猛想起他少领军装的事迹，心中的艺术冲动骤起，便将这感人的一幕留在了底片上。

流传最广、给人印象最深的作品，莫过于雷锋擦车的特写照。这幅照片摄于一九六〇年年末：那天的上午阳光灿烂，这位摄影师与雷锋一起来到了停车场上。运输连刚从第一汽车制造厂接来一辆解放牌拉水车，副连长白福祖正将崭新的汽车开进车场。季增请副连长调正了车头，用"高光"打在了"解放"两个字上，让其在画面上占据显要位置。雷锋站到了车前，两眼望定车头，用那只被地主婆砍过三刀的手，擦示"解放"二字，从而体现出只有"解放"才有他今日的深邃意境。

这幅照片在《解放军画报》以“苦孩子，好战士”为题，发表于一九六一年第三期。时隔一年，季增又与张峻同志一起重拍了这一题材的彩照，发表在《中国摄影》杂志上。

一九六一年二月初的一天，季增陪同雷锋到丹东工程兵某部作忆苦报告，回来在沈阳换车，遇到了本书前面写过的找儿子的老大娘，当老人的孙女扑过来拉住奶奶手的时候，这位善于“捕捉”的摄影师抢拍了这个镜头，并使这张传神的照片流传下来。

季增知道，雷锋在外面做好事总是保密。出于职业的需要，这位有心人在运输连中交上了几位好友，培养他们做透露信息的“小通讯员”。这些人对季增的重托负责，一发现雷锋有了做好事的打算，马上跑宣传股报信，从而使他能够抓拍许多的珍贵镜头，积累了有价值的资料照片。

一九六一年四月的一天，吴广信股长告诉正在暗室中工作的季增，“上级通知雷锋去旅顺兄弟部队作忆苦报告……”他又有了一次机会，高兴地背起了相机，快步跑向运输连宿舍。推开了雷锋宿舍的门，见他正伏在桌上，聚精会神地读着毛主席著作，并且不时写下心得。他们一起来到了瓢儿屯火车站，登上了市郊列车，在沈阳火车站会同张峻同志，换乘了开往大连的快车。雷锋一上车就帮助列车员扫地、擦玻璃，帮着旅客找座放行李。车厢里的广播室里传来播音员激动的声音：“向解放军同志学习！”

来到了旅顺部队，白天作报告，晚上，许多战士挤到他们的房中，向雷锋请教许多问题。一天的劳累，使那位摄影师疲惫不堪，准备上床休息。雷锋怕影响他休息，拿起一本书就往外走。头一挨枕，这位摄影师就进入梦乡，不知什么时候，却忽然被雷锋的叫声惊醒：“毛主席……毛主席万岁……”

季增打开了电灯，发现雷锋甜甜地睡着，是在说梦话，于是笑着叫醒了他。他却十分激动，语气急促地告诉季增：他梦见了毛主席和他握手，真是幸福死了！

最难忘:
那个幸福的梦,
梦中太阳升,
毛主席呵,
最亲的人,
殷切的叮咛……
醒来时,灿烂阳光耀眼明。

后来,著名诗人程光锐写下激情的诗篇,对他的好梦如是赞美……那位摄影家在听了雷锋的话之后却失眠了。他苦心孤诣地琢磨了几种构思,想以他的相机镜头,准确而生动、新颖而传神地表现雷锋热爱人民领袖的真挚情感。

第二天一起床,他便将思考成熟的一种构思告诉了雷锋,雷锋高兴地说:“你想到我心里去了,我如果能手握钢枪,站在毛主席身边,永远保卫他老人家,保卫社会主义,这是我一生最大最大的幸福!”

这幅照片的主题,就这样确定下来。

大会前的那个早晨,霞光满天,一轮红日冉冉升起。季增和雷锋一同来到了“和平俱乐部”门前的毛主席塑像前。全副武装的雷锋手握冲锋枪,生气勃勃,英姿飒爽。季增架起相机,找准了角度,非常自信地拍下了这幅照片。

在季增的眼中,雷锋不仅是一位毛主席的好战士,一位好楷模,而且是一位善解人意的好朋友,是一位知道如何配合党的宣传工作的好伙伴。季增在摄影创作中熟悉了他这个对象,他也在默契的配合中熟悉了摄影工作。

一九六一年的中秋节,运输连发给每位战士四块月饼。同志们拿到之后,都对着圆圆的月亮,笑着闹着吞进了肚皮。那是生活困难时期,和今天最好的月饼都不是一个味儿——那是世上稀有的美味。可是,雷锋看了一会儿月饼,便找来了一块清洁的红纸,仔仔细细地包裹起来,放到了他的挎包里去。一位战士觉得奇怪,问他为什么不吃?他神色庄重地说:“现在西部医院的病床上,还躺着许多的伤病员,他们为社会主义建设负了伤,在节日里,需要人们的友爱和温暖,我想把这些月饼送给他们。”

第二天出早操,这位战士把雷锋的想法告诉了季增,季增急忙背起了相机,跑到运输连中。连长告诉他:“雷锋开车拉粮去了。季增估计到,他拉完粮食会直接去医院,于是赶到医院门口,“设伏”待雷。大约等了一小时,雷锋果然开车来了,把汽车往路边一停,背着挎包走进了医院。

季增跟踪进了医院,与雷锋相遇。雷锋问季增说:“你来看病吗?”季增不置可否,与他一齐来到了病房。雷锋从挎包中拿出了月饼,连同一封慰问信一起送给了病号,拉着他们的手真诚地说:“这是我的一点心意,希望你们早日养好病,回到建设的岗位上去。”

在雷锋做着这一切的时候,季增正做着那一切:怀着感情干的活儿,本身就会盈满感情,又一个珍贵的瞬间摄入了镜头,给后人留下了万金难买的照片。

一九六一年的严冬,为了提高部队的战斗力,全团进行了一次野营拉练。部队每天行军四十公里,真是人困马乏。走山路对于步兵来说早已习惯,可汽车兵没练这一功,便觉得十分的困难,许多人的脚上磨起了血泡。可雷锋撂下背包就帮助房东挑水、扫院、捡柴、烧水,还和房东大娘拉起了家常。

房东大娘看着这个南方小兵可爱,就夸他说:“看你烧火的样子,还真是个行家。在家一定是个勤快孩子,常帮妈妈干这活儿呢!”

这句话触到了雷锋的疼处,于是告诉大娘身世,大娘哭了起来。他端了一盆热水,去给一位新兵洗脚,新兵累得实在支持不住了,横躺在炕上起不来,说是不想洗了。雷锋说:“那我就给你洗洗吧!烫烫脚才能休息好,明天的路更难。”

新兵被感动了,不好意思地坐了起来,咬着牙去洗脚。雷锋为他挑开脚上的水泡,又去帮助别人。天未亮又出发,山越爬越高,路越走越难,体弱的战士渐渐落在了后面。雷锋担任全连的宣传鼓动员,一会儿站到高处说一段快板书，一会儿又带领大家唱歌鼓舞士气，帮这个背行李，帮那个扛枪。部队休息，他便读报纸和《愚公移山》一文。这一切，都被那位有心人季增——摄入了镜头。

雷锋这种顽强的精神深深感染着季增。晚上，季增悄悄地问："小雷你真不累？脚打没打泡？"他仍像往常一样，笑呵呵地说："我真的一点也不觉得累，旧社会经常上山打柴，哪有鞋穿，都是打赤脚，早已磨就一层厚厚的老趼，练就了一双铁脚板，从来不会打泡的。"

他嘴虽然这么说，但看他的行动也有点吃力。季增便把他按在炕上，心疼地说："天不早了，你也休息吧，明天的山路更难爬。"

当时党中央提出的三面红旗是总路线、大跃进和人民公社。雷锋为了用实际行动支援人民公社，一九六二年春节前后他利用放假时间，每天都起得很早，挑着粪筐，拿着铁锹去捡粪。两个月，他捡了一大堆，春耕时送给了郊区李石寨人民公社。一天早操前，季增见他挑着粪筐正要出去捡粪，便赶紧跑回办公室拿起相机追到郊外，拍下了几张捡粪的照片。由于早晨光线暗，又有一层灰蒙蒙的雾，也没有闪光灯，胶卷冲出后曝光不足，效果不太好，也就没往报社发。可总算记录了这一事实。后来季增又为他拍了准备给辽阳灾区寄钱和写慰问信等镜头。

在与雷锋相处的日子里，季增为他的事迹深深感动着，躯体里燃烧着强烈的创作愿望，常常是雷锋走到哪里，季增就把镜头对准哪里。仅仅两年多的时间，季增为雷锋同志拍摄了二百多张照片。这些照片从不同的角度以不同的体裁展现于人们眼前，给后人以有形的感染，这是一种伟大的贡献。

关于雷锋留下了许多张历史照片的问题，答案中仍要强调雷锋"爱照相"的实情。他的"爱照相"不只是"唯美"，在很大程度上是配合了当时的宣传工作。而宣传工作则是政治工作中的一个重要方面。雷锋所在班的战友于泉阳回忆雷锋很喜欢邀同志照相，一天我俩走出商店，看到大楼边有一个照相馆。雷锋看了看表，对我说，现在刚过十一点，到帮厨的时间差不多还有一小时，咱俩进去合个影吧？将来我们退伍后都回各自的家乡,如果想了,就拿出照片看看,不也是个纪念吗?

另据《解放军画报》社摄影记者吴加昌回忆:他在与雷锋相识并相处的日子里,不但发现雷锋喜爱照相,而且喜欢跟着他到暗室中,要看一看底片到底是怎样冲洗出来的,而且非常急切地向吴讨要了一张毛主席的照片……

原沈阳军区政治部宣传部干事周军回忆为雷锋的一次照相,可以说是十分的细致:

"……小雷,我想给你拍一张照片,咱们到院子里照吧!"

小雷听说要拍照,一面习惯地检查军容风纪,一面连连点头说:"好!好!"

当时天气很冷,按我预先的构思,我想把雷锋拍成一位伟大战士形象,要像一尊雕塑,给人以高大、刚毅的感觉。可是首先发现,雷锋的帽子与我的创作意图不一致。雷锋当时戴一顶亚寒区配发的剪绒帽,而且似乎洗过,显得很小、很难看。怎么办?这时有位从黑龙江调来的同志从这里经过,戴着一顶皮帽,他听说是给雷锋照相便欣然借给。小雷戴上这顶帽子,比原来的好多了,但我从取景框里一看,发现帽子太大了。正在焦急时编辑部的李奎根急忙把他的毛帽子拿来,给雷锋换上,结果比例适当,出现了我所想象的效果,我非常高兴。为了把雷锋拍得高大(在我的心中,他是十分高大的)。我采用了适度的仰拍角度。

整个拍摄过程是紧张而艰苦的,得到了在场同志们的热情支持和帮助,更使我感动的是雷锋同志的密切配合。当时天气很冷,多次换帽子,又不能戴手套,把脸和手都冻红了,但他仍然十分耐心,一遍又一遍体会当时应有的感情,认真地体会应有的动作,直到拍好为止。照片拍完之后,又是一阵活跃,有的争着摸雷锋用过的枪,有的轮着抢戴雷锋戴过的皮帽子,都以此为荣……

在一九六二年的八月十五日,二十二岁的雷锋倒在了他的嘎斯汽

车旁,长眠于雪国的九泉之下的时候,人们捧托着那些照片,唱响了贺敬之创作的《雷锋之歌》:

……
啊！这就是,
这就是
一个叫做
“雷锋”的
中国革命战士的
英雄姿态！
这就是
我们的大地
我们的母亲
以雷锋的名义
给历史的
回应——
人啊,
应该
这样生！
路啊,
应该
这样行！……

第十三章

八月十五日—十七日

一九六二年八月十五日，整个的抚顺大地都在颤抖。过林的秋风，在工兵十团运输连的营地呜咽如泣，诉说着秋天的忧伤。那一日的天空是晴朗的，几片形若孝巾的轻柔白云，索索有声地揩擦着蓝色的天空。但是，谁也没有料到：那位聪颖、勤奋、活泼可爱、心地善良、品质高贵、为党为民赤胆忠心的雷锋会永辞人世……

原雷锋所在连副连长——连长虞仁昌以饱蘸泪水的笔触，回忆了那个不祥之日，回忆了死前一刻的雷锋：

> 一九六二年八月十五日，雷锋和我最后一次谈话的情景，我还记得非常清楚。他对我说："13号汽车已经到了该三级保养的时候，车况也不大好，请连里安排保养。处长说洪水期快来啦，需要把粮运足，车子不够用。"他又建议说："连长，我建议这次保养不要送修理所了，让老兵排保养，可以学点技术，又可以快点保养好去担任任务。"我当时一看表已经十点多了，考虑到他远路回来，又快吃中饭了，就叫他去休息，吃了中饭把车先洗好再说。想不到他向我敬了一个礼，出去后不到十分钟(十点二十五分)，就遇到非常意外的事故而负重伤，经医院抢救无效……

雷锋所在连战士皐福财如是回忆牺牲之前的雷锋：

> 这天上午八时，我上岗执勤。十时下岗返回到营房路旁时，见

雷锋同志在那儿站着。我便打招呼问:“四班长,您干什么哪?”雷锋回答说:“先冲刷一下车辆,完了对车子进行一次检查、保养,以便发现毛病及时修理,好执行新的任务。”当时我说:“您和乔安山开的这台嘎斯车,已经是咱连的标兵车啦,还用得着洗刷保养啊!休息休息吧。”雷锋说:“按要求还差得远哩!若真是标兵车那就更应该车容清洁,车况良好,不注意随时检修怎么行呢?一旦发生机械事故不就麻烦了吗?”我们在交谈中,乔安山同志把“嘎斯车”开了过来。车子由营房东边的干路向营房前往西的支路上开,这时,雷锋在前面指挥……

原雷锋所在团团长回忆雷锋的文章,较为详细地叙述了他牺牲前出车的情况:

……在他牺牲的当天……他连早饭也没吃,就装上旧棉军服开车返程。当回到连队时,还不到十点钟。连长叫他们洗脸吃饭,先休息休息,可雷锋考虑到车子已到保养期,车身满是泥水,必须马上清洗……于是,他让助手乔安山同志把车开到连部后面,用水好好冲刷一下……

就在前一天晚上十点多钟,我接到了离团部一百公里外正在执行任务的工兵营打来的紧急电话:“几天来连降暴雨,物资供应不上,全营仅剩一天的粮食了。”我放下电话,立即赶到办公室召集有关人员,决定派车连夜送粮。于是把任务交给了运输连。任务艰巨,运输连自然想到了思想、技术都过硬的雷锋。

雷锋经过紧张准备,带了一名助手、一支冲锋枪和一把铁锹,不到一个小时就把粮食装上车出发了。途经一段十公里的路段时,因土石塌方严重,堵住了去路。雷锋和助手跳下车,用铁锹铲,用双手扒,清理一段行驶一段……第二天早晨七点多钟,我接到了营长的电话:“团长同志,粮食已经运到了。”

运输连指导员高士祥是雷锋牺牲前后的历史见证人，在旅顺口他的家中，这位老军官曾向笔者讲述雷锋与他最后的见面情形：

……我去团施工工地参加全团的政工会议。晚上就寝前到雷锋班里看了看，雷锋简要地介绍了他们班近况，我听了以后很满意。十四日晚上雷锋到我们几位指导员宿舍(住在老百姓家)向我汇报说："车管李助理员指示明天赶回抚顺望花修理所进行车辆三级保养，争取五天修完赶回来。"我告诉他："施工任务已处于收尾阶段，九至十月份任务很重，如果不抓紧时间进行保养，部队十月末返回营区，你们班还有往回运输各连物资的任务，怕是有困难的。"他听后高高兴兴地回班里去了。十五日我早起散步，看见雷锋和小乔在后勤处李助理员住的房间东一间小草房边，往车上扛被服等物，便问："你们什么时候走？""吃过早饭就走。"雷锋回答说。"你们俩一定要注意安全啊！"雷锋笑呵呵地说："是，指导员，请你放心！"当我离开他们时，雷锋还很有礼貌地对我说："再见，指导员！"没想到这竟成了我跟雷锋的最后一次谈话……

在雷锋受伤之后，高士祥的叙述令人喘不过气来：

八月十五日上午十点钟左右，我们正在后勤处张协理员宿舍开会，突然电话一个劲地响了起来，协理员拿起话筒，里边没有声音，气得他把听筒扔到了一边足足有五六分钟，张协理员说："总机搞什么名堂？"有人插话说："不是听筒坏啦，你再摇摇看看。"张协理员拿起电话一听，不是话筒坏了，而是总机把各级领导的电话全接通了，里边有人讲话说："通报一个不幸的消息，雷锋同志发生了重大事故。"连续讲了好几次，听到这里协理员的脸都变色了，开会的同志们都愣了，协理员结结巴巴地说："雷锋，雷锋发生……"我更蒙了，半晌说不出话来，一下子从炕上跳下来，心想：雷锋和乔安山开车，可能掉到山沟里了！我们正在着急时，团里领导来电话说，让孔处长和我赶快准备回抚顺运输连。我和孔处长跑到公路上，正好团的一辆车开过来，我们上了车，政委韩万金、政治处主任都已在车上。回到连队，只见干部战士全低着头，抚顺市和望花区的领导和周围的群众以及学校的学生听说雷锋出了事，都急切地赶来了。由于我们急着想知道雷锋到底出了什么事，就没有来得及向其他领导和群众说话，只是问雷锋在哪里？连长呢？一名战士说："在西部医院抢救。"我们挤过人群，直奔医院，远远就望见一群白衣大夫。韩政委第一句话就问："雷锋在哪里？"回答说在医院太平房，我们的头顿时就耷拉下来了……

虞仁昌的回忆文章说：雷锋是报告完"要自行修理汽车"的问题，敬过礼离开他的。大约十分钟之后，那位河南兵韩振马急三火四地飞奔入连部，报告了"雷锋出事"的噩讯。虞仁昌立即跑到了现场：

我看见雷锋倒在了地上，乔安山(是他开车撞了雷锋)把雷锋扶坐在地上，我蹲下去大声喊："雷锋！雷锋！"没有答应。只见他左眼圈发紫，左鼻孔流出淡淡血水来；旁边倒了一根被撞断的方木杆子。我忙叫旁边的一个战士，命令似的说："快让把教练场的教练车开过来！"很快，由汽车教员王广湘把车开了过来。这时，我亲自把雷锋抱上汽车，让车直接开往望花西部医院，从车上下来就背上了二楼抢救室，抢救中体温过高，我急忙到楼下买了一箱冰棍进行降温；温度刚降下来，突然呼吸停止了。医生进行人工呼吸后又恢复了。这时一位医生对着我们问："你们谁是负责人？"我应声后跟他进到一个小房间里。他说："伤势很重，是颅底骨折，内部出血，生命有危险。"我一下子吓呆了。含着眼泪焦急万分地对他说："他是毛主席的好战士雷锋啊！请您们无论如何要千方百计地抢救他呀！"他听了我的话之后，就提笔写了一张便条，说："快些派车去沈阳军区总院，把脑外科主任段教授请来。"我拿了字条折返小路脚不沾地地跑回连里，连里的同志们一下都围上来问我：

"雷锋怎样了"……我顾不得旁的啦,忙对副连长白福祖说:"你快点,马上开车到沈阳……"他接过二院医生写的便条含着眼泪说:"只要能把雷锋同志治好救活,我牺牲生命也愿意。"我看他那激动的样子,忙说:"不,雷锋要救,您也要注意安全。"恰好这时候,团司令部的军务股长来到连里,我灵机一动便用请求的口吻说:"股长同志,我们白副连长的心情也太激动,能否请您跟车一起走趟沈阳,以便坐在驾驶室里帮助指挥一下?"股长慨然接受了我的请示。他们迅速驾车走后,我考虑到为了增加可靠性,遂又派汽车教员王广湘也开了一台车随后跟去……

造成雷锋被撞的那个战士的名字叫乔安山。他因与雷锋有了这些关系而在各种报刊露面。乔安山对这个过程细节的描写详见于《雷锋是怎样牺牲的》一文:

我和雷锋在一起是一九六二年,他到四班当班长以后。雷锋先是三班的副班长,四班班长转业后,把雷锋从三班调到四班当班长。

一九六二年春天我们来到下石碑村。

八月十四日那天,后勤李助理来通知说:"你俩明天回抚顺,把车整一整,星期一把煤捎回来。"

我记得清清楚楚,第二天是八月十五日星期六。

早晨,我俩去停车场把车整好后,我开车,雷锋在车厢上面,车开到金花楼时,我到车厢上面把雷锋换下来,雷锋接着开,一直开到抚顺营房。

车停好后,雷锋说:"我去跟连长请示一下。"就到连部去了,我见院里有两台大修车,就过去帮着整车去了。

雷锋去了将近一个小时,回来后对我说:"咱俩去洗车。"我说:"行。"他就去前面把拦在道上的铁丝网弄下来(我们要到九连前面的水管那去洗车,因为九连同志出外执行任务去了,怕小孩进去,就利用道口的几棵树拉上了铁丝网)。

到了铁丝网跟前,我把车停下来问他:“行不行?”他说:“没事了。”我就挂一挡拐那个直角弯,那个弯很不好拐,我记得还打了一个倒车,拐过直角弯后车就往前去了。

车开进的是一个较窄的人行道,道口的南边有一棵大树,以这棵大树为起点,用八号铁线连着一排一米五高、小碗口粗方木杆子,平时用来晒衣服用。雷锋站在车的左侧,离车很近,几乎就挨着脚踏板。他站在那指挥着说:“没事了往前开吧。”我就往前开,车厢上的大带将离大树最近的一个方木杆子从根部挤断了,并把拴在上面的八号铁线也拉断了。折断的木杆在铁线的拉力作用下,上端正好打在雷锋的太阳穴上。当时我并不知道这一切,只感觉了“吭哧”一声。因为没听到雷锋在车下说什么,我也就没往心里去,把车一直开到了九连的水管跟前。

下车后见雷锋倒在那里,我赶紧跑了过去,当时还有几个战友在菜园干活也跑了过来,跑到跟前我就把雷锋抱了起来,这时他的鼻子、嘴都往外喷血,喷我一身,我对别的战友说:“快去找连长。”把连长找来后,连长立即指派副连长把雷锋送到了西部医院。

雷锋被送到西部医院护士办公室的床上。

这时雷锋抽得坐了起来,院长和主治大夫都跑来了,他们给雷锋做人工呼吸,雷锋缓过来后,院长跟连长说:“这个人不行了,得立即做手术,我们这做开颅手术不行,赶早去沈阳接陆军总院大夫。”他还写了一封信。白副连长开车去的沈阳。

大夫们也开始抢救工作,他们把床拽了过来。这时雷锋十多分钟抽一次,后来达到五六分钟抽一次,抽完之后就中断呼吸。

院长说:把气管割开输氧气。护士把雷锋的脖子割开了,护士的手紧张得直哆嗦,气管拽不出来。院长亲自上前把气管拽了出来,并把氧气给插上了。这时雷锋仍然不见好转,院长又给他做人工呼吸,过了五六分钟,院长跟连长说:“不行了,回去准备准备吧。”

这里过来两个护士把雷锋送到了太平房，用白被单盖上了，我也跟去了。他们走后，一个老头来了说：“你出去不？我要锁门了。”我说：“不出去，你锁吧。”当时屋内还有其他死人，可我根本不知道害怕了，当时脑袋里一片空白。我在那屋里坐了二十多分钟，陈排长来了，他把我带到连队后勤招待所的一个小屋里禁闭起来，又派两个战士在门外站岗。

十二点多，指导员回来了。问：“乔安山呐？”(我在屋里都听见了)陈排长说：“看起来了。”指导员说：“看什么看！”还骂了几句。他们让我出来后，指导员告诉一个战士说：“你看着他点，别离开他身边，看他想不开再出点事糟了。”我就在营房后的树林里来回走走。

第二天，地方上各个有关单位的负责人、政委韩万金等都来了。他们看了发生事故的现场，分析了事故的原因。

下午我正在宿舍坐着抽烟，指导员来找我谈话。他说：“事故已经调查清楚了。雷锋已经牺牲了，你要化悲痛为力量，不要背什么思想包袱。”

连队成立了治丧委员会，在望花区委礼堂公祭雷锋同志大会时，我还为雷锋守过灵……

从乔安山的叙述中不难看出，他是在完全的无意中撞倒了方木杆子，使雷锋致死。团长、团政委及连首长在分析事故原因时原谅了他。显而易见的问题是：他的驾驶技术不够过硬，汽车往前行驶之时，既不能撞墙，也不能挤倒方木杆子，而只能从两者中间通过。

总之，乔安山撞死了雷锋，他只有二十二岁年纪，除却了悲苦便是艰苦——虽然他是以苦为荣。假如这个年轻的共产主义战士不被撞死，那么，在他更加长远的光辉灿烂的一生中，又该有多少美好的故事可写呢？

遗憾，这是无尽的遗憾！

这里需要介绍乔安山,以及他与雷锋的关系:

乔安山,辽宁省辽阳市人。一九五七年,全国大炼钢铁,十六岁的乔安山被招工到鞍钢,成了一号炉的“炉前”工人。雷锋从湖南来鞍钢,他俩同厂而不相识。后来,二人先后调到了弓长岭铁矿,他们相识并结成好友。雷锋比他大一岁,常在一处玩儿。那个年月我国与苏联关系很好,不少东西都学苏联,其中跳舞就是一项。当时有个口号:“不会跳舞就不是个好工人!”雷锋接受新东西很快,跳舞很潇洒,不少女工都喜欢找他跳,而乔安山怎么学也学不好。

雷锋牺牲后,上级曾表示,关于雷锋穿皮夹克和戴手表的事儿要保密;八十年代,有人利用这些说雷锋典型的“虚假”……乔安山反驳道:“雷锋是人不是神,他没有家,把省下的钱买了一块手表和衣服又有什么……”

乔安山和雷锋在一块聊天时发现,他们有一个共同的理想:当兵入伍。

于是,这一对工友又成了战友。

在一个班生活,乔安山与雷锋亲如手足。雷锋知道他家也遭了水灾,便偷偷地给他家里寄了十元钱,当时十元钱对一个家庭来讲能买不少东西。

在一九六一年十二月三十日的《雷锋日记》中,我们也可以看到如此记叙:

> 我班乔安山同志的母亲病了,今天来信叫他请假回家看望。首长批准了他三天假。可是他着急回家缺钱,想买点东西给母亲吃,钱又不够。正当他为难的时候,我一考虑心里过不去,我想,他的母亲就像我的母亲一样,他有困难,也等于是我的困难。我和他是阶级兄弟,应当互相帮助。想到这里,我立刻拿出了自己的十元津贴费,还买了一斤饼干,一齐交给他,叫他带回家给母亲。乔安山同志接到我的钱和饼干后,激动地说:“班长,我太感谢你

了……”

紧张工作，繁忙公务，“挤”时间学习的雷锋十分关心他的战友乔安山。在他于百忙中记叙乔安山的笔记，就有“乔安山通过‘毛选’的学习，提高了认识：‘正确地处理了二分钱的问题。’”一九六二年二月二日，他的又一篇日记写下了乔安山的另一件事：

> 二月二日，乔安山同志看到宿舍内的大炉子坏了，主动和泥把火炉子修好了，这种处处为集体而劳动的精神是值得大家学习的。

雷锋已经成了一位从心灵到行动都谦虚的人：对自己所付出的所有的牺牲失去了计较和记忆，而对于身边战友点滴进步的行为尽收眼底，喜于心中。无论从哪一种角度看，雷锋和乔安山当时的关系都是十分亲密的。

雷锋还有件有意思的事儿，就是和老百姓打交道时，不管是姑娘还是农妇，都一律称之为“大嫂”。战友们知道后，凡是向老百姓借东西时，必让他出面，然后看着他出笑话。

乔安山笑着问过他：“小雷，你怎么管小姑娘也叫大嫂呀？”雷锋不好意思：“在我老家那儿叫大嫂比叫姐妹亲切，因为姐姐妹妹早晚得出嫁，是人家的人，而嫂子娶到家里，才永远是一家人。”

秋天到了，部队要给生产队收割庄稼，每个战士分几垄一起收割，活儿很累，连长信任雷锋，便常让他领队收割。个别战士要滑头，向雷锋请假解手，跑到小沟里一待就是半小时，雷锋便替他干。乔安山看不过眼：“你可真美得他，让他自己干！”可雷锋不计较，还是替他把活儿干完。

一九六二年一月，连队的营房安扎在铁岭县横道河子公社下石碑大队，战士们都住进了当地的老乡家里，乔安山和雷锋一起住进了一个姓艾的人家里。老艾头七十多岁，是过去的地主。一间屋内南北两个大炕,乔安山和雷锋睡北炕。两个战友常给老艾头扫院子、打水,但由于当时政治大环境的原因,他们和老艾头一家三口几乎是不说一句话,从头到尾也没有任何感情交流。

晚上没事儿,雷锋便主动教乔安山学文化。雷锋说:“小乔,你得专心学习呀,要不然将来谈恋爱写信总不能求人写吧。”后来谈恋爱时乔安山确实找几个人替他写了几次信。恋人说:“我爸爸说你文化不错,字体还总变呢。”

倒是有些姑娘给雷锋写信,因为雷锋当时就有名,又常出去作报告,钟情的姑娘自然不少,晚上没事儿的时候,雷锋也给她们回过信。下石碑学校有个姓李的女教师,二十岁左右,长得很漂亮,看中了雷锋……可她不敢来找雷锋,只能写信。乔安山和雷锋开玩笑:“这好事儿可别放过呀。”雷锋倒是认真了:“不行不行,不能犯了军纪嘛。”雷锋的原则性是很强的。

我们不难想象,当时,一些战友无论如何不能原谅乔安山。直至今日,仍有战友在作报告时埋怨他。

这一切都痛苦地折磨着乔安山。后来,雷锋生前所在班被国防部命名为“雷锋班”。在这个班里,乔安山天天学雷锋,助人为乐,以此告慰雷锋的英灵。乔安山一九六六年复员,并与张淑芹在铁岭结婚成家。

复员后,乔安山到铁岭市运输公司做司机,工作上他任劳任怨,始终按照雷锋的样子去做人、去生活……然而他没有对任何人提起过他和雷锋的战友关系,也没有在任何人面前提过雷锋。他的同事和亲属都不知道他不寻常的经历。就这样,他与雷锋的战友情结埋藏了三十多年。每年清明节里,乔安山都要带着家人坐火车去抚顺给雷锋扫墓。每一次他都自言自语:“老班长,我领着家里人看你来了,这些年我是照你的样子去做人的,我让儿子、孙子也照你的样子去做……”这么多年,乔安山一直做着别人不愿做或做不到的事情,他觉得只有这样,才对得起雷锋,才能使心灵得到慰藉。

一九六七年,他得知一位伤员急需大量输血,便主动来到医院,告诉医生是为伤员义务献血的,伤员家属当即感动得流下热泪:“你真是活雷锋啊！"献完血，乔安山没有留下名字就离去了。乔安山这些年为他人义务献血达几十次之多……

这便是乔安山，他在雷锋牺牲之后的几十年——乃至一生中都在为了"赎罪"而拼命做好事。这一切对于人民是有益的，也是在安慰着地下有知的雷锋。人民失去了好儿子雷锋，乔安山则是失去了好兄长、好战友，他的痛苦和自责将会伴随他一生，只有奉献才能减轻痛苦。这是乔安山的大致情况。

这里我们仍要继续雷锋"牺牲"情节的介绍。

指导员高士祥赶到医院之后叙述的内容大致如下：

我们急忙赶到太平房，当时的虞连长正领着战士给雷锋擦身子、整容，全部换上新鞋、袜、帽和衣服。连长和原四班班长张兴吉边擦边大声哭喊，太平房里的战士们个个泪人似的，我和政委眼泪刷刷地往下流，控制不住也大声哭了起来，政委急忙把我拉走，我回头再看看雷锋的右眼眉上方，隆起鸡蛋大一个包。首长让我们和虞连长一起回连部，向军区工程兵领导报告雷锋牺牲的详细情况。回到连队已是下午一点多钟，在座的有抚顺市领导、望花区领导、团机关有关人员、工程兵机关领导也赶来参加汇报会。虞连长简要介绍了雷锋遇难经过，他说："雷锋和乔安山把车从下石碑山村开回连队停车场后，雷锋到连部向我请示说，他们两人已商量好了，不将车开到修理所修理，他们自己要干，准备把车开到九连厨房门前，用自来水冲刷车子，中午就可以晒干，下午请王教员和白副连长帮助，他们进行保养，这样既缩短了时间，又锻炼了技术，当时乔安山还曾问过一句：'保养车时咱们没有工具行吗？'雷锋回答说：'我到修理所去借。'我同意了他们的想法，并表扬了他们这种对工作积极主动和赶任务、学技术的负责精神，雷锋高高兴兴地向我敬个军礼就回到了车场。不到十分钟就听到房后大喊大叫'雷锋'……"他介绍到这里，韩政委问乔安山在哪儿？回答说被禁闭起来了。政委指示我把乔安山放了,他说:“不能死了一人,再死第二人,你要负责他的安全,不要让乔安山再发生意外,千万不能再死一个了。”我和副连长立即来到乔安山被禁闭的地方(家属来队住宿的一间小屋),见两名战士持枪而立,为解除乔安山的紧张感,我故意大声对哨兵说:“你们还在这干什么?政委让你们回去,乔安山没有事了。”乔安山见到我就边哭边说:“指导员我有罪呀,这么好的班长让我给撞死了,让我跟班长一起去死吧!”我劝了半天,他才平息下来。我问他出事经过,当时乔安山说的情况和其他人说得不大一样,我认为乔安山当时说的是真实的,但他也诚实地承认说:“如果当时是一挡起步,慢一点就不会出事了。”乔安山还向我介绍说,当时他还不知道出事了,等他把车开到伙房停下时,才发现雷锋躺在地上。连长派白副连长开车,去沈阳接脑外科专家来。白副连长着急,车开得特别快,沈阳的交通警都感到奇怪,要拦车,白副连长大声喊是救人!一直没有停车,到沈阳军区总医院时,脑外科教授已在门口等着了。等他赶到抚顺西部医院时,雷锋已停止了呼吸,老教授痛惜地说:“我来晚了,没有完成任务。”不过,他说如果他能及时赶来的话,可以保住雷锋的生命,但人也要残废。老教授说到这里,乔安山就被排长和两名战士带进了禁闭室。以后的事情他就不清楚了。他还对我说:“我当时在想,雷锋让我给撞死了,我也活不成了,最低也是无期徒刑。真没想到领导还把我放出来了,还和同志们一样对待,我只有感谢党、感谢领导,我要用我的全部力量和实际行动,弥补我的罪行,来完成雷锋没有完成的任务……”从那以后,为保护他的安全,我走到哪里,就叫他跟在哪里。乔安山再三要求我让他去看看雷锋遗容,我带他去了。他在雷锋遗体前,趴在地上一个劲地哭,经再三劝说他才离开。

我们连队干部、战士几天几宿没吃好睡好,人人都为雷锋的遇难而痛苦,为失去一位亲密战友而悲哀。为了表示对雷锋的尊敬,连队决定由正副排长以上干部为雷锋遗体站双岗,全副武装给雷锋守灵,半个小时一换班。

虞仁昌站在已死的雷锋面前不相信自己的眼睛,他解开雷锋的上衣,把耳朵贴向他的胸口,感到全如常人的温暖和柔软,于是急匆匆又找来医生,请求抢救:“他的温度都是好好的,请再抢救一下吧! 只要雷锋能活,要血要肉都能搞到! ”

医生诚恳而负疚地回答道:“他是脑挫伤,内部出血,血和肉都是没有用的……”

原雷锋所在团政治处主任、技术营教导员崔东基回忆道:一九六二年八月十五日,工兵十团的领导人都在山城子开常委会,突然接到一个电话,说雷锋开车撞人了。大家的心里一震,都担心雷锋这个典型人物闹出了大问题。不大一会儿又来了电话,说是雷锋负伤,抢救无效牺牲了。韩政委立即命令崔东基前去处理事故。

赶到医院的崔主任首先命令关起乔安山来, 怕再出第二条人命。接着和于波同志商量处理后事。

于波说:“雷锋是市人大代表,必须向市人大汇报一下。”

他们驱车去了市委办公厅,一位副秘书长接待了他们。然后又去了民政局,民政局非常重视,问部队方面有什么要求。崔东基提出了两个问题:一是棺木,二是冷冻冰块。民政局回答说:“棺木明早送去,冷冻冰马上派车到冰库拉载! ”

当他们从市里回到运输连, 雷锋遗体已从西部医院拉回三营营部,放到一张乒乓球台上,冷冻冰已拉回来了。晚上七点钟以后我又叫车把韩万金政委从团部接来了, 把事情的经过全部向政委做了汇报,晚上十点多钟市民政局局长陈述钵和民政局的两个同志也来了。看来市里非常重视。韩政委说:“我向沈阳军区工程兵汇报,你和于波回去张罗开追悼会,因为地方提出把追悼会开得隆重些。”

八月十五日这一天下午,望花区本溪路小学的学生,戴着鲜艳的红领巾,来到了学校里。他们刚刚度过了一个愉快的暑假,那一日就要参加开学典礼的仪式。

同学们刚刚集合整齐，便七嘴八舌地询问着：怎么雷锋叔叔还没有来呢？他是校外辅导员，应该参加开学典礼，同学们已经离不开他。一位姓李的同学突然低声告诉陈雅娟："雷锋叔叔受了重伤，我姐姐在医院工作，她告诉我的……"

"什么？"陈雅娟惊愕地发问，不敢相信自己的耳朵。但是，她又一次听到了清晰的回答，并且看清了她那双泪湿的眼睛。

在典礼进行期间，这条坏消息传遍了整个会场。大会一结束，少先队员们立即跑向了军营。许许多多的解放军战士站在房檐下，蹲在树荫下，皆是悲痛神色，没有一个跟活泼可爱的孩子们打一声招呼——这是从未有过的现象：在此之前的许多日子里，每逢这群鸟儿般的少先队员蹦蹦跳跳来到营区，战士们便迎上前去，又拉手，又说笑。战士们的笑声和孩子们的歌声，像春天树林里的鸟儿欢唱。雷锋总是热闹的焦点，孩子们围着他，扳他的腿，攀他的肩，和他比高矮，学他的湖南口音，拿腔捏调地叫他"雷红"叔叔……

但是，眼前那种沉闷的气氛，使同学们预感到了不祥，一个个跑到了连部，推开门迎面碰到高士祥指导员，陈雅娟迫不及待地问："指导员，我们找雷锋叔叔来了，他在哪里？听说他受伤了是真的吗？"指导员没有马上回答。他眼含热泪，对身边的首长讲："这些孩子就是雷锋生前辅导过的学生。"当他们听到"生前"二字时脑袋顿时嗡的一下，是不是听错了，又赶忙追问一句。指导员这时再也控制不了自己的感情，声音颤抖地说："同学们，你们的好辅导员，我们的好战士雷锋同志已经因公牺牲了。"真是晴天霹雳呀！同学们抱头痛哭起来，雷锋叔叔，你不是说今天一定来参加我们的开学典礼吗？怎么你连一面都没见我们，就离开我们了呢？

在一片哭声中，他们想起了雷锋叔叔的许多好处，想起了他的音容笑貌。想起了八月十三日那一天，陈雅娟和几名班干部、少先队员在军营中最后见雷锋一面的情景：

微风轻吹，天气晴朗。因刚下过大雨，空气格外清爽。他们是吃过午饭到达营区的，战士们迎上来，叫着小同学的名字，一边叫唤着雷锋："快出来，小朋友找你来了！"

他们听到了回答的声音，却没能看到人。忽然之间，雷锋从汽车下面爬了出来：满身的油泥、满面黑灰，原先明净的额头上糊上了一块油渍，脸上、眉间沾着草屑。他高兴地笑着，牙齿在阳光下雪白闪亮。他和每一个小朋友握手："好长时间没见你们了，很想念。暑假生活愉快吗？同学们都好吗？"

他们争着抢着向这位辅导员汇报着学习和活动情况，他睁着亮闪闪的眼睛，那样专注地听着，不住地点头赞许。接着，他开始叮咛眼前的孩子，仍是那温口善面，悦耳语音，不急不缓的样子：

"新学期马上开始了，你们将要升入六年级，成为全校的大哥哥、大姐姐。可要在各方面做好表率呀！过去一年里，你们进步很大，由落后变成先进班级，千万别骄傲啊……"

那时候，男女同学用唱歌的童音回答他：

"请辅导员放心，我们一定再接再厉，保持优秀班级的荣誉！"

要离开军营的时候，他们没有忘记再告诉辅导员那件大事——八月十五日，是本溪路小学的开学典礼日，辅导员要开车外出执行任务，可是千万不能忘记：参加学校里的开学典礼……

他们的辅导员笑了："放心吧！八月十五日，我记住了，一定参加你们的开学典礼……"

这是一种含泪的、悲切的回忆。在孩子们的意识中，他们的雷锋叔叔不会死，连同他说过的话，唱过的歌。十三日的见面成为他们幼小心灵中永远的底片。

他们不能够再一次看到雷锋了，此刻的他，正躺在营部的乒乓球台上。耀人眼目的橄榄绿映衬着他那张煞白的脸、高挺的鼻以及黑黑的眉睫和微微开启的嘴唇。他全身洁净，换穿了簇新的军装，帽徽与领章鲜艳夺目，熠熠生辉。他脸上淌下的、口鼻中喷出的鲜血已被战友和首长洗净，那鲜红的颜色却映在人们的心中，久久不散，一如他参军之

前(一九五九年十二月十二日)的那篇日记:

一个人出生在世界上以后,除了早夭的以外,总要活上几十年。每个人从成年一直到停止呼吸的几十年的生活,就构成各人自己的历史。至于各人自己的历史画面上所涂的颜色是白的、灰的、粉红的或者鲜红的……主观因素起决定性的作用……我要永远保持自己历史鲜红的颜色。

鲜红的是什么,是血呀! 他以自己的热血,涂就了自己历史的鲜红颜色,人们的心田被他的热血耀亮! 战友们围在营部周围痛哭,在更遥远的地方,惊闻了噩耗的他的工友、同志、乡亲们捶胸顿足,将泪水涂抹在胸上。

在雷锋逝世后的第二天——一九六二年八月十六日的早晨。抚顺市广播电台便以沉痛的语调,向全市人民宣告了雷锋以身殉职的消息。也在那一天早晨,市人委派人送来了上好的棺木。望花区人委主管民政的一位副区长参与筹措追悼大会。追悼大会会场设在望花区委大会议室内,追悼的时辰定于八月十七日下午。

市委、市人委、团市委等各级地方政府领导、沈阳工程兵司令部、沈阳各方面代表和单位送来了数不清的花圈。沈阳部队来了一名副政委。会场内外千人万众,水泄不通。为雷锋同志守灵的人分为两班:第一班是团级领导干部,第二班是运输连及雷锋班的同志。

在军方和抚顺市地方政府的精心安排下,决定于雷锋牺牲的第三天——一九六二年八月十七日下午一时举行“公祭雷锋大会”。参加公祭大会的单位有沈阳部队的领导、工程兵部队的领导、团领导、各营、各连的代表,还有抚顺市党、政、工、青、妇各级领导,望花区的党政领导,各学校的学生代表,以及自发参加追悼会的群众。人人佩戴着白花和黑纱。实际来参加追悼会的人远远超过了预想的规模。望花区委的礼堂容纳不下,干脆在外边院子临时搭上扩音喇叭,会场内外、大院内外人头攒动。花圈数不清有多少,沈阳部队送的花圈最大,两米多高、直径一米半，上面的彩蝶要飞起来似的。光往戈布公墓拉花圈的车，就用了好几辆大解放车。

这天，区委的礼堂布置得庄严、肃穆，雷锋的灵柩停放在礼堂台上，沈阳部队送的花圈放在灵柩的正中，棺椁下面竖立着披着黑纱的雷锋遗像，其余的花圈分两侧摆满了台上、台下。主席台上挂着大幅横额：公祭雷锋同志大会。挽联挂在会场的两侧："学雷锋不怕苦，不畏难，以行动作纪念，争当五好战士；学雷锋对敌狠，对己和，化悲痛为力量，苦练杀敌本领。"

追悼大会由团政委韩万金致悼词，由高士祥指导员介绍雷锋同志生平事迹。追悼大会后，人们按顺序随着哀乐从雷锋的灵柩前面走过去，作最后告别。

当雷锋灵车走出大门时，人们才发现自动参加雷锋追悼会的学生和各界群众有数千人。雷锋的灵柩经和平大街、戈布大桥，送往烈士公墓。送葬的队伍浩浩荡荡，人们从来没有见过这么大的场面。从望花区礼堂到戈布公墓这么长的路，路两边全是人。那天下午三点半钟，市区交通为保证送葬车辆通行，停止车辆来往。为送灵队伍开道的是团特务连的两辆摩托车，紧后的是一辆三轮摩托车，由汽车连排长谢伯林捧着雷锋遗像坐在上面，紧接着是灵车。为让灵车安安稳稳到达，汽车连副连长、技术过硬的白福祖亲自开灵车，再后面是十几辆军车、地方领导乘坐的小车，最后是拉着花圈的大解放牌汽车(汽车连的一部分战士已在戈布公墓挖穴等候)。

灵车由雷锋所在连四名军官护送，灵柩前是连长、指导员，其后是副连长、副指导员，灵柩后是哀乐队。正值新兵入伍时日，由二百名新兵排列的纵队，每二人擎举一只花圈，随乐队之后缓缓而行。队伍行进一个多小时才到第七百货商店，然后分乘军用卡车，向抚顺戈布北沟烈士公墓驶去。沿途约十公里的长街上，挤满了工人、农民、市民、干部、战士、妇女和儿童、白发苍苍的老人。据有关单位提供数字表明：七十万人的抚顺市竟有约十万人参加了送葬队伍，场面悲切、凄楚，山河呜咽，天地哀恸……

无数的迟知噩耗的人还在奔向抚顺,内中有他的工友、朋友、领导和同事。没有能力进入城市的他帮助过的乡亲们,则像易秀珍叙述过的姑嫂城的农夫——那位得到他接济的牧羊老人吕长太一样,哭拜在荒野,为他烧纸化钱,祷告英灵安息,天堂归位。

在痛哭雷锋的人们中, 还有一位几乎昏死过去的烈属张老大娘。在她得知雷锋牺牲的当天,便像失去了儿子一样哭天抢地,悲痛欲绝。这是一位少许识字的老人,她以颤抖的老手拿起了笔,写了改,改了写,泪洗面、襟沾泪地哭泣了一天一夜,终于以心血写出了这样的悼词:

雷锋和我的儿子一样,我也要学习雷锋……

乡亲们捧着这条悼词,无不落泪。他们忆起了这位受过苦的孤儿的种种好处,于是哭怨老天爷不睁眼睛,不保佑好心的孩子……

一九六二年八月十五日是个沉痛的日子啊!
祖国的万水千山都在哭泣,
因为失去了雷锋!
雷锋同志此刻不过二十二岁,
啊! 二十二个翻天覆地的春、夏、秋、冬!

在雷锋牺牲的半年之后,诗人宋协周唱出了人们的心曲,使所有的知情人忆起了那一日葬礼的隆重与哀痛:

送葬的队伍还在行进,终于来到了戈布烈士公墓。雷锋的灵柩自车上抬下,无数双手抖颤着,像捧托着一个熟睡中的婴儿。灵柩平稳地下沉,那么缓慢、缓慢地沉向墓穴。人们屏住了呼吸,审视着托棺的手,如果稍有倾斜,立即有人呼叫,直至棺椁落地。

在墓穴的前面, 人们摆放了一张八仙桌子, 桌上摆供了馒头、白蜡、碗盏、竹筷,还有各种水果。香炉内插燃了香火,香烟缭绕于人们的头上，消散于湛蓝的天空。有乡亲往墓穴中抛下古币、黄铜钱、紫铜钱，然后铺入红布。安葬的方式完全按照抚顺的地方风俗安排，这是抚顺万众的唯一要求：以这样的风俗安葬雷锋，他的英灵便会安宁，便会升天。没有人能够拒绝抚顺百姓、万众善良而美好的愿望，这对军、地双方所有的人们都是一种安慰。

终于到了埋土的时候，军队和地方上的领导人每人抓起一把金黄的土，轻轻地撒在了灵柩上。秋天的黄土，带着金色的鲜亮、带着植物的根须，芳香扑鼻。然而，持锹的战士红着双眼，围着墓穴转了一圈又一圈，谁也不愿填下黄土。抚顺的百姓、万众以哭声劝慰战士："解放军，盖土吧！入土为安……入土为安……"于是哭声雷动，黄土如涛。人们扑向成形的坟茔，开始了最后告别的哭述。

雷锋的墓前树立了一块木制的碑，碑上有遒劲书法如是铭文：

毛主席的好战士、
中国共产党党员、
抚顺市人民代表、
中国人民解放军工程兵工程第十团班长，
雷锋烈士之墓

一九六二年八月十七日立

“雷鸣”声中

悲壮、悲痛的日子还没有走远，人们的思绪还缠绵于雷锋绿色的墓地上。一个比追悼、安葬雷锋更具有现实和长远意义的心愿燃灼于所有同志的胸间——人们将怎样继承他的遗志？将怎样使“雷”声轰鸣及远，使得人们心灵上的尘埃纷纷脱落，从而自觉接受毛泽东思想滋养的雷锋精神的沐浴？

在征招并培养了雷锋的工兵十团，团党委认真研究，一致认为：雷锋是全军区的典型，生前多次立功受奖，又是地方上的人大代表，身上处处闪耀着共产主义思想的光辉，应该加以宣传。于是，他们开始筹办一个“雷锋烈士事迹展览室”。举办展览室的最初想法不是产生于工兵十团的官兵，而是出自于雷锋作为校外辅导员关心、辅导过的两所学校的大悲大恸中的孩子们——他们由辅导员率领，一次次来到团部，要求亲眼再看一次雷锋叔叔生前用过的所有遗物……

这是一种不能拒绝的请求，它感动得“工兵十团”官兵热泪盈眶，并启发了该团举办展览的意念。团里决定办一个小型展览室，展出雷锋生前的所有遗物。这一消息传到了当时的抚顺市委书记沈越耳中。在一天晚上，他带着市委宣传部长，直接找到了举办展览的地方和团政治处主任刘家乐，急切地问道：“能不能在一个月内布置好展览？”他指了指身边的宣传部长，进一步说明：“要钱、要物找他，要人也找他。我一个月后作为第一个观众来参观。”

吴海山团长和韩万金政委得到了报告，立即召开了常委会，会上研究决定：钱、物、人都不向市委伸手，但展览任务要照市委的时间要求完成。团党委指示由政治处副主任赵玉瑞与陈广生、季增等同志完成这一重任，展室设于原钢厂招待所大墙外——雷锋生前所在连营房一侧。之后，这些第一次领受特殊任务的官兵，投入了日以继夜的筹备和制作过程，绞尽脑汁，起早贪黑，提前五天完成了重任，一九六二年十月二十二日正式开展。沈越书记准时率市党政机关、工、青、妇各界前来参观。沈阳部队工程兵主任王良太则早已参观了预展。此后，抚顺市组织了大规模的参观活动，整整一个月，车水马龙，人声如潮。团市委书记宋庭章向王良太将军建议：部队地方太小，搬到市里展览收效会更大，他将选好地点，重新设计……

此议得到王将军的慷慨应允。十月二十三日，团市委即下发了《关于组织全市广大青少年参观雷锋烈士展览室、开展好阶级教育的通知》的文件，十二万官兵、工人、干部、学生参观了展览。一个多月之后，部队展览室拟转至军事博物馆和其他部队展出，市委书记沈越亲自筹划，将展品复制了两套，一套留于市文化宫内，供该市党员、干部和各界人民群众继续参观，另一套拿到市辖清原、新宾、抚顺县巡回展出。三个月内，参观人数达二十八万。

继后，又由沈阳军区政治部承办了《雷锋烈士生前事迹展览》。此展览一直举办到一九六三年三月五日，毛泽东等老一辈无产阶级革命家为雷锋题词之后。三月六日，《辽宁日报》在一篇报道中宣称："事迹展览，令人有如见其人、如闻其声的真实感。鉴于效果显著和群众要求，全省十个市有九个市和一部分县已经复制了。十二个县已经复制十二个大型展览室和一千一百多个小型展览室进行展出。"

据举办展览的军中同志回忆：这些展品包括了雷锋生前所有的衣物、照片、日记本和其他生活用品。在鞍钢时期购置的皮夹克和料子裤也入展室，以做到客观、真实地反映。据原雷锋所在团政治处秘书、如今的东海舰队副政委冷宽将军回忆，是他跟随着韩万金政委，对雷锋的遗物进行了细致的清理，并选出了最具代表性的十件遗物，作为雷锋的传家之宝。这"十件宝"是：

一、雷锋生前学习过的《毛泽东选集》一至四卷。

二、他驾驶过的“13号嘎斯”车。

三、他紧握过的手中武器冲锋枪。

四、他训练使用过的手榴弹。

五、雨夜送妇幼回家穿过的雨衣。

六、体现雷锋艰苦奋斗精神的节约箱。

七、当校外辅导员佩戴过的红领巾。

八、为战友和群众理发的工具。

九、随身携带的针线包。

十、装着《毛选》和钢笔、笔记本的黄书包。

这些遗物都成了会说话的灵物，一桩桩诉说着雷锋的奋斗史和奉献史。

据《中国青年报》刊载于一九九三年三月十四日的刘佳的文章叙述：

雷锋牺牲后，在如何宣传雷锋的问题上，军区和工程兵领导内部曾有过各种各样的意见和争论——

有人说：雷锋宣传好几年了，又是标兵又是模范，为什么不早点提干？要是提了干，就不会还待在驾驶室里，也就不会那样牺牲了。

有人说：这样有影响的先进典型没能保护好，我们有责任！

也有人说：无论怎样说，雷锋的死是个事故，应当做一次事故处理！

但是，不管作何而论，这一切都表现了人们对一个年仅二十二岁的好战士的不幸牺牲的无比悲伤。那位为宣传雷锋几乎耗尽毕生精力的陈广生，当时亲自整理了雷锋遗物，“第一个”较为系统地阅读了雷锋日记。在难以名状的激情中，他伏案疾书，几天后即完成了一篇题为《毛主席的好战士》的报告文学，洋洋五万余言。该文在《抚顺日报》连载，《辽宁日报》的记者彭定安看到文章后找到了他，无限感慨地说：“你写的文章太感人了，希望也能为我报写一篇……”

一九六三年一月，《辽宁日报》发表了陈广生、波阳(彭定安笔名)合作的介绍雷锋事迹的报告文学《永生的战士》。沈阳军区的《前进报》全文转载。接着,《中国青年报》也转载此文。

也就在此时此刻,陈广生又接到了《解放军报》的电话,并得知罗瑞卿总参谋长看到了有关雷锋的文章,批评了《解放军报》:说是军内出了这么好的典型,为什么没能及时报道?于是《解放军报》约请陈广生尽快为之撰写长篇通讯。一月七日,《解放军报》以罗瑞卿大将的题词《伟大的战士》为标题,发表了陈广生所撰通讯文章。也在这个一月七日,中华人民共和国国防部批准命名《雷锋生前所在部队运输连四班为"雷锋班"。之后,便是滚滚而来的雷动:

一月八日,辽宁省军区、共青团辽宁省委联合发出通知,号召全省民兵和青少年学习雷锋同志的先进事迹;《辽宁日报》发表长篇报道《抚顺开展学习雷锋活动,全市二十一万青少年受到教育》。

从这一天起,由辽宁省委组织了"雷锋事迹报告团",在辽东半岛作巡回报告……

此后,在全省十个市和一部分县、区培训了八千五百多名报告员,仅半个月就有二百余万人听了雷锋事迹的报告。《辽宁日报》仅一月份就用九个版面刊登雷锋事迹、日记、社论、消息等一百三十四篇;中共沈阳军区委员会作出《关于开展学习雷锋运动的决定》。

一九六三年春节,周总理在人民大会堂接见文艺界人士时指出:"你们这些作家,应该大量地反映我们时代的英雄人物。东北有一个战士叫雷锋,他的事迹可以写一写……"一月二十一日,沈阳军区在"八一剧场"隆重举行"雷锋班"的命名大会。沈阳军区司令员陈锡联上将,用那洪钟般的声音一字一句地宣读了中华人民共和国国防部一月七日命令:批准命名雷锋同志生前所在三三一七部队运输连四班为"雷锋班"。

二月五日,《中国青年报》在一版刊登了雷锋的遗像;二月八日,《人民日报》在一版刊登了辽宁省广大青年热烈学习雷锋事迹的消息;二版刊登了介绍雷锋生平事迹的长篇通讯《毛主席的好战士——雷锋》,并配发了评论员文章;次日,中国人民解放军总政治部发出通知,号召全军迅速开展宣传和学习雷锋同志模范事迹的活动。

二月十五日,共青团中央向各级团组织发出关于在全国青少年中广泛开展"学习雷锋"的教育活动的通知,二月二十三日又作出关于追认雷锋同志为全国优秀少先队辅导员的决定。

三月一日,驻沪三军和公安部队举行雷锋事迹报告会。

同日,上海市大中学校积极分子会议的闭幕式上,团市委向全市大中学生发出号召,要求进一步向雷锋同志学习;次日,《中国青年》第五、六期合刊(学习雷锋专辑)出版,首先发表了毛泽东同志为雷锋题词"向雷锋同志学习",周恩来总理题词:"雷锋同志是劳动人民的好儿子,毛主席的好战士。"

中国人民都知道,一九六三年三月五日,是伟大的中国共产党主席为雷锋题词的吉日良辰。但是,真实的历史记载应为——《中国青年》第五、六期合刊(学习雷锋专辑)于三月二日首先发表了毛泽东的题词,并与周恩来题词同发一版。

那时候,《中国青年》杂志社的第五、六期合刊已印刷完毕。截止到一九六三年三月一日,党中央领导人周恩来、董必武、郭沫若、罗瑞卿、谢觉哉都已题词,第二日便是该刊发行的日子,全社的人都怀着最后的一线希望,等待着毛泽东如椽大笔的一题。就在这天夜间,中共中央办公厅的通知如期而至,如雷轰响:"毛主席的题词写好了,请你们立即去取!"

整个的《中国青年》杂志社沸腾了,上上下下,一片欢呼。被雷锋事迹感动得热泪盈眶的人们振臂高呼:"毛主席万岁!"这是对九泉之下的雷锋及所有景仰雷锋精神的人们的一种告慰。

那时候全出版社的男女老幼一齐上阵,连夜制版、印刷。他们拆开已经捆扎整齐的杂志,把印有毛泽东题词"向雷锋同志学习"的活页一一插入书内,整整一个通宵,人们在这场特殊的劳作中激荡着欢乐而悲壮的情绪,抒发着无限的感激之情。一九六三年三月二日清晨,一万本载有毛主席和中央领导人题词的《中国青年》第五、六期合刊,像吉祥的鸟儿一样飞向祖国的山山水水。从此,雷锋成为时代的楷模,将灿烂的精神光辉洒向整个世界……

自此，“雷”声更加响亮地震荡于神州大地：

三月五日，《人民日报》、《解放军报》、《光明日报》、《中国青年报》等都在头版显著位置刊登了毛泽东主席为雷锋题词的手迹：“向雷锋同志学习 毛泽东”。晚八点三十分，中央人民广播电台在“各地人民广播电台联播节目”中，第一次播发了雷锋在一九六一年一月五日应辽宁省实验中学的邀请，向师生作报告时录制和保留的报告最后一段讲话录音。次日，全国总工会下达了《关于广泛组织全国职工向雷锋同志学习》的通知。

《解放军报》刊登了中共中央副主席刘少奇、周恩来、朱德和总书记邓小平等领导同志题词手迹。

刘少奇同志题词：“学习雷锋同志平凡而伟大的共产主义精神。”

周恩来同志再次题词：“向雷锋同志学习，憎爱分明的阶级立场，言行一致的革命精神，公而忘私的共产主义风格，奋不顾身的无产阶级斗志。”

朱德同志题词：“学习雷锋，做毛主席的好战士。”

邓小平同志题词：“谁愿做一个真正的共产主义者，就应该向雷锋同志的品德和风格学习。”

为了宣传雷锋事迹，由中国人民解放军总政治部和共青团中央联合主办，于同年三月十九日在中国人民革命军事博物馆举办了《雷锋同志模范事迹展览》。周恩来总理参观了这一展览，看了雷锋同志的亲笔日记。

同年五月十一日，毛主席在杭州会议上指出：“我看过雷锋日记的一部分，此人懂得一点哲学。”

一九六三年八月一日，在庆祝中国人民解放军建军三十六周年的日子里，毛泽东主席在周恩来总理等中央领导同志的陪同下，观看了沈阳部队抗敌话剧团在中南海怀仁堂演出的话剧《雷锋》。

是日十九点三十分，剧场内响起雷鸣般的掌声，毛主席身着宽大的银灰色中山装微笑着走到第五排中间左数第四个座位上坐下……

整个演出过程中，毛主席对台上的剧情和演员的表演始终饶有趣味，兴致勃勃。

当全剧结束，天幕上出现毛主席"向雷锋同志学习"题词时，毛主席和周总理以及在场观众都起立鼓掌。二十二时整，毛主席、周总理、陈毅副总理、李先念副总理以及谭震林、薄一波、周扬同志，在罗瑞卿总参谋长陪同下走上了舞台，亲切地和全体演员合影留念……

在雷锋因公殉职一周年的一九六三年八月十五日，沈阳军区在七三四三部队驻地的营口市举行纪念大会。

这一天，雷锋的故乡湖南长沙坪公社、雷锋牺牲所在地抚顺等地，也都隆重举行了"雷锋逝世一周年"纪念大会和祭扫烈士墓活动……祖国九百六十万平方公里的辽阔大地上，如雷轰鸣的是出自千万人之口的歌颂雷锋的大合唱：

学习雷锋好榜样，
忠于革命忠于党。
爱憎分明不忘本，
立场坚定斗志强。

学习雷锋好榜样，
照到哪里哪里亮。
愿做革命的螺丝钉，
集体主义思想放光芒。
……

那时候，所有的雷锋工作过的单位以及接触过雷锋的同志们，都争先恐后地宣传雷锋事迹。报纸、杂志、电台、银幕、舞台上，雷锋形象金光闪闪，其声响彻四方。为了对这样一个楷模的宣传郑重而慎重：中宣部、解放军总政治部、共青团中央、沈阳军区和雷锋生前所在部队联合组成了三个调查组:分别去湖南长沙雷锋故乡、雷锋工作过的鞍钢化工总厂、弓长岭矿和雷锋牺牲所在地抚顺市以及雷锋生前所在部队调查。这些调查组对雷锋生平、童年、工作、参军的历程和事迹逐一核查,对报道中出现的一些失实之处立即更正。

一九八九年八月，美联社等四名西方记者从北京专程来到抚顺市,对“雷锋纪念馆”进行采访。他们抱着怀疑的态度,提出了不少问题。在雷锋事迹陈列室内,一记者指着雷锋给伤病员送苹果、送老大娘的照片发问:

“雷锋做好事是自觉的还是被迫的?为什么留有了当时的照片?是经过导演的吗?”

纪念馆工作人员对此作了耐心的解释:告诉他们雷锋助人为乐、做出的好事是从不留名,也不宣扬自己的。但他常把自己做过的好事写进日记中,以此抒怀言志。他生前已成为先进典型,部队常表扬,报刊经常介绍他的光荣事迹。这些照片是当时的摄影记者根据报刊、《雷锋日记》以及部队提供的材料,专门邀请雷锋和有关人员事后补拍的。拍摄与行为的时间虽有差异,但人物和事迹却是真实的。

在听过这样的解释之后,几位西方记者还对在场的观众提出了问题,询问关于学习雷锋的感想。当他们得到了客观而朴实的答复之后,他们终于心悦诚服地说:“雷锋是真实的，雷锋精神是人类的共同财富!”

原雷锋所在团工兵三营营部书记夏孝栋说:他当时被分在了“部队组”中,具体负责查实雷锋在运输连中的事迹。在核查《雷锋送月饼》的故事时,原文的描写是:

……八月十五,一轮明月高挂中天,连队俱乐部里传出来《良宵》一曲,雷锋手捧月饼,不由得两行热泪滚落下来……

夏孝栋说:“雷锋送月饼确有其事,但俱乐部传出《良宵》一曲却是虚构的,问遍了全连每一个战士,不仅没有一个会演奏《良宵》,且连

《良宵》是何曲子也无一人知道。于是在后来的报告和报道中,便取消了对《良宵》一曲的描写……”

笔者认为,这是一种为了“求实”而“实”得可爱的举动:如果雷锋送月饼是真实的,俱乐部里传出乐声对其有什么损害?它只能增强此举的文化氛围和优美的情调!但是,连这样的“不实”也不允许,雷锋事迹的真实性就更使世人放心了!

在最初的报道中,还有一套题为《毛主席的好战士——雷锋》的宣传画,其中有“庚伢子”把脚插进牛粪里取暖和贴在老母猪肚皮下睡觉的画面。雷锋的家乡人看后有意见:因为庚伢子是由六叔奶奶抚养的,晚间是跟六叔奶奶睡觉。老百姓说:这不符合昔日的真实。

调查组深入细致地了解了这一史实,立即作了纠正。

对雷锋宣传的严肃态度还出自当时的特殊气候:一九五八年,全社会刮起的浮夸风带来很大的危害,一九六〇年开展“纠风”工作。雷锋是“纠风”之后出现的典型,各级对此宣传都持严肃态度。沈阳军区有一条明确规定:凡是宣传雷锋的稿件,必须由军区政治部新闻科统一审查把关,任何人不得乱写、乱投。

崇尚雷锋精神、宣传雷锋事迹而受到批评,甚至处分的人,便是团宣传股长吴广信同志。据庞士元同志回忆:吴广信受《营口日报》之约,写了一篇综合稿件,题目叫做《雷锋连党支部是怎样培养雷锋的》。此稿未经审阅即见报端。沈阳军区政治部主任李伯秋将军得知了此事,严厉地批评吴广信违犯了军令,并决定其转业离伍。吴广信就被送到了转业队。

后来,工程兵部队参谋长来“工十团”处理一件事情,有问题需要吴广信证实,就把他从转业队叫了回来。吴向参谋长面陈了自己的际遇,参谋长经过了解,认为吴广信是一个好同志,且有很强的工作能力。《营口日报》发表的文章,虽未经审阅批准,但内容是好的,又无失真情况,本人检讨也较深刻,经研究批准,吴广信侥幸获得了继续留在部队的机会,成为当时团内一大新闻,并流传起了说唱此事的顺口溜……虽然吴不再被责令转业,但伤好之后疤痕十分清晰——吴广信在很长时间内不能参加宣传雷锋的活动，他毕竟在这样的问题上犯了错误：因为培养、教育雷锋成为一个伟大的共产主义战士的题材是重大的，不是一两个人可以完成的，亦不能随便发表于一般报纸。

后来，这一题材的文章由《解放军报》组织了专门班子，经过了细致的访谈和研究后进行撰写，并以《解放军报》编辑部的名义发表，全国所有大报都进行了转载。看来，吴广信所犯的错误只是"先行一步"，他的好心在当时和今日都能被人理解。

诸多的雷锋战友的回忆和撰文，使笔者感受到了当时宣传雷锋精神的如火如荼之势。为了这壮烈的燃烧，许多同志将自己作为一根柴，投身于熊熊烈火中，有的甚至经历了难言的苦痛与冤屈。

这里，还要提及的是"十年动乱"时期。在此期间，雷锋在怪光的照耀下时时现出变形的影像。为了适应"以阶级斗争为纲"的需要，雷锋被更衣换装，加贴标签。抚顺雷锋纪念馆竟被"造反派"强行辟为埋葬武斗"烈士"的墓地……

历史终于又掀开了新的一页。

中共十一届三中全会以来，学雷锋活动频频掀起高潮。

一九八三年三月五日，《解放军报》刊登了"中共中央决定重新发表老一辈无产阶级革命家关于向雷锋同志学习的题词手迹"的新闻稿，重登了毛泽东、周恩来、叶剑英、邓小平、刘少奇、朱德、陈云、董必武的题词。

同日，中共中央、国务院、中央军委召开了"首都各届隆重举行纪念向雷锋同志学习二十周年大会"。在此后的几年中，中央军委不断发出号召，举行会议，推出学习"标兵"，形成一种时代呼唤雷锋、人民需要雷锋的强大声势。

一九九〇年三月五日，各大报刊登了江泽民等中央领导人为雷锋的题词。

江泽民同志题词：

学习雷锋同志,弘扬雷锋精神。

同年十月,江泽民同志到东北地区视察工作,在百忙中来到了抚顺雷锋纪念馆,并同"雷锋班"战士见面。在雷锋的墓前,总书记动情地发话:

"我提议,向雷锋同志三鞠躬。"

在场的人们无不为之动容,跟随着总书记,深深地鞠躬。江泽民看着雷锋墓碑文,语重心长地叮咛着身边的"雷锋班"战士:

雷锋是解放军的光荣,是中国人民的光荣。

一九九〇年十月二十九日,总书记在辽宁考察,来到抚顺,在听取了"雷锋生前所在团"政委张怀先汇报后即席讲话:……他的宝贵精神遗产,属于全党、全军和全国人民,学习雷锋活动要在全国展开……改革开放必须坚持社会主义方向,这就更加需要在全国开展向雷锋学习的活动。学习雷锋必须抓住实质,学习他全心全意为人民服务的精神,学习他无私奉献的精神。

十月三十一日,总书记参观了抚顺雷锋纪念馆,同"雷锋生前所在团"代表座谈后,回到了沈阳,在辽宁省厅、局以上干部大会上又一次讲话:"我们在鞍钢看到了孟泰的塑像,到抚顺参观了雷锋纪念馆。出现了孟泰和雷锋这样的人物是辽宁人民的光荣。有一段时间,学雷锋放松了,还有一些不同的看法。在社会主义的中国,一度把雷锋这面旗丢掉了,显然是不对的。你们有个口号:'你吹你的冷风,我学我的雷锋。'抚顺军民坚持二十七年学习雷锋,辽宁省坚持学习雷锋也比较好,这是应该肯定的。"

三十余年来,全国出现过数次大规模学雷锋热潮,先后有十几位党和国家最高领导人为雷锋题词。《雷锋日记》、诗文、发言提纲及各类介绍雷锋的著作、文艺作品,一再翻印。宣传学习雷锋的活动,突破了中国人民解放军历史上所有英雄模范的规模和规格。

在中国，雷锋是一代新人的楷模，“雷锋式”干部、战士、工人、标兵成千上万。以“雷锋”命名的班级、学校、单位及其他集体不计其数。仅在雷锋牺牲的所在地——抚顺市，就布满了雷锋中学、雷锋小学、雷锋班级、雷锋大道、雷锋岗、雷锋亭、雷锋林、雷锋号车，等等。学习这位光辉榜样而产生的时代英雄如王杰、欧阳海、刘英俊、朱伯儒、徐洪刚……一个个都闪烁着雷锋精神的光芒！

华东方编著的《中外学雷锋寄语》一书中珍藏着两则鲜为人知的故事，其一是：

一九六三年二月，人民日报、中国青年报、解放军报等报道了雷锋的事迹。毛主席仔细阅读以后，激动地踱着步子，他深情地对当时的军委秘书长罗瑞卿说：“雷锋值得学习啊！向雷锋学习。也包括我自己，我也要向雷锋学习。”

第二个故事便发生在中国卓越的领导人邓小平身上。故事不单表现出这位老革命家对于雷锋精神今日之运遇的严肃思考，而且在题词与言谈中闪现了他独特的个性特色。

在给雷锋题词的十八位党和国家领导人中唯有一个题词的表述方法与众不同，他是用了一个假设句，这就是当时担任党中央书记处总书记的邓小平同志。他的题词是：“谁愿当一个真正的共产主义者，就应该向雷锋同志的品德和风格学习。”

一九七五年，邓小平被毛主席、周总理请出来主持中央军委工作，同年七月十四日，他在召开第一次军委扩大会议上，讲了一个在群众中广为流传的政治笑话：“过去军队同志坐公共汽车，向来给老人、带娃娃的妇女让座，现在有的不让了。有个战士坐车，一个妇女抱着娃娃，他不让坐，娃娃哭了，他也不理，旁边有位老人说，雷锋叔叔不在了。”当时有的人听了就笑了。邓小平不仅没有笑，而且神情很庄重地告诫这些在座的高级将领们：“从这个事情上是可以看出问题的，我们军队在这方面本来有很好的传统。”接着他又说：“这方面的例子多得很，如果认为这些都无关重要没有警觉，那是很危险的。”

在政治家、国家领导人题词、讲话之后，更有名人、诗人、学者们的壮怀激烈、如长虹贯日般的诗篇：

满江红

郭沫若

劈断昆仑
有宝剑，
锋芒淬砺。
平地起
电光石火，
一声霹雳！
二十二年成永久，
九州万姓仰英烈。
牧猪童
身世本平凡。
真奇迹。
理安在？
读《选集》！
窍安在？
忠党业。
大海中
一滴水珠洋溢。
舍己为人情慷慨，
粉身碎骨心皎洁。
日记抄
字字出肝肺
言行一。

赞雷锋

张爱萍

刻骨仇恨阶级仇，
为党为民苦追求。
乐于助人三九暖，
赤胆红心千古留。

浪淘沙

——为纪念雷锋同志而作

邓拓

血泪痛无穷，
恨煞牧童。
参军入党育英雄，
二十二年生命史，
气壮长虹！
忘我表高风，
殉职全忠。
平凡伟大一心红，
儿女万千相继起，
学习雷锋！
……

千声万声的呼唤，千诗百歌的啭唱，亿万人民的渴望与理想，雪片般飞扬……在激发雷鸣的闪电中，簇拥于雷锋雕像之下的万众，在雷电风雨的磨砺下，终会幻化成酷似雷锋的群雕……世人期望着！

"雷锋塔"的倒掉与叠起

在阳光、雨露洒满的大地上，亿万双手为"雷锋精神"奠定了稳固如铁的基座。随着岁月的增进，闪光的塔体在一层层叠罗上去，直入云霄。但是，顺着邓小平同志所讲的"雷锋叔叔不在了"的故事这一话题，我不得不借用鲁迅名篇《论雷峰塔的倒掉》的题目，以痛苦、惋惜，甚至愤懑的心情发问：由老一辈无产阶级革命家和千万劳苦大众之心血建造起来的"雷锋塔"，在当今的社会是否曾经倒掉过？

我不忍列举，然必须列举！因为鲁迅先生说过："真的猛士敢于正视淋漓的鲜血！"那么，请看一九九六年五月十日《工人日报》蔚霞讲述的鲜血淋漓的故事，它的冷酷竟来自于故事中的每一个人：

四月二日，在重庆渝北区龙溪镇花园新村桥头处摆了一个彩色花圈，旁边立起的字牌上白纸黑字赫然写着"呼唤正义"。

字牌的内容很详细：死者因车祸而死，肇事者逃离现场，希望有良知的目击者出来揭发，以申张正义，作谢一万元，花圈是死者之妻冉某所立。

死者叫邓成国，三月二十九日晚八时半左右被一辆货车撞成重伤，当时车上共有三人，肇事司机当即驾车逃走。

三十日晨，围观者约几百人，却没人提出救助，八时四十五分左右，终于有一位中年妇女报了案。九时，交警赶到事故现场时，邓的鼻子仍在急促呼吸。处理完现场后，便立即送往江北区医院，中午十二时十五分，邓某抢救无效死亡。

据了解，司机在将肇事车藏匿之后还打了奥拓来接住在该地的妻子,当他再次经过此地时,依然没有理会被撞的人,让伤者在血雨交加中过了一夜。

据一位不愿透露姓名的知情人说,三月二十九日晚,即邓被车撞的那天晚上,其妻冉某与儿子回家时恰好经过伤者身旁,伤者的手拉住了其子的脚,但母子俩认为他是个酒疯子,其子还一脚踹开了伤者的手。第二天早晨上学时,其子与同学一道上学经过这个地方时,还远远地朝他吐唾沫。到校后,并将他的"英雄行为"大肆宣扬。

围观者中有一位正是死者的亲戚陈某。她对记者说:"当时我也去看了,我发现他的背正起伏。但因为他是趴在地上。满脸是血与泥,没人认出是邓成国。要是我认出来了早点送他到医院,可能他还不至于死。"

死者是悲惨的,留下了悲惨命运的妻与子。但是,使人不忍置评的是:竖起"呼唤正义"牌子的妻子,怎样解释自己曾有的闲情观赏以及小小儿子残忍的一脚呢?如果惨死者不是她的丈夫,她是否还会"呼唤正义"?!

如果说此事的当事人都是民间"愚夫"的话,那么,又一个血淋淋的故事则记录着那些"禄有厚薄是官薪,福中皆是人上人"——当今人称"领导"、旧时人称"官吏"的人物的所作所为!

一九九六年七月十一日清晨,四十多艘渔船在雷州市企水镇附近海面作业,突遇巨大风暴,来不及避风的十多艘小艇被掀翻,十多名渔民掉进大海,苦苦挣扎,生命危急。

在距离出事海域不足半小时航程的企水港,停泊着一艘一百零八吨、八百匹马力、性能良好的"渔政海监九〇五号"船。于是,村民们请求船长开船救人,船长冼水康竟说要经雷州市水产局副局长兼渔政海监大队长钟进的批准,直至当天中午时才与钟进联系上,钟的答复令人吃惊:"开船可以,但一定要收钱。"由于筹资不足,渔政船一直没有开出。下午三时二十分,距出事时间七小时后,钟进给冼永康发出最后指令:"关于救难的事,要收费才开船。"然而十二名渔民兄弟已经死亡……

在万分痛惜、万般无奈中,笔者曾双耳灌满因惋惜"雷锋塔"之倒掉而流传甚广的打油诗:

三月来，四月走，
雷锋同志没户口……
便宜都在三月五，
日子一过概不补……

毋庸讳言，今天商品经济大潮带来的腐朽思想的沉渣，不断冲击着渴望迅速摆脱贫困的人们。关于近年来对于雷锋精神的评价，有人说：市场经济遵循的基本原则是等价交换，雷锋只讲奉献，当今难以行通。

有人说：雷锋精神是共产主义精神，而我们所处的时代则属“社会主义初级阶段”，学雷锋不合国情。

还有一种以僵化眼光看待雷锋精神的现象，不理解历史与现实的不同而一味求同。更有甚者，有人想让广大的人民群众学做雷锋，他自己则要做太上皇！每一个学雷锋的人，都将成为他颐指气使的仆人。

但是，人民再也不是愚不可及。他们懂得等价交换只是社会商品流通领域中的法则，而绝不能替代道德和行为准则。等价交换的法则是一匹快马，但需要道德的缰绳约束规范。人民更明白雷锋是具有共产主义理想的战士，却不是来自时间隧道的另一头，而是和祖国人民一起成长、生活于社会主义的初级阶段。他的思想境界高尚辉煌，所为之事迹却又极其平凡，并未“超越阶段”，而是恰逢其时，顺应潮流。对于那种实用主义地看待雷锋精神，役使雷锋精神的人，人民已经把他打入了另册，看清了他阴险的嘴脸，看到了他与人民期望的格格不入。

诚然，在改革开放的当今时代里，国家实行市场经济，强调合理竞争和个性的发挥，鼓励适度消费和承认个人利益的合理性，鼓励带头致富。这些现象在雷锋生活的时代不可能产生，人民却从未用雷锋的具体言行度量现实，而是呼唤、赞颂那种道德精神和勇气，痛恨索取者，歌唱奉献者！

在对于良好道德行为的崇尚和赞美上，全世界是共通的。

科技的进步，给资本主义带来了物质文明，但同时也带来了精神危机，伴之而来的是大量社会问题的产生。物质的富有，消除不了精神的贫乏，特别是青少年，要有一个精神支柱。

漫画家英韬有一幅题为《文物》的漫画，画的是一考古工作者，挖出了一块刻有“为人民服务”的石碑，却不知“为人民服务”作何解释，还要查词典。这些年来，赚钱的呼声淹没了奉献精神。画家的忧虑并非多余的。

法国知名人士让·莫内说：“现代化要先比人后比物。”是的，任何一个民族要振兴，都要有一种强大的精神力量。

一九九四年三月，在大连的日本独资企业——原田公司，出现了一桩新鲜事。日方总经理藤田菊雄和他的员工，搞了一项学雷锋的新创举——“雷锋卡”。这在中国和世界上都是首例的。他推出的这项新举措新制度，已在该公司一九九四年三月五日全体员工大会上正式公布并实行。

原来这个公司准备实行“鼓励卡”，后来他们感到日资企业也很需要雷锋精神，实行“雷锋卡”就更富有感召力和推动力，效果会更好。“雷锋卡”制度对员工的劳动态度、生产效率、工作质量、团结互助和自监性等方面进行考核，特别优秀者获“雷锋卡”，半年回收一次。公司外派学习、提级、涨工资、发年终奖都得与“雷锋卡”多少相连。

为增强读者感性认识和形象记忆，现附“雷锋卡”样照如下：

HARADA

雷　锋　卡

	勤务态度
	效　率
	品　质
	5S
	3K
	协力性

部署：　　编号：

姓名：

您辛苦了，感谢您为公司所作出的贡献。

授卡人：　　授卡日期：

《“雷锋卡”使用内规》中标明：

不合格者不发卡，持卡者有奖，每半年表彰一次，赏罚严明，黑白分明。持卡人的荣耀程度，比国人中披红挂彩的“劳模”有过之而无不及。

藤田菊雄先生是一位深得中国文化底蕴、深解雷锋精神内涵的人。一九九四年四月十五日，他请来了雷锋的生前战友、《雷锋的故事》作者陈广生和雷锋生前所在团的代表，一起座谈学雷锋的体会。

藤田菊雄总经理还把原田公司生产的天线赠送给雷锋班，并题写了赠言：

让原田工业公司的天线把雷锋精神传播到全世界。

另据《新闻汇报》刊载，一位法兰西共和国的有识之士，而今在中国有巨额投资、影响颇大的洋老板，也在要求他的员工学雷锋：

法国洋老板鲁梅格，要求在北京、上海、深圳的三个办事处的四百五十名员工广泛开展学雷锋活动。他说：“毛泽东称雷锋是全心全意为人民服务的，我们要全心全意为顾客服务。如果没有顾客，我们就没有汉堡包、没有牛排、没有葡萄酒——那多么可惜！如果半心半意为客户服务，我们就只能有一半的汉堡包、牛排、葡萄酒。如果全心全意为客户服务，我们就会有心满意足的晚餐。”

虽然他的学雷锋是以“生意经”的面貌出现，但却道破了一个真理：无论做什么工作，都必须像雷锋那样“全心全意”，“尽全”才能“收全”，而“尽半”只能“获半”。这是一笔聪明账，只有聪明人才能算得透！

一九九四年三月十五日，日本国大和房屋株式会社高级职员杉山严先生自述了“学雷锋”的经历和心得，内中不乏真知灼见：

一九九〇年，我开始学雷锋，买了《雷锋故事》和《雷锋日记》。

我看了以后,感到雷锋虽然是普通人,但这个人很了不起,很值得人敬佩和学习,不仅值得中国人学习,也值得日本人和其他国家的人学习。开展学习雷锋是正道,是好事情呀!

我理解雷锋精神主要是为他人的精神,用现在中国人的话说就是全心全意为人民服务。这种精神在工作中,特别是在日常工作和生活中特别重要。有了这种精神,人就会变得很自觉很勤快,有人在的时候和没有人在的时候,都会把工作做得很好。

……

一九九四年年初,我又一次来到中国。尤其是近几年,中国变化很大,经济发展很快,物质文明建设搞得比较理想。但相对地说,精神文明建设进步幅度不快,至少没有物质文明进展得那么快。我觉得中国人要把两个文明都搞上去,每个人都应当认真学雷锋,做好每一件事情,做好每一项工作。中国是个大国,人口众多,这是建设这个国家的出发点和着眼点。如果每个人只想自己的事情,只做有利于自己的事情,那么具有十二亿人口这么一个地大物博的国家就很难有向心力和凝聚力,很难统一,很难形成一个整体。现在只有共产党才能把大家搞到一起。靠无数共产党员的模范带头作用……

杉山严先生堪称一位“中国通”,他对中国国情和中国共产党的理解,都达到了相当的高度。这难道是一种“旁观者清,自观者迷”的现象?

约翰·查尔顿是加拿大的青年摄影家。在云南大理苍山游览遇险负伤,经当地军民全力抢救,解除危险。伤情好转后,他为表达对中国军民的救命之恩,在病榻上用中文写下了这样一段话。

中国人情味很浓,公民富有人情,中国的雷锋太多太好了。

加拿大　约翰·查尔顿

加拿大使馆也打来电话,对援救治疗约翰.查尔顿表示感谢。对中国的雷锋精神给予高度赞扬。

雷锋为别人而牺牲自己,毛泽东主席把他看做是中国共产党的典范。

埃及　瑟那·哈那菲

一九九〇年三月二十八日,埃及《图画》周刊发表瑟那·哈那菲的题为“中国重视青年军人雷锋形象”的文章赞扬中国学雷锋,并引用有关人士的话说,只有社会主义才能拯救和发展中国。不坚持社会主义,没有共产党领导,中国就不会稳定,人民就不能团结。

在我国,学雷锋的模范团体和个人层出不穷,千千万万,张子祥是闪光星群中的一颗。

曾有英国广播公司、《泰晤士报》和法新社记者联合对张子祥同志就学雷锋这个话题进行了采访:

外国记者(以下简称外记):首先我想问一下,雷锋对你意味着什么?雷锋对我意味着什么?

张:雷锋是我学习的榜样,雷锋身上体现了中华民族的传统美德,他把中华民族的传统美德同共产主义思想相结合,他也是做人的光辉典范,所以说我要是做人就应当做雷锋那样的人。

外记:您刚才讲过,雷锋具有传统的中国的美德,并且具有共产主义的精神,作为我们外国人来说,应该怎样向雷锋学习?

张:我认为雷锋这种精神体现了人类的精华,他这种思想也是人类思想的精华。我感受,做人就应当像雷锋那样做人,他那种助人为乐,对于别人无限的爱,自己活着就要使别人生活得更幸福。我认为他的精神是值得人们学习的。

外记:那么您能不能设想一下,我们应当怎样学习雷锋呢?作为一个外国人应当怎样学习呢？

张：我想每一个人都有做人的道德，做人的标准。至于自己怎么样学，或者怎么样做，每个人自己都会作出选择。

外记：西方谈到助人为乐，帮助他人，大家都提到耶稣，您把雷锋和耶稣作如何比较？

张：我认为雷锋更实在，更能够容易让人接受。

外记：为什么呢？

张：因为雷锋生活、工作在一个平凡的岗位上，他那种助人为乐的精神深深地植根于人民之中，所以说我感到雷锋更实在，更适合我们学习。

外记：您最初接触雷锋的事迹也可能是个孩童，您最初的感受是什么？对你的人生有没有作用？是不是改变了您的人生？

张：我从小的时候，雷锋的名字就响彻在耳边，当时对雷锋是个什么样的人，对雷锋的精神实质是什么还缺乏了解。那时候，我的父亲教导我“人行好事，莫问前程”。所以小的时候就有一种朴素的感情。当时看到社会上有那么多的人向雷锋学习，大家不但学，而且还做，有时还唱。我感到雷锋是一个好人，我长大做人就要向他学习，应当像他那样做人。随着我从小在头脑当中就有这样的印象，我逐步坚定了向雷锋学习的信念。

……

无论是外国人题词、外国人的访问和国人的答话，都在丰富着“雷锋出国”的命题。这个命题将会永远、无休止地继续下去。凡属人类精神的瑰宝，便有人珍贵的奉献，因为世界属于智者。“雷锋塔”在一部分国人的心中倒掉了，这个瑰宝就不再属于他，而属于聪明的人们。但是，你什么时候重新怀抱了它，你什么时候就变成了智者，世界将属于你。

在中国，怀抱着雷锋精神，并且呕心沥血地一砖一瓦地叠起着“雷锋塔”的人们，不是一千，亦不是一万，其真诚的程度和获得的成就，理所当然地千百倍地超过了外国的朋友们。

在雷锋资料的采访中，笔者得以接触了每日都在为宣传雷锋及其精神忘我工作的人们，他们来自每一个“雷锋纪念馆”。在湖南望城雷锋馆，我体验了南方独有的湿润气息，满院的青竹和绿色灌木生出了清爽的凉意，使人在接近六月的夏日里如处暖春。

雷孟宣老馆长已经退休，那是一种手续上、形式上的表现，他依然繁忙、紧张、夜以继日地宣传雷锋精神。由于他与雷锋同时具有本家和亲戚关系，以及他特有的那一份热心，寻找他、寻求他帮助的人像是特别众多。他的女儿已经充当了一名合格的后继之人，她在努力工作的人群中，与众人共同维护着该馆的荣誉。

这座有着崇高荣誉的纪念馆情况，大致如下：

望城县雷锋纪念馆位于长沙市西约十五公里的雷锋镇，建在雷锋同志故居南面的小山包上，占地面积三万一千平方米，建筑面积四千多平方米，纪念馆自一九六八年十月建成开放以来，迄今二十七年，共接待了来自全国各族人民代表一千万观众，来自世界四十多个国家和地区的一万五千多外国朋友和港澳同胞；外出报告、流动展出二千七百八十场次，听众达二百九十多万人次。一九九一年三月十六日，江泽民总书记来纪念馆参观视察，亲笔留言并题写了馆名。

为进一步丰富纪念馆的参观内容，纪念馆还先后建了雷锋塑像，捐资纪念亭，领袖、名人学雷锋题词碑廊，碑廊的建成使观众既能看到三代领袖为雷锋写的题词，又能从中获得书法艺术的享受。按原貌修复了雷锋故居，还增辟了学雷锋书画展和雷锋系列音像室等。

在南国的望城纪念馆采访之后，我来到北国抚顺。自从雷锋登上北上的列车来到鞍钢、抚顺之后，他就再也没回过生他养他的望城县简家塘村屋。在抚顺绿色的军营中，他度过了生命中最辉煌的日月。而今我要寻找的雷锋便在抚顺纪念馆中：青翠欲滴的松柏在风中低吟，似在诉说着英雄的故事。我知道他是牺牲在这座城市，心里头油然生出的哀痛，便与弥漫于整个纪念馆中的肃穆、悲壮的气氛相融合，奏成一支哀哀的曲子。

位于辽宁省抚顺市望花区和平路(东段)六十一号的雷锋纪念馆是全国首批革命烈士纪念建筑物保护单位，是原雷锋生前所在部队驻地。

雷锋纪念馆于一九六四年八月十五日奠基修建，一九六五年建成开馆。占地五万六千七百平方米。主要纪念建筑物有雷锋纪念碑、雷锋墓、雷锋塑像和雷锋事迹陈列馆。

雷锋纪念碑位于陵园主轴线上，碑高十三米四，碑身正面镌刻着毛泽东同志“向雷锋同志学习”手书大字，下部嵌刻四组汉白玉浮雕。雷锋墓位于馆东北侧，雷锋遗体就安葬在这里。墓主体由一块七吨半重的花岗岩石雕成，墓后立一方卧碑，正面刻有“雷锋同志之墓”，背面刻有雷锋生平。墓前竖立一座雷锋全身塑像，由花岗岩精雕而成，雷锋形象生动逼真。

雷锋事迹陈列馆，一九六四年修建，一九九二年扩建。新馆建筑面积四千四百平方米，造型似一面旗帜，正面“雷锋纪念馆”金色铜字，由中共中央总书记江泽民同志题写。陈列馆为两层建筑。一层有雷锋生平事迹展厅，陈列有雷锋文物资料四百多件，其中有雷锋珍贵历史照片一百四十余幅，毛泽东、周恩来、刘少奇、朱德、邓小平等老一辈无产阶级革命家及江泽民等党和国家领导人为雷锋题词手迹二十余件。展览序厅呈拱顶圆形，高十二米，周长五十二米，在墙上绘有大型装饰壁画，圆厅中央立有四米七高的大型雷锋铜铸头像。雷锋事迹陈列内容翔实地介绍了雷锋平凡而伟大的一生，以及他由一个苦难孤儿成长为共产主义战士的主要经历。

新馆二层为抚顺军民学雷锋展览，展出先进典型及学习经验等资料。展厅还陈列有中共中央总书记江泽民等党和国家领导人视察抚顺，参观雷锋纪念馆的珍贵照片……

纪念馆自一九六五年八月开馆以来，已累计接待中外观众一千五百多万人次。

看雷锋纪念馆，不能不去鞍山。在那座“火最红”的革命熔炉里，雷锋完成了他钢铁之身的熔煅阶段。正像江总书记所说的“大工业”景象：方圆百里的辽阔大地上，烟囱林立，厂楼集簇，机声隆隆，人声鼎沸。在这座世人瞩目的钢城里，人人皆以曾有雷锋和今有雷锋而自豪。人们把鞍山雷锋纪念馆当成了一座熔炼革命精神的钢炉，全中国乃至全世界的参观者亦不能不驻足此处，寻求“钢铁是怎样炼成的”道理。

七十年代初，鞍山钢铁公司将二百平方米的工人俱乐部改为雷锋纪念馆。纪念馆正门外西侧是关于雷锋故事的两幅巨大的铜铸浮雕。室内大厅中央置雷锋半身铜像，室内展览雷锋生平事迹(其中主要是雷锋在鞍钢工作一年多时间的事迹)。共有实物、图片等二百六十多件，还有鞍钢在开展学雷锋以来涌现出来的先进典型事迹，展现着雷锋精神在鞍钢不断发扬光大的情景。鞍山雷锋纪念馆建馆以来，一直是鞍钢广大职工进行精神文明教育的主课堂之一。

在中国，不管有多少雷锋纪念馆，一般都是由政府或者单位建立的。江苏太仓时思镇，有一位退伍军人石矢，创办起了我国第一家“私立雷锋文献资料馆”。“雷锋馆”共展出石矢二十七年来用心血收集、整理而成的雷锋文献资料三千七百八十六件。他长年坚持自费收藏、免费开放、无偿服务的办馆方针，将雷锋的精神实质播送到亿万人的心中，撒遍神州大地。戎马一生的国防部长迟浩田深深被石矢锲而不舍的精神所感动，欣然挥笔为“雷锋馆”题了词。

石矢出生在太仓一个普通贫穷的家庭，上小学时就因救助落水同学，被学校评为“雷锋式的好学生”。

一九六九年春，石矢应征入伍，曾被团里评为学雷锋标兵。

一个星期天，石矢在图书馆外面的垃圾堆里，意外地发现不少从未见过的雷锋资料，他如获珍宝，萌发出收集雷锋资料，将来办个“雷锋馆”的设想。此后，他跑抚顺、下鞍山，足迹遍及雷锋活动的每一个地方，他曾先后两次出席过师、团学雷锋先进典型代表大会，十余次被营以上单位评为学雷锋先进分子。

石矢退伍后，开始筹建“雷锋馆”。

他在乡上从事文化工作，工资微薄，其中大部分都用来买信封、信纸及邮票，向全国各地发征集信。钱对石矢来说实在太重要了，他长年节衣缩食，全家五口人挤在两间低矮平房里。

没有地方存放资料，深明大义的石矢的母亲便把自己常年舍不得戴的金戒指拿给儿子，让他卖掉租间房，存放资料。

从一九八九年到现在，为了“雷锋馆”，石矢先后两次离婚，至今仍孤独地带着一双儿女。

他的第一位妻子是本地浮桥人，婚后的几年也还恩爱，并有了一双儿女。

一个下着暴雨的深夜，石矢这个晴天亮堂堂、雨天水汪汪的家，一家人都在忙着接水、搬东西，石矢却只顾转移他那些宝贝资料。妻子见状，顿时气不打一处来，抢过石矢手中的一捆资料，便扔在门外倾盆的大雨中。

“我的资料，我的资料，你是不是发疯了?! ”

石矢边吆喝边冲出门外，用自己的身体挡遮着雨水。这一夜，妻嘤嘤抽泣不止，第二天一大早就回了娘家，从此一去不返。离婚财产分配时，石矢对妻子说，除了我那些雷锋资料，别的都可以拿去。

石矢的第二位妻子是东北长春人。是石矢的事迹感动了她。这个妻子也给他添了个女儿。谁知活泼可爱的女儿不幸患上糖尿病，为了支付昂贵的医疗费，好多人劝石矢用资料换钱。他却挽起袖子走进血站，用自己鲜红的血换钱买药。女儿的病久治不愈，以雷锋精神为媒的妻子也对石矢动摇了，改嫁给一个有钱人。

几十年如一日辛勤搜集，石矢已成为全国收藏雷锋资料最多的个人。他载起“雷锋宣传资料展品箱”，深入到学校、街道、农村、工厂和部队进行义务宣讲。

从一九九〇年到现在，石矢带流动的“雷锋馆”外出上百次，行程几千公里，作报告二百多场次，听众达万人。他先后被十多所学校聘为校外辅导员，而他从未收取过分文报酬，连路费和饭费也是自费。

一九九四年十一月二十八日，是石矢一生中最幸福最难忘的日子。这一天，雷锋文献资料馆举行了隆重的开馆仪式。

如今在组织的关怀下，“雷锋馆”有了新的发展。石矢正出差北京、抚顺、鞍山、望城等地，筹划举办《雷锋的足迹》摄影展。

石矢的“雷锋馆”先后被批准为“苏州市爱国主义教育基地”、“苏州军分区雷锋精神宣传教育基地”、“雷锋精神宣传中心”和“中小学德育教育基地”等。石矢本人也在一九九五年五月被破格录用为“专武”干部，实现了“重穿国防绿”的美好愿望，并被评为“一九九六全国国防后备力量战线学雷锋先进个人”。

在雷锋生前所在团，也有一座“雷锋纪念馆”。

这里的“雷锋馆”不只属于雷锋团，而属于整个沈阳军区。走入纪念馆大厅，便见壁上巨幅油画：毛泽东执笔端坐桌前，正在挥毫写下“向雷锋同志学习”。毛泽东一生只为两位普通战士题过词，另一位是死于敌人铡刀下的十四岁的共产党员刘胡兰。

这是一座“口”字形建筑，第一层的中空处，停放着那台“13号嘎斯”车。手抚着绿色的车头，我感觉到了它勃勃跳动着的脉搏，英雄的体温与脉息仍在其中，我站在了车前，与它合影留念，心中有着如见雷锋的酸楚。在二楼的展厅里，我看到了那件象征着雷锋富足与潇洒的皮夹克：咖啡色，“光荣花”牌，“天津公私合营华兴皮件厂”出品，定价四十四元。再就是皮箱和手表。我们可以想象，朝气蓬勃、年轻英俊的雷锋有它们点缀之时的模样！假如能留下一张这样的照片，难道不是对人们的一种安慰吗？

不能忘记离开“雷锋团”一刻的百感交集：在滴泪一般的细雨中，运输连的军车往返如梭，我不能分辨那奔驰呼号着的车子，是不是那辆刚与我合影的“13号嘎斯”，更不能分辨的是，那驾驶室中英俊的军人司机，是否我一月来魂牵梦绕着的雷锋？山林在雨中低吟，绿亮的树叶在轻微的颤抖中诉说着什么。远山上的天空似在放晴，有一条七色的彩虹，在蒙蒙雨雾里如诗的绚丽。白亮的“雷锋馆”的楼房恰好偎依于彩虹的臂弯儿里，这是一种吉祥的天象。

“雷锋馆”后的大操场上，正在集合起大队的战士，有号声和哨声，之后是军人虎啸般的口令声。一眼望去，像小山上绿亮的树林。再后来，犹如山林在风中呼啸，队伍合唱起一支强壮、热烈、雄浑而富阳刚之气的歌子：

接过雷锋的枪，
我们都学习他的榜样。
接过雷锋的枪，
千万个雷锋在成长。
学习他，
对人民无限忠诚，
学习他，
对敌人毫不留情。
学习他，
为祖国献出青春，
为了共产主义终身革命。
……

这是一支而今的国人最爱听的歌。人们正在听着、唱着这样的歌子，继续奋力地叠起着“雷锋塔”！

后　记

写罢了《焦裕禄传》之后，又写了这部《雷锋传》。一个是“县委书记的榜样”，一个是“伟大的共产主义战士”。时值当今，他们都是全国人民高声呼唤的人物：人们盼望焦裕禄精神回归中国，使贪官污吏无处藏身；人们渴念雷锋精神重入人心，挽救因物欲权钱的蛊惑而滑坡了的公众道德。笔者在两位人物离世几十年后为之作传，亦算是遵循了“文以载道”之古训而张扬正道吧！

据实道来，我写二位人杰，比之撰写另一类型的传记文学，要吃许多的苦处。但是，我苦得快乐！这样万众景仰、万世流芳的人物能由我作传，真乃前世修下的福分。如此，我也能借作传之机，将集结于心头的“大众情结”尽注于书中，参加亿万人的齐呼共唱了。

毋庸讳言，在洒满阳光的大地上，由亿万双手建造起来的“雷锋塔”曾在一部分人的心中倾倒过。但是，在整个世界都崇尚雷锋精神的当今，是否又到了在亿万人心目中重叠起这座金塔的时候？

暖日融融，春气勃发，又到了一年的三月五日。斗室外的大街上，学雷锋的热闹声情并茂，诗意盎然，我记起了祁辉的一首诗，诗思深远而诗情如火，使人对“雷锋塔”的叠起充满着春阳般明亮的希望：

> 每年都有“三·五”，
> 但不是日期的重复。
> 岁月只是剖面的年轮，
> 雷锋是一棵长青之树。

每年都有“三·五”。

每年都有新的“雷锋叔叔”。

尽管有浊浪，但清流不息，

滋润着一个充满希望的民族！

一九九七年三月六日草完

一九九七年八月二日改毕于微山湖畔